城市轨道交通建设系列指南

城市轨道交通工程系统安装及联调联试指南

江苏省住房和城乡建设厅
江苏省土木建筑学会城市轨道交通建设专业委员会 组织编写

中国建筑工业出版社

图书在版编目（CIP）数据

城市轨道交通工程系统安装及联调联试指南/江苏省
住房和城乡建设厅，江苏省土木建筑学会城市轨道交通
建设专业委员会组织编写 .—北京：中国建筑工业出版
社，2017.4
（城市轨道交通建设系列指南）
ISBN 978-7-112-20334-5

Ⅰ.①城… Ⅱ.①江…②江… Ⅲ.①城市铁路-轨道
交通-工程施工-指南 Ⅳ.①U239.5-62

中国版本图书馆 CIP 数据核字（2017）第 013864 号

本书共 4 篇 19 章，以城市轨道交通系统安装工程六大关键工序为主线，对各专业在工序中出现的常见质量问题进行了总结和分析；从系统调试的阶段性、重要性、关联性等方面，对各阶段的目标、作用、特点、阶段划分及相互关系进行了阐述；对单系统调试及系统联调的前置条件、组织机构设置、实施流程、调试内容、安全管理、联调总结评价等内容进行了系统的介绍。本书具有较强的操作性和指导性，对控制系统安装工程质量、节约系统调试成本、降低系统调试风险、规范系统调试组织与开展等具有较高的参考价值。

本书适用于城市轨道交通工程系统安装施工和质量监管人员使用，也可作为相关专业管理和技术人员的培训教学用书。

责任编辑：万　李
责任设计：谷有榠
责任校对：陈晶晶　刘梦然

城市轨道交通建设系列指南
城市轨道交通工程系统安装及联调联试指南
江苏省住房和城乡建设厅
江苏省土木建筑学会城市轨道交通建设专业委员会　组织编写

*

中国建筑工业出版社出版、发行（北京海淀三里河路 9 号）
各地新华书店、建筑书店经销
唐山龙达图文制作有限公司制版
北京富生印刷厂印刷

*

开本：787×1092 毫米　1/16　印张：13¾　字数：332 千字
2017 年 8 月第一版　2017 年 8 月第一次印刷
定价：**35.00** 元
ISBN 978-7-112-20334-5
（29782）

版权所有　翻印必究
如有印装质量问题，可寄本社退换
（邮政编码 100037）

《城市轨道交通工程系统安装及联调联试指南》

主编单位：

江苏省土木建筑学会城市轨道交通建设专业委员会

中铁电气化局集团有限公司

参编单位：

南京铁道职业技术学院

南京地铁建设有限责任公司

苏州市轨道交通集团有限公司

无锡市地铁集团有限公司

本书编审委员会

顾　　问	钱七虎	周　岚	顾小平	缪昌文	佘才高	周明保
	徐　政	夏永俊	朱明勇			

本书编写委员会

主　　任	张大春				
副 主 任	李爱敏	张永康	卢红标	蔡志军	
主　　编	罗　兵	张建兴			
副 主 编	张　涛	张　怡	任载峰	徐彩霞	

编写人员（按姓氏笔划排列）

王　玉	王　武	王开材	王江明	王孟祥	王智慧
毛斌亮	师修广	朱俊鹏	任载峰	刘　超	刘远略
刘培栋	齐　波	许小棠	李　昊	李　铭	杨华易
张　怡	张　涛	张　彬	张　越	张　超	张可金
张令斌	张建兴	郑　强	胡　静	郭　富	郝文超
段亚辉	夏建勇	徐彩霞	唐　荣	黄东方	蒋先进
谭　鹏	衡　喻	冀正辉			

本书审定委员会

主　　任	徐学军				
委　　员	鲁　屹	石平府	裴顺鑫	林云志	刘农光	陶建岳
	蔡　荣	梁志恒	叶铁民	耿　敏		

序

　　近年来，江苏省城市轨道交通工程建设进入大规模、跨越式发展阶段。自南京市于2000年地铁1号线开工建设以来，先后有苏州、无锡、常州、徐州、淮安及昆山等地陆续开工建设，2014年8月19日，南通市城市轨道交通建设规划获得国家批准，并成为江苏省第8个获批建设城市轨道交通的城市，目前，我省扬州等地的城市轨道交通建设规划也正在上报审批中。截至2017年3月，江苏省城市轨道交通在建及投入运营共34条线，总里程为946.207公里，预计到"十三五"末，将达到近1300公里。

　　城市轨道交通工程建设周期长、施工环境复杂、风险大，涉及专业众多。多年来，我省各级建设主管部门和奋战在我省城市轨道交通建设战线的广大管理和技术人员，在轨道交通的工程建设和管理方面十分重视向北京、上海、广州、深圳等兄弟城市学习，同时结合江苏省的实际和特点进行探索，并注重实践经验的积累和总结。2014年7月25日，江苏省住房和城乡建设厅下发了"关于开展江苏省城市轨道交通工程建设系列指南（标准）编写工作的通知"，并委托江苏省土木建筑学会城市轨道交通建设专业委员会具体实施。经过两年来40余家单位、近600人的攻关，首批系列指南终于正式出版发行。今年，第二批指南已列入厅科技创新工作计划，计划通过5年的努力，到"十三五"末，基本建立和健全江苏省城市轨道交通建设指南（标准）体系。

　　组织编写城市轨道交通建设系列指南（标准），是我省城市轨道交通建设史上的一件大事，是全面总结和提高我省城市轨道交通建设水平的重要工作。江苏省土木建筑学会城市轨道交通建设专委会在组织编写系列指南（标准）过程中，积极协调各方资源，严密组织编写过程，坚持每本指南（标准）召开编写大纲、中间成果、修改后成果三次评审会和最终成果专家审定会，邀请国内城市轨道交通建设专家学者严格把关，较好地保证了指南（标准）编写的质量。

　　由于江苏省城市轨道交通建设起步较晚，建设经验与兄弟省市相比还有较大的差距，系列指南（标准）的编写还存在许多不足，希望编委会和广大编写人员继续向兄弟省市学习，向实践学习，不断改进、总结和完善，为城市轨道交通建设作出积极的贡献。

江苏省住房和城乡建设厅党组书记：

2017年3月

前　言

为指导城市轨道交通工程系统安装及联调联试工作，江苏省住房和城乡建设厅和江苏省土木建筑学会城市轨道交通建设专业委员会组织中铁电气化局集团有限公司等单位，共同编写本指南。

本指南以现行城市轨道交通工程系统安装及联调联试相关标准、规范和部委文件为依据，经总结和提炼多年来城市轨道交通系统安装工程质量控制经验及解决实际问题的方法，形成了以系统设备安装工程六大关键工序为主线的常见质量问题控制措施；从系统调试的阶段性、重要性、关联性等多方面，对各阶段的目标、作用、特点、阶段划分及相互关系进行了阐述；明确了单系统调试以及系统联调的定义、目的、前置条件、组织机构设置、实施流程、调试内容、安全管理以及联调总结评价等内容，具有较强的操作性与指导性，对控制系统安装工程质量、节约系统调试成本、降低系统调试风险、规范系统调试组织与开展等方面具有重要的指导意义。

本指南共分4篇19章，主要内容有：第1篇概述，包括系统安装及联调联试概念、作用、现状及发展；第2篇系统安装关键工序质量控制措施，包括预埋、基础制安，管、槽、支架安装，线缆敷设，设备、设施安装，防雷与接地，标识、标志与成品保护；第3篇单系统调试，包括供电，通信，信号，火灾自动报警与气体灭火，站台门，乘客信息，自动售检票和综合监控系统；第4篇系统联调，包括系统联调与工程项目各阶段之间的关系，系统联调项目管理和项目实施。

城市轨道交通设备系统由系统设备和常规机电设备组成。本指南重点研究系统设备集成、采购制造、安装、单系统调试、系统联调联试等阶段工作。系统设备安装质量是系统安装工程质量控制的核心，是系统功能实现的基础，功能实现是设备安装质量的最终体现，是设备系统工程质量控制的目标。系统设备安装及联调联试质量对运营起着至关重要的作用，是城市轨道交通线路顺畅、安全、可靠运营的前提和保障。本指南可供城市轨道交通工程系统设备安装施工单位和质量监管部门等参考使用，也可作为相关专业管理和技术人员的培训教学用书。

本指南在编写过程中，得到了住房和城乡建设部城市轨道交通工程质量安全专家委员会资深专家鲁屺以及国内城市轨道交通建设相关主管部门、建设单位及专家的大力支持和帮助，在此表示衷心的感谢！由于时间仓促和水平有限，在编写过程中难免存在一些不足和疏漏，敬请读者批评指正，并将意见及时反馈至江苏省土木建筑学会城市轨道交通建设专业委员会，以供修订时参考。

本书编审委员会
2017 年 3 月

目　录

第1篇　概　述

城市轨道交通工程中，系统选配的总体原则是首选技术成熟、安全可靠、节能高效、环保卫生、维修简便、性价比合理的产品，同时做好统一技术标准和相关接口。主要系统有：供电系统、通信系统、信号系统、综合监控系统（含环境设备与监控、门禁、电力监控）、自动售检票系统、站台门系统、乘客信息系统、火灾自动报警与气体灭火系统等系统。系统安装不得侵入设备界限和紧急疏散通道的地面和空间，还要考虑安全保护和防盗报警的措施。

第1章　城市轨道交通工程系统安装及系统联调概述

城市轨道交通建设工程项目中系统安装工程包括系统安装及单系统调试。在各系统安装工程均已通过了单位工程验收之后才能进行系统联调。本章就城市轨道交通建设工程系统安装、单系统调试和系统联调进行概述。

1.1　城市轨道交通工程系统及其安装

系统安装工程整体质量情况，主要通过工程实体质量与系统功能实现来体现。下面就城市轨道交通建设工程的系统基本功能及其组成、系统安装的关键工序、单系统调试的基本流程及调试应具备的条件和规定进行简单介绍。

1. 系统基本功能及其组成

（1）供电系统。供电系统由牵引供电和动力照明供电两部分组成。牵引变电所将三相高压交流电（110kV）转换成适合车辆或列车使用的低压直流电（1500V 或 750V），并将其送至接触网，车辆通过受流器与接触网的直接接触而获得电能。包括：主变电站、高压/中压电网、牵引供电设备、降压供电设备、接触网、杂散电流防护设施、防雷与接地等装置。

（2）通信系统。城市轨道交通通信系统是用于运营指挥、企业管理、乘客服务等的专用通信设施、设备的总称。为确保列车运行传递语音、数据、图像及其他运营管理所需的各种信息。主要包括传输、无线通信、公务电话、视频监视、专用电话、广播、时钟等子系统。

（3）信号系统。城市轨道交通信号系统是根据列车与线路的相对位置和状态，人工或自动实现行车指挥和列车运行控制、安全间隔控制的信息自动化系统。是城市轨道交通投入运营后，指挥行车、保证行车运行安全、提高行车效率的核心设备。由 ATC 系统及车辆基地（或停车场）信号系统组成。

（4）综合监控系统。城市轨道交通综合监控是通过计算机网络、信息处理、控制及系统集成等技术实现对城市轨道交通机电系统设备的监视、控制及综合管理。其系统是对机电系统设备的监视、控制及综合管理的成套设备及软件的总称。通常采用集成和互联方式构成，将电力监控、环境与设备监控和站台门控制等系统集成到综合监控系统，亦可将广播、视频监控、乘客信息、时钟、自动售检票、门禁等系统与综合监控系统互联，也可互联防淹门、通信系统集中告警等监控信息。

（5）自动售检票系统。是基于计算机、通信、网络、自动控制等技术，实现轨道交通售票、检票、计费、收费、统计、清分、管理等全过程的自动化系统。一般采用集中监控和统一的票务管理模式，统一线网票务政策、各种运营模式和票务运作方式，以及统一线网内车票的发行。票制可采用一票制、区域制（分区制）、计程计时制、计程限时制、计次制等。系统采用车站、线路票务中心、线网票务中心三级管理模式。

（6）站台门系统。城市轨道交通设置在站台边缘，将乘客候车区与列车运行区相互隔离，并与列车车门相对应，可多级控制开启与关闭滑动门的连续屏障，有全高、半高、密闭和非密闭之分。与信号系统联动，由门体、门机、电源及控制四部分组成。

（7）乘客信息系统。城市轨道交通乘客信息系统是依托多媒体技术，通过计算机技术，以车站和车载显示终端为媒介，向乘客提供信息（文字、图片、视频）服务的系统。除提供运营相关信息外，乘客信息系统还提供新闻、天气预报、道路交通等公共信息及公益广告等信息。由控制中心子系统、车站子系统、车载子系统、网络子系统、广告管理子系统等子系统组成。

（8）火灾自动报警与气体灭火系统。城市轨道交通火灾自动报警与气体灭火系统是实现火灾监测、自动报警并直接联动消防救灾设备的自动控制系统。由设置在控制中心的中央级监控管理系统、车站和车辆基地的车站级监控管理系统、现场级监控设备及相关通信网络等组成。

2. 系统安装的关键工序

城市轨道交通各系统专业性强、系统复杂，过去习惯以专业进行安装工程划分，易形成专业壁垒，造成通用工序内容重叠。根据《城市轨道交通工程质量安全检查督导指南》，现以工序进行划分，分为六大类关键工序：

①预埋、基础制安；②管、槽、支架安装；③线缆敷设；④设备安装；⑤防雷与接地；⑥标志、标识与成品保护。

系统安装工程整体质量情况，主要体现在工程实体质量与系统功能实现两方面。

工程的实体质量主要体现在以下几个方面：

①各类设备安装位置是否正确；②管线、槽、支架、吊架等是否安装牢固；③各类防雷与接地是否可靠；④各系统相关安装质量是否符合相关标准和规范要求。

通过工程实体的安装，系统功能实现主要体现在以下几点：

①实现了各类设备从单体到系统的组成；②完成了硬接口和软接口连接；③通过了系统调试（包括单系统调试与系统联调）；④进行了系统功能整合；⑤实现了各系统独立运行、关联运行、人机交互，同时，系统功能能够正常使用。

总体上看，工程实体质量是安装工程整体质量控制的核心，是系统功能实现的基础，功能实现是实体质量的最终体现，是安装工程整体质量控制的目标。系统安装工程整体质量与运营关系密切，是城市轨道交通线路顺畅、安全、无故障运营的前提和保障。

3. 单系统调试的基本内容及流程

城市轨道交通单系统调试是指各系统在安装过程中或安装结束后进行的内部调试，包括系统中各子系统之间的调试，是系统安装的最后一个关键环节。单系统调试的主要目的是考核单系统的全部性能、制造及安装质量是否符合相关规范和设计要求。单系统调试一般采用空负荷运转进行调试。

（1）单系统调试的基本内容

单系统调试的基本内容包括：单项设备调试、各子系统调试和单系统整体调试，以设计文件、验收标准及相关技术规范为依据。其调试方法通常按照相关技术标准、产品技术说明书或设备供货商提供的测试方法进行，其调试结果应包括：接触网按区段提供电能；控制站台门开闭；闸机读取乘车卡信息；列车运行能实现安全自动防护与远程自动监控等系统各项功能的实现等。

（2）单系统调试的基本流程

如图1-1所示，就单系统调试总体流程而言，其流程大致相同。

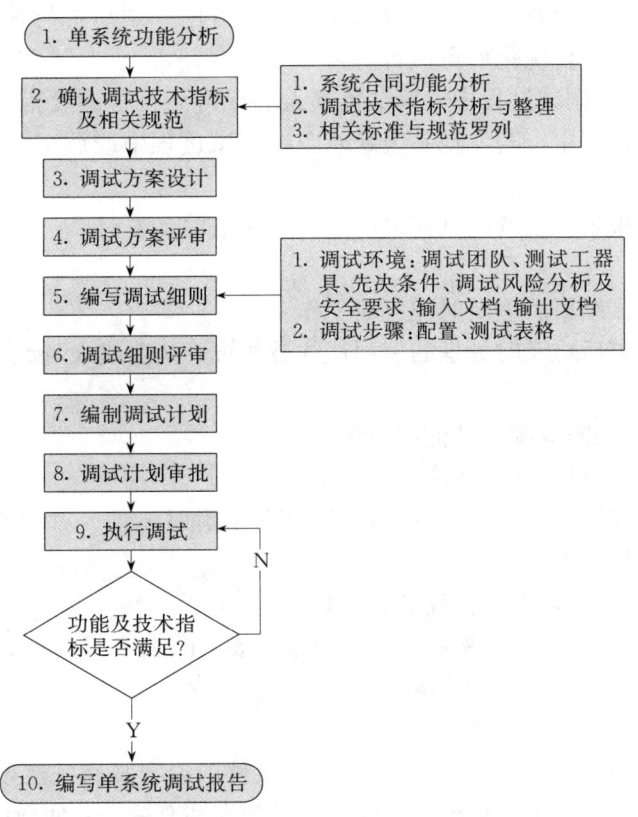

图1-1 单系统调试流程

1）功能分析。主要是对本系统及其主要子系统的系统功能进行梳理，编制该系统功能库。

2）确认调试技术指标和相关规范。主要是对系统各项技术指标进行梳理，确定调试范围。对那些影响行车安全的技术指标和关键功能，应进行反复测试并进行精细调整。

3）设计调试方案。主要确定该系统调试的型式和步骤，包括场景的设置。

4）调试方案评审。有些调试，特别是动态调试的场景需要交业主、总承包单位、分包单位、接口分包单位等相关单位的认可后方能实施。该步骤不是每个单系统调试均要进行方案评审的，应视系统的关联性与否。

5）编写调试细则。调试细则详细描述了每一个场景调试的目的、流程、前提条件、配合要求、安全因素、数据记录等内容。调试记录是开展现场单系统调试的依据，调试人员在现场调试的各个环节必须严格依据调试细则开展。

6）调试细则评审。其重点是在调试方案的基础上，与各接口相关方落实各项调试前提条件的实现情况、配合人员的位置和职责，以及数据记录的翔实程度等内容。调试单位根据评审意见修改调试细则并最终发布，作为开展该项场景调试的主要依据。

7）编制调试计划。根据各项调试前提条件的预计实现日期进行安排。计划编制人员应考虑每个场景的预计调试时间加上适当的富裕量安排每天的调试工作，以便进行系统功能和参数的优化处理。

8）调试计划审批。经总承包单位的审核，重点检验该系统调试计划与整个建设工程项目进度的匹配程度，以及该系统对轨道和列车的占用计划是否与其他作业计划有冲突，并在此基础上对计划进行优化后再执行。

9）执行调试。在调试过程中，调试负责人应保持与行车调度指挥的紧密联系，避免发生事故。在调试过程中，若发现系统缺陷应在调试过程中或调试结束后提交有关单位，用以指导整改作业。

10）编写调试报告。系统调试完成后，应及时整理有关记录，并编写调试报告，并进行系统评价。

（3）单系统调试结束后应及时完成的工作

单系统调试结束后应及时处理的事项往往被忽视，而造成人身或设备事故，应及时完成的工作有：

1）按操作规程切断电源和其他动力源。

2）放气、排水、排污和防锈涂油。

3）拆除调试中的临时装置和恢复拆卸的设备及附属装置。对设备几何精度进行必要的复查，各紧固部件复紧。

4）清理和清扫现场，将机械设备盖上防护罩。

5）整理调试各项记录。合格后由相关单位在规定的表格上共同签字。

4. 单系统调试应具备的条件和规定

（1）单系统调试必须具备的条件如下：

1）机械设备及其附属装置、管线已按设计文件的内容和有关规范的质量标准全部安装完毕，包括：安装水平已经调整至允许范围；与安装有关的几何精度经检验合格。

2）提供完整的相关资料和文件，主要包括：各种产品合格证书或复验报告；施工记录、隐蔽工程记录和各种检验、试验合格文件；与单系统调试相关的电气和仪表调校合格。

3）调试所需的动力、介质、材料、机具、检测仪器等符合调试要求并确有保证。

4）水、气和电气等系统符合系统单独调试的要求。

5）对人身或机械设备可能造成损伤的部位，相应的安全设施和安全防护装置设置完善。

6）调试方案已经批准。

7）调试组织已经建立，操作人员经培训、考试合格，熟悉调试方案和操作规程，能正确操作。记录表格齐全。

8）调试的机械设备周围的环境清扫干净，不应有粉尘和较大的噪声。

（2）单系统调试应符合的规定如下：

1）单系统调试必须与其他系统隔离。

2）单系统调试必须按照说明书、调试方案和操作方法进行指挥和操作，严禁违章操作，防止事故的发生。对大功率机组启动时间间隔，应符合有关规范或说明书的规定。

3）指定专人进行测试，做好记录。

1.2　系统联调的作用及其重要性

所谓系统联调是指城市轨道交通线路建设过程中，为满足试运营需要而进行的行车相关类设备、车站相关类设备等各设备系统间的验证、调整及优化工作。单系统调试完成并证明合格，即完成了相关单位系统工程的单位工程验收，才能进行系统联调，单系统调试是系统联调的基础和前提。通过系统联调综合检验系统安装工程各前道工序的施工质量。

1. 系统联调的作用

系统联调的作用是：通过系统联调发现设计、制造等方面的缺陷，在联调过程中，通过调整、处理及优化使系统符合运营的要求，也是系统投入运营后能否安全、长期稳定运行的重要保证，使城市轨道交通线路开通运营时一次达到设计速度，其整体性能和功能达到设计目标，同时为系统的进一步完善提供技术支持。

2. 城市轨道交通系统联调的特点

城市轨道交通新线建设过程中，供电、车辆、通信、信号、站台门、PIS 等系统需要以车辆为载体，通过运行，才能进行系统的性能测试，车站的机电设备和系统设备也要通过接口调试、车站级和中心级调试实现系统功能，最终通过各种验证测试和试运行考验，实现线路可靠、安全运营的目标。此阶段的系统设备调试和验证测试，具有共同的特点：

（1）涉及多家设计、施工、集成、供货和监理单位参与或联动，需要高度协调，统一管理。

（2）多专业、多地点开展调试，需要合理有序安排时间和空间，确保调试期间的安全。

（3）整体工程由建设阶段向运营接管阶段过渡，需要建设、运营等单位高度配合，互相支持。

因此，将系统设备专业的行车相关类设备调试和车站相关类设备调试，并通过检测、验证、完善，使各系统设备之间能有效联动，以期达到合同规定的各项功能。

目前，国内许多城市对系统联调阶段的管理采用了多种形式，其核心内容基本一致，一是高度重视轨行区的安全，采用集中管理方式，二是重视车站系统设备功能的实现，三是重视整个系统设备的联动测试。

3. 系统联调的重要性

系统联调是连接城市轨道交通建设和运营的关键性环节。在城市轨道交通各系统内部完成调试的基础上，联调通过采用严谨的组织与管理，运用科学手段，对工程项目中各系统的工作状态、系统功能和系统间的匹配关系进行综合测试、调整、优化和验证，使这一庞大的建设工程整体性能、功能达到设计要求，为城市轨道交通项目工程验收和安全运营提供技术支持，最终满足运营的需要。联调成功与否直接决定了工程能否顺利按时按质完成并最终开通运营，也是城市轨道交通工程建设项目的一个里程碑，其重要性表现在：

（1）确认系统集成是否满足设计要求

城市轨道交通这种超大规模的集成大大降低了对设备操作的难度，联动功能也越来越强大，但同时，也使得城市轨道交通各系统之间的接口日益复杂。城市轨道交通能否在运营过程中满足各种运营模式的需要，能否实现高效、安全、智能地组织运营，不仅依赖于各系统的功能实现，而且取决于各系统及相互之间的接口能否按设计要求协同工作。

以综合监控系统 ISCS 为例，该系统通过先进的计算机集成和网络互联技术，通过与火灾自动报警系统、通信系统、信号系统、电力监控系统的接口，实现轨道交通各系统的资源共享、信息互通，从而实现对所有系统设备、车辆运营状况以及客运组织情况进行全方位监控。如果综合监控系统与以上系统的接口关系不正确，甚至数据显示不一致，一方面会导致资源配置重复且利用率低，造成大量投资浪费，另一方面为运营期间埋下风险隐患。

系统联调在梳理各系统接口关系的基础上，通过对各系统间的接口关系及与外部系统间的接口进行综合测试、验证、调整、优化，最终确认城市轨道交通整个系统是否达到设计要求，使得先进的技术设备通过系统集成为工程增值。

（2）实现各系统功能与性能的最佳匹配

就城市轨道交通而言，它是一个大系统，是由多个互相作用和匹配的独立的系统构成的，是一个有机的集合体，具有很强的关联性，各系统设备之间相互联系又彼此制约，联调可以检验各相关设备系统接口界面及接口性能的协调性，是否符合整各系统的总体要求。通过系统调联的各项调测工作，可以实现对各种系统缺陷的发掘、分析、整改和复测，实现各系统性能的匹配和优化，从而避免因系统设备故障而大面积影响试运行情况的发生。

例如，列车自动驾驶（ATO）技术是目前国内普遍采用的控制技术。在 ATO 模式下，列车定点停车以及与站台门对位开门是一项关键功能。这项功能的实现不仅取决于信号系统以及站台门系统功能，也与车辆系统特别是牵引和制动系统的性能有关。在联调过程中，通过实践检验列车停车精度，调整列车控制与相关系统的参数设置，从而提高列车与站台门对位的成功率，实现信号、车辆、站台门系统的最佳匹配。

（3）为运营提供真实可靠的技术支持

城市轨道交通新建线路在经过了基础建设、设备安装及调试等阶段的工作之后，最终将移交给运营单位（或部门）投入运营。根据建设项目不同的投融资模式，通常情况下，在系统移交后，系统设备的使用操作、维修保养工作将主要由运营单位（或部门）而不是系统集成商来承担。因此，运营单位（或部门）需要在系统移交前开展接管工作，对即将接管的线路整体系统功能和性能有一个全面了解。然而，运营单位常常缺乏必要的测试和数据分析手段来实现系统评价，从而造成运营单位对系统的评价常常与建设单位的自身评价存在较大分歧。在这种情况下，根据不同的投融资模式，建议由第三方采用专业的技术手段和测试方案独立开展联调工作，以此得出的数据和结论，可为系统验收提供客观、翔实、专业的技术支持，从而更好地协助运营单位完成城市轨道交通建设项目的移交工作。

系统联调通过对列车运行的各种参数进行测试，对城市轨道交通运输组织方案的关键参数进行验证，为运营单位进行必要的运输组织方案调整和优化提供技术依据。此外，联调的实施，特别是各项与行车有关的测试项目的实施，需要运营单位司乘、调度等人员的配合，在联调过程中，运营单位可以提前介入，并在此过程中熟悉新建线路系统设备性能和操作，提高运营人员在新建线路正常运营和故障情况下的应急、协调能力。

（4）提高城市轨道交通系统应急响应处置能力

随着城市轨道交通列车运行速度的提高和客流量的增加，火灾、爆炸、停电等事故一旦发生，仅仅依靠运营人员的组织配合很难有效地完成事故应急处理和人员疏散工作。随着城市轨道交通设备系统智能化程度的提高，各设备系统在事故发生时，通过功能联动自动触发应急响应功能。此外，联调过程中积累的各系统、各设备的故障情况记录，对于确定各系统设备的维修周期、不同系统设备的备品备件数量以及系统应急维护能力的配置都具有极重要的参考价值。

1.3　城市轨道交通系统联调的现状与发展

从城市轨道交通目前的整个发展情况分析，只有坦诚地面对问题，并着力解决这些问题，才能使我们的城市轨道交通能够真正地健康发展。

1. 当前联调的现状与存在的问题

（1）国家相关标准与规范的缺失，导致对联调质量的评判标准不一

由于国家层面对城市轨道交通系统联调的工作环节缺乏相关的技术标准与规范（包括相关费用标准的核定），因此，对联调的目的、工作内容、方法、安全管理、程序及组织管理、各方职责及评判标准等缺乏统一的、规范的技术指导和约束的依据，使得各城市之间对联调的过程控制，甚至同一城市的各条线路之间对联调的质量评判标准也会不同。另外，从城市轨道轨道交通的建设与运营管理的组织结构和职能划分也有所不同，对联调质量要求和评判的出发点也会有所不同，这很大程度上也限制了联调技术的发展。

（2）联调的进度控制与试运行存在交织，给联调和试运行都会带来风险

由于每个城市的每一条线路的建设周期长，需要消耗极大的财力、人力和物力，也是地方财政的巨额支出。尽快完成建设，投入运营，不失为降低成本的一种手段。在整个项目施工组织过程中，将联调结合在试运行过程中也是各大城市轨道交通建设过程中一种常见的现象。然而，带来的后果将会大大降低联调的质量，不但给联调带来风险，也给试运行以及随后的试运营带来极大的风险。

（3）联调队伍的技术水平与联调的技术要求不相匹配

随着城市轨道交通的快速发展，城市轨道交通的建设规模也呈不断扩大的态势，联调队伍所需的人才也急剧增加。然而，人才的培养速度却远远跟不上城市轨道交通建设速度，也极大地影响着联调的质量，从而给运营埋下了安全隐患。

2. 联调管理及技术发展

（1）互联网＋让城市轨道交通互联互通成为可能

从功能角度分析，一方面，各专业系统设备需要根据各自的设计要求独立工作；另一方面，各系统工作的实现也离不开相关系统的配合。从实现城市轨道交通这一超大型系统产品的进程讲，必须通过各单系统的安装及调试、系统联调才能完成产品整合集成，实现产品的功能属性。

随着轨道交通各项技术的不断发展，越来越多的系统纳入到城市轨道交通设备系统范畴。系统集成的进一步发展将不断从深度上加强城市轨道交通系统关联的程度。在互联网＋的推动下，城市轨道交通系统设备必将发展成多种类型互联，多线互通，多系统既协调运转、相互关联，各单系统又形态各异的复杂的超大型综合系统。

（2）大数据技术让城市轨道交通建设及运营风险更低

随着大数据处理技术的日新月异，具有更强决策力、洞察发现力和流程优化能力的海量数据处理方式推动了城市轨道交通建设和运营管理模式改革，促进了系统结构的调整，在有效降低建设与运营管理成本的前提下，对防范风险，避免危害的发生起着重要的作用，也不断改变着安装与调试的手段，提高了联调的质量和效率。

随着网络技术的发展，城市轨道交通基于大型分布式监控网络实现了对车站及沿线分布的各相关设备的自动化管理和控制，从而大大降低了因设备故障而造成人员和财产损失的可能性。

（3）城市轨道交通系统的发展以满足运营要求为根本目标

城市轨道交通系统各项功能的实现都以更合理的方式服务于运营，以满足运营需求为目的。城市轨道交通系统的发展推动了运营管理水平的提高。如，电力监控系统（PSCA-DA）的使用不仅大大缩短了接触网停/送电的操作时间，也大大降低了电力维护人员操作带电高压设备时现场触电的可能性。与之对应的运营需求也会催生新系统、新功能的发展。自动售检票系统的发展是与城市轨道交通运营中售检票效率和服务水平的提高紧密联系在一起的。在现代城市轨道交通的设计和建设过程中，各系统往往在保持基本系统功能的基础上根据运营的需要进行特定功能的进一步研发，从而更加贴近运营需求，也提高了系统的实际利用率。

（4）城市轨道交通设备系统的建设要贯彻以人为本的理念

城市轨道交通归根结底是旅客安全、便捷、高效、舒适出行的交通工具，城市轨道交通系统的功能设计要始终贯彻以人为本的理念。当整个国民经济建设都转型到节能、环保、绿色、生态的轨道上时，城市轨道交通建设更应以绿色、生态为目标从而为乘客服务。例如广播系统和旅客服务系统的广泛使用不仅为旅客了解车辆运行信息和线路信息从而合理安排出行提供了便捷，也为在紧急情况下指引旅客进行快速、有效的疏散提供了技术上的保证，环境与设备监控系统可以对空调、通风、给水排水、照明等实现定时控制和优化控制，根据现场的实际需要调节站场温度、照明，从而在保障旅客乘车与候车舒适的前提下，进行有效的节能减排。

从技术与经济不同层次看，在开展城市轨道交通各项设计、建设、调试、验收、运营、维修等工作时，可以结合城市轨道设备系统上述诸多特点，以实现系统的最优配置，达到有效服务运营的目的。

第2篇 系统安装关键工序质量控制措施

本篇就城市轨道交通供电系统、通信系统、信号系统、自动售检票系统、火灾自动报警系统、综合监控系统、环境与设备监控系统、乘客信息系统、门禁系统及站台门系统等单位工程（子单位工程）安装的共性问题进行了归纳，分别从预埋和基础制安、管槽和支架安装、线缆敷设、设备安装、防雷接地、标识标志与成品保护六个方面来说明系统安装的条件及安装内容、安装工序、适用的标准及规范，同时，结合多年的实践，就安装过程中关键工序给出了具有较强操作性的质量控制措施。

第2章 预埋、基础制安

城市轨道交通系统安装的所有单位工程都涉及预埋件、地脚螺栓、预埋管等的埋置。有些系统，比如供电系统，还涉及基础的制作安装。本章将这些与土建联系较为紧密的项目归纳在一起，提出其安装的注意事项和常见问题的防控措施。

2.1 穿墙套管

穿墙套管的安装在技术要求、施工要求、质量要求和常见问题的防控措施方面有很多要求，这些都会影响下道工序的安装质量。

1. 技术及质量标准

跟随土建进度，水平穿梁套管在主体结构梁钢筋绑扎完成，楼层应有明确的标高线预埋；穿楼板预埋套管在结构板面模板完成，板面底筋没有绑扎之前预埋；穿墙预埋套管在剪力墙钢筋绑扎完成，封模之前预埋。

（1）套管材质要求：一般穿墙套管为碳钢管，刚性防水套管及柔性防水套管为焊接钢管。

（2）套管制作要求：管道管径在 $DN100$ 以内，一般穿墙套管管径大两号，管道管径在 $DN100$ 及以上，套管管径大一号。刚性防水套管及柔性防水套管按表2-1、表2-2要求制作。

刚性防水套管（mm） 表2-1

管道管径	套管外径	套管壁厚	翼环厚度	翼环宽度
$DN50$	114	3.5	10	5.5

管道管径	套管外径	套管壁厚	翼环厚度	翼环宽度
DN65	121	3.75	10	5.5
DN80	140	4	10	5.5
DN100	159	4.5	10	5.5
DN125	180	6	10	5.5
DN150	219	6	10	5.5
DN200	273	8	12	5.5
DN250	325	8	12	5.5

柔性防水套管（mm）　　　　　　　　表 2-2

管道管径	套管外径	套管壁厚	翼环厚度	翼环宽度
DN50	95	4	8	5.25
DN65	114	4	8	5.3
DN80	127	4	10	5.4
DN100	146	4.5	10	5.45
DN125	180	6	10	5.5
DN150	203	6	10	5.6
DN200	265	6	10	5.5
DN250	325	8	10	5.5

（3）管道穿越有防水、有防火要求的墙体及穿屋面时，按要求设置刚性防水套管；管道穿越水池外墙时，按要求设置柔性防水套管；穿越无特殊要求的墙体、楼板时，按要求设置一般填料套管。

（4）套管安装时必须水平，标高及位置尺寸水平偏差在±20mm 内。

（5）套管位置、尺寸应准确无误。套管长度允许偏差为 0～－5mm，中心标高允许偏差为±5mm，轴线允许偏差为±10mm。

（6）套管中心线应与剪力墙垂直，允许偏差为±2mm。

2. 施工要求

（1）施工人员应及时了解土建施工进度，随时配合套管预埋，防水套管必须一次性浇固于混凝土体内，不得漏埋、误埋。

（2）预埋套管时，应严格按照图中的位置、尺寸，按套管编号进行预埋，纵向、水平偏差应控制在 20mm 内，套管定位后，应用钢筋在其四周将套管固定，以免移位。然后在套管内填充填料，填料应紧密捣实，以免混凝土灌入套管内，方便以后清理。固定后的套管如图 2-1 及图 2-2 所示。

（3）套管预埋后，应通知工长进行复检，质安员专检，套管位置、标高、尺寸复核无误后请监理检查，合格后才能隐蔽。

（4）焊工在切割套管时远离人群，戴好防护面具等。氧气瓶、乙炔瓶距明火 10m 以上。氧气瓶与乙炔瓶间距不小于 5m。

图 2-1　预埋好的穿板面塑料套管

图 2-2　顶板预埋刚性防水套管

3. 其他注意事项

（1）配备遮雨帆布，预防雨天施工因焊条受潮或淋雨而影响焊接质量，必要时配备烘干机。

（2）遇到大雨（雪）天气停止施工。

（3）因焊接质量造成的不合格应清除焊渣后重新补焊，整改后出现的不合格应将其作废品处理，再重新加工。

2.2　过轨套管

过轨套管安装是很多系统室外设备安装过程及线缆敷设过程中经常遇到的一道工序。

1. 技术及质量标准

施工过程严格按照设计图纸和验标上的相关要求组织施工，在大面积施工前，选择一处进行工艺试验，确定相关工艺参数，并报监理单位确认。材料的选用见表 2-3。

过轨预埋材料规格表　　　　　　　　　　　　　　　表 2-3

序号	名称	规格	备注
1	电力过轨	ϕ150mm 镀锌钢管（壁厚 7.5mm）	
2	通信过轨	ϕ100mm 镀锌钢管（壁厚 7.0mm）	
3	信号过轨	ϕ100mm 镀锌钢管（壁厚 7.0mm）	
4	接触网过轨	ϕ100mm 高强度 PVC 管	

（1）区间正线过轨预埋位置应以轨道专业测定的里程位置为依据；车辆段、停车场检修库内应以建筑纵向、横向定位轴线及标高基准点为测量依据；车辆段、停车场检修库外应以道岔岔心、接触轨上网点设置、基础标高基准点为测量依据。

（2）在垫土基础验收合格后进行沟槽开挖，沟槽开挖尺寸符合设计要求。

（3）预埋管弯头弯曲半径符合电缆弯曲半径要求。

（4）预埋管接头处应连接牢固、密封，不应有毛刺、搭边或错边现象。

（5）预埋镀锌钢管接头处应焊接饱满，无气孔、裂纹及夹渣等质量问题，焊接处作防锈处理。

（6）道床支模过程中，采用木模板对此处进行特殊支模处理，保证预埋管弯头能伸出道床面。

（7）预埋管管口最终位置应高于地面50mm。

（8）预埋管完成后，地面预留管口位置及高度不应侵入设备限界内。

（9）路基上过轨管、综合接地贯通地线及分支引接线的埋设应与路基同步实施，不应因其施工而损坏、影响路基的稳固与安全。

（10）在进行大面积埋设前，应选取有代表性的地段作为试验段，分别进行贯通地线、分支引接线、埋设管埋设工艺试验，确定施工工序和工艺参数，并报监理单位确认。

（11）过轨管埋设于基床底层时，其基础混凝土强度达到设计强度的70％以后方可施工基床表层级配碎石。

（12）过轨管进场材料应符合设计要求。

（13）过轨管设置位置、方式、施工方法应符合设计要求。

（14）过轨管采用镀锌钢管时，埋设前应将管口打磨光滑。

2. 施工要求

（1）施工准备

施工前对对所需的预埋管道（镀锌钢管、高强度PVC管等）、过轨管接头等材料进行验收，并符合设计及规范要求。

（2）管道测量定位

对需要埋设过轨管的里程进行测量放样，放样的同时带上标高，将放样标高和设计的过轨管埋设底面标高进行比较，确定开挖的深度，放样完成后用白灰将开挖边线洒出。

（3）管道固定支架安装

放样完成之后，用Φ16钢筋焊成工字型支架，将钢管固定在仰拱上方，见图2-3。支架间距为3m。

根据设计要求：通信、信号、电力过轨采用镀锌钢管；接触网过轨采用高强度PVC管。过轨管每根长度为6m定尺，为保证过轨管可靠连接，采用套管进行连接。

（4）预埋过轨管线

1）混凝土浇筑完成之后，达到设计混凝土强度70％之后开始按照要求埋设过轨钢管。过轨管在安放前管口应打磨光滑，为保证电缆通过过轨管管口不划伤电缆，在过轨管管内套一个直径略小于管口直径的PVC管。

2）每根过轨管内均预留2根贯穿铁丝（$\phi \geqslant 4mm$）且在两端预留一定的余量（$\geqslant 50cm$），见图2-4。

3）过轨管与电缆槽连接的弯曲半径应大于100cm，用弯管机现场制作或购买成品管件，严禁用电焊切割弯管。

4）管口应高出槽底3cm，管口设堵头，以免施工弃碴堵塞。

5）强、弱电过轨管间应保证一定间距（不小于40cm）。

6）信号电缆槽线路一侧竖墙每50m（以综合洞室中心线为基准）设置直径为100mm预留孔，以方便信号电缆引出。

图 2-3　过轨管管口连接

图 2-4　过轨管预埋管头

（5）仰拱填充施工

仰拱填充施工中避免触碰过轨钢管，钢管附近混凝土采用人工振捣，并振捣密实。

2.3　接触网钢柱基础

接触网钢柱基础的安装质量直接影响接触网的安装，同时也影响着后期其他工序的正常安装。

1. 技术及质量标准

（1）同一组硬横跨两基础中心连线应垂直于正线，硬横跨施工偏差不应大于 2°；拉线基础宜设在下锚延长线上；在任何情况下，拉线各部分不得侵入基本建筑限界；支柱基础的中心线应与线路中心线垂直，偏差不大于 3°。如图 2-5 所示。

（2）基础外形尺寸、地脚螺栓外露长度、间距允许偏差应符合表 2-4 的规定，实例见图 2-6。

偏差表　　　　　表 2-4

序号	项目	规定值	允许偏差（mm）
1	螺栓外露长度	设计值	±20
2	螺栓相互间距	设计值	±2
3	螺栓中心位置	设计值	±2
4	螺栓埋深	设计值	+20～0
5	混凝土保护层	设计值	±10
6	基础横断面尺寸	设计值	±20

2. 施工要求

（1）基础面缺棱掉角、蜂窝、麻面的处理

1）混凝土浇筑过程中应充分捣鼓均匀，保证棱角处混凝土填实；

2）浇筑后认真浇水养护；

3）混凝土达到一定的强度等级以后才能够拆模，拆模时不能用力过猛，注意保护棱角；

图 2-5　支柱基础中心与线路中心垂直

图 2-6　地脚螺栓外露间距符合设计

4）加强成品保护；

5）对于蜂窝、麻面问题首先对存在蜂窝、麻面的部位用钢刷将表面的浮浆清理干净，然后用同等级的水泥砂浆进行抹面，派专人洒水养护，养护时间不少于 3d。

（2）地脚螺栓外露长度长短不一、螺栓间距不达标的处理

1）把好材质关，设置专用的固定磨具，确保地脚螺栓的垂直度、位置、稳固度及外露长度；

2）小心操作，严禁捣固棒触碰到预埋件；

3）浇筑过程中不断复核螺栓外露长度及螺栓间距；

4）安装立柱前对地脚螺栓作有效防护，严禁外力损伤。

（3）基础面、标高线及限界不达标的处理

1）按要求严格加工好磨具；

2）按照等腰三角形原理支好磨具并固定好；

3）在浇制过程中不断检查复核磨具位置。

2.4　槽钢底座

槽钢底座的安装是设备安装前的基础工作，直接影响着设备的安装质量。

1. 技术及质量标准

（1）设备基础预埋件的表面平直光洁、涂层均匀、无漏涂；材质、规格、尺寸、制作及安装位置应符合施工图要求，基础预埋见图 2-7。

图 2-7　基础预埋

图 2-8　预埋件防腐处理

（2）设备基础预埋件焊接应牢固，不应有裂缝、气泡，焊缝应饱满，无假焊或漏焊现象，焊接完成后，焊接处去渣打磨，并进行防腐处理，见图2-8。

（3）预埋件的平行度及平直度允许偏差件见表2-5。

基础槽钢安装检验标准 表2-5

序号	项目		允许偏差（mm）	检验频率		检验方法
				范围	点数	
1	不直度	每米全长	<1 <5	每片槽钢	2	用靠尺、塞尺检查
2	水平度	每米全长	<1 <5		2	用水准仪测量
3	位置误差及不平行度		<5		2	经纬仪、水准仪及钢尺检查

2. 施工要求

（1）预埋件固定不牢固的处理

1）土建单位预埋钢板与设计图纸不符，位置不合理，在施工前认真调查现场发现后要求及时整改；如果使用膨胀螺栓固定，则膨胀螺栓安装打孔深度必须合理，固定点选择也要合理。

2）预埋件与固定件焊接需三面焊接，无虚焊假焊。

（2）预埋件锈蚀的处理

先刷一层防锈漆，再刷两层富锌漆，焊接要敲掉焊渣，打磨平滑，特别注意做好防锈处理。

2.5 管、线槽预埋

管、线槽预埋属于系统单位工程的一个分项工程，其安装质量也要符合工程质量验收规范要求。

1. 钢管预埋

（1）技术及质量标准

1）配管的品种、规格、质量、连接方法和适用场所必须符合设计要求和施工规范的规定。钢管严禁熔焊连接。

2）管子敷设连接紧密，管口光滑，护口齐全；明配管及其支架平直牢固，排列整齐，管子弯曲处无明显皱折。盒（箱）设置正确，固定可靠，管子进入盒（箱）处顺直。钢管用锁紧螺母固定的管口，管子露出锁紧螺母的螺纹为2～3扣。

3）管路穿过变形缝处可将管子作搋弯处理。接地线截面选用及敷设正确，连接紧密牢固。

4）钢管固定间距以管子固定距离表为准，钢管弯曲角度不小于90°，每段钢管不得超过两个90°弯，在钢管转弯和端头处固定间距为150～200mm。

5）支架、吊架固定方法正确，固定牢固、平整或垂直，在同一条直线上支、吊架位置偏差不大于5mm。

6）根据分线盒、出线盒设置原则在对应的位置安装分线盒、出线盒。分线盒、出线盒的安装根据地面标高计算出其高度。

（2）墙壁暗埋钢管施工要求

1）管线定位

暗埋钢管应在土建工程预留预埋施工之前进行。在配管前应按设计图纸确定好管线位置。对线路的垂直和水平位置根据施工图用尼龙线单线定位，尽量避免相互冲突。

2）墙面开凿

根据确定好的管线安装位置，根据预埋钢管的管径，在墙面上用切割机开出一定宽度的通槽，通槽的宽度为能使钢管固定安装所需的操作宽度，宽度应大于管卡的宽度。通槽的深度满足钢管埋深与建筑物表面的距离不少于15mm。根据施工图纸的要求及地面的标高情况，在墙面的规定位置开出箱盒的安装位置，如设计图纸未说明，则以出线盒下边沿距最终设计地面300mm为准。

3）管子敷设箱盒连接

两端管子拧进接头长度不可小于管接头长度的1/2，使两管端之间吻合，并在管接头及接线盒两端用钢管型号对应的管卡固定好，在管接头两端用跨接线做等电位联结，采用4mm²的多股软铜线。

钢管与盒（箱）的连接也采用盒接头连接时，钢管与盒箱的连接处，应顺直进入，不应使管子斜穿到接线盒内。配管管口使用金属护圈帽（护口）保护导线时，盒接头露出2～3扣的管口螺纹，再拧上金属护圈帽，把箱盒与管子连接牢固。在终端箱盒与管子连接时，采用4mm²的多股软铜线将箱盒的接地端子与钢管的管卡连接。

4）管线固定安装

使用管卡来固定管线，应用管卡子均匀固定。

在安装固定管卡打孔时，使用塑料胀管固定管卡，打孔的孔径与套管外径差值不应大于1mm，孔深不应小于套管长度。

管卡子在管子的终端、转弯终点、接线盒的边缘固定点的距离为150～200mm。

预埋的保护管引出表面时，管口宜伸出表面200mm；当从地下引入落地式盘（箱）时，宜高出盘（箱）底内面50～80mm。预埋保护管宜采用整根材料。

5）穿引拉线

管路敷设完成后应穿入钢丝作为引线，以便后续穿线施工。

6）管口封堵

钢管安装完成后用碎布条将钢管管口封堵，防止土建施工时将混凝土灌入钢管内，堵塞钢管。

7）墙面恢复

管线固定安装完成后，确认安装正确及安装牢固，管口封堵后，将钢管埋于墙面中，最终用混凝土将开凿的通槽填埋平整。在墙面恢复时，防止将混凝土灌入钢管中，堵塞钢管。

（3）地面暗埋钢管施工要求

1）管线定位

地面暗埋钢管应该在车站二次结构墙完成后地面垫层浇筑前进行。在配管前应按设计图纸确定好设备位置。对线路的垂直和水平位置用尼龙线单线定位，根据施工图上的位置，尽量避免相互冲突。

2）钢管敷设

两端管子拧进接头长度不可小于管接头长度的1/2，使两管端之间吻合，并在管接头及接线盒两端用钢管型号对应的管卡固定好，在管接头两端用跨接线做等电位联结，采用$4mm^2$的多股软铜线。

3）管线固定安装

使用管卡来固定管线，应用管卡子均匀固定。

在安装固定管卡打孔时，使用塑料胀管固定管卡时，打孔的孔径与套管外径差值不应大于1mm，孔深不应小于套管长度。

管卡子在管子的终端、转弯终点、接线盒的边缘固定点的距离为150～200mm。

预埋的保护管引出表面时，管口宜伸出表面200mm；当从地下引入落地式盘（箱）时，宜高出盘（箱）底内面50mm。预埋保护管宜采用整根材料。

4）穿引拉线

管路敷设完成后应穿入钢线作为引线，以便后续穿线施工。

5）管口封堵

钢管安装完成后用碎布条将钢管管口封堵，防止土建浇筑地坪施工时将混凝土灌入钢管内，堵塞钢管。

2. 地面线槽预埋

（1）技术及质量标准

1）地面线盒应有良好的密封性能，防护等级不低于 IP40，面板与箱体连接必须能够高度调节，盒体应有明显的接地螺钉；盒内设有屏蔽分离板，保证强弱电之间的隔离。地面出线盒应能承受重压，应不损螺纹连接，盒体无明显变形。

2）地面线槽采用冷轧钢板热镀锌，内无锌渣残留，镀锌层不应露出金属基体，表面没有明显的层次感，不应有剥离、起皮、凸起等现象，镀锌层厚度应达到$65\mu m$，钢板厚度应保证达到 2.5mm。

3）地面线槽焊接处不得有漏焊、裂纹、夹渣、烧穿、弧坑等缺陷。

4）地面线槽加工成型后断面形状应端正，无弯曲、扭曲、裂纹、边沿毛刺、翘边等缺陷。

5）地面线槽按《电工电子产品环境试验　第 2 部分：试验方法 试验 ka：盐雾》GB/T 2423.17 的规定经 48h 的盐雾试验不应低于《户内户外钢制电缆桥架防腐环境技术要求》JB/T 6743—2013 中的相关要求。

6）电缆线槽安装附件采用的钢板、圆钢、扁钢、角钢、螺栓、螺母、螺丝、垫圈、弹簧垫等金属材料应经过镀锌处理。

（2）施工要求

1）施工测量放线

首先根据施工设计图中的线槽位置，扫除线槽径路上地坪的灰尘。根据设备安装位置，确定出线盒中心位置，在线槽径路上按直线段取两端点定位，用画线墨斗在线槽安装中心位置地面上画线，按照上述方法标出站厅层全部公共区预埋线槽的位置，并报业主、监理单位等进一步确认。

根据设备预安装位置图，确定各种闸机、自动售票机和查询机的安装位置，出线口的尺寸便于出线盒与设备进线口之间位置对准。

检查核对设备（自动售票机、半自动售票机、查询机等）预安装位置是否与消防火栓、导向牌等设施及其他设备冲突。

2）截取线槽

线槽截取完成后必须使用板锉对切割的槽口进行打磨，去除槽口的毛刺，避免穿线时刮伤电缆。

3）确定分线盒位置

分线盒设置在线槽径路上需要转弯、分歧或有转换接头的地方。分线盒不能设置在客流集中的地面区域。

4）安装线槽支撑

线槽支撑设置原则：按照直线段每 1.5m 间距固定线槽的支撑，以及出线盒、分线盒两端安装支撑的原则。线槽端头在不大于 0.2m 处设置支撑。

安装上线槽支撑，将所有支撑中心调节到线槽径路中心线上，将所有支撑根据完工地面标高计算出其相应的高度，并将此高度调节为基本一致。

5）安装分线盒、出线盒

根据分线盒、出线盒设置原则在对应的位置线槽支撑上安装分线盒、出线盒。在水平转弯处需要安装分线盒和出线盒的支撑。加强分线盒和出线盒的受力。

6）安装连接线槽

①线槽之间连接

对非标准长度的线槽使用切割机按照实际的长度进行切割。用平锉将线槽口的毛刺锉平，防止刮伤电缆。线槽安装完成后在线槽径路方向每米偏差不大于 2mm。

②线槽与箱盒的连接

在分线盒、出线盒安装完成后使用临时盖板密封，正式盖板在地板装修完成后再安装。

将线槽伸入到箱盒 10～15mm，将箱盒上固定螺丝拧紧。箱盒上不用出线的部位用密封盖板密封。

③箱盒与钢管连接

采用专用开孔器，在箱盒侧边密封板上开孔，之后将钢管套丝。采用钢管的专用接头接入线槽，拧紧接头。线盒内管口必须采用护口圈进行防护。

7）伸缩、沉降处理

根据现场实际情况，地面线槽在伸缩缝或沉降缝处采用专用的接头进行伸缩补偿，在接头两端采用接地线进行电气连通。

8）线槽电气连通及测试

线槽与线槽之间、线槽和箱盒、箱盒与钢管之间采用不小于 4mm² 的接地线电气连通，将所有的预埋管槽全部电气连通，连接必须牢固。最后在每个配电箱处将线槽的接地端用接地线连接到配电箱 PE 线接地端子。接地线的安装方式见"地面线槽安装示意图和伸缩缝、沉降缝处安装示意图"。

测试时，首先使用万用表在每个连接处两端进行检查，检查接地是否完好。再用万用表的一条表线端接到配电箱 PE 接地端子处，另一条表线对每段线槽的末端进行逐一检查，记录测试结果。

9）线槽箱盒水平调整

利用水平仪逐一对每个出线盒、分线盒的高度进行测量，并与土建/装修提供的水平标高线（完工后地面的标高线）进行比对，上下调整箱盒两边支撑的螺丝使出线盒和分线盒上口表面比完工地面低 2～3mm，调整完成后拧紧调节螺丝。箱盒水平调整完成后，调节线槽支撑的水平高度，使所有线槽水平高度一致，固定支撑的水平调节螺丝。

10）线槽密封

利用专用的密封胶对线槽与线槽之间、线槽与箱盒之间和箱盒与钢管之间的连接处进行密封。

对箱盒周边密封板涂抹密封胶，在线槽末端安装密封板，并涂抹密封胶进行密封。

在线槽和钢管内预留敷设 3 条 8 号预留拉线，拉线两端的箱盒内预留 1m 长度拉线头。槽口处用棒状物临时绑住，略带点拉力绷紧，以免铁丝相互缠绕。

采用临时盖板箱对箱盒出线口进行密封。

11）箱盒出线口的防护

采用木框将箱盒出线口位置隔离开，防止地坪浇筑时混凝土进入箱盒。

12）箱盒盖板安装

土建/装修单位进行地坪浇筑时，安排专人进行配合检查，防止在浇筑时破坏线槽或线槽内进入混凝土导致接地线破坏。

站厅地板铺设完成后开始安装箱盒盖板，箱盒盖板具备水平调节功能，将盖板底部调节至与地面水平位置。

第3章 管、槽、支架安装

管、槽、支架安装是每个系统单位工程中都必须经历的一道工序，是系统安装前的基础工作，其安装质量必须符合相关专业工程质量验收规范的要求。

管通常是指液体或气体传输用的管路。这里的管路是指线缆穿墙或过轨的防护管。

槽是指线缆敷设路径上，专门用于盛放线缆的基础，主要起保护作用。

支架通常是一些型材经焊接或紧固件联拼接装而成的装置，主要起支撑悬挂作用。

3.1 支、吊架制作安装

支、吊架多用于线缆或轻型设备的悬挂。其安装质量也应符合相应的分项或分部工程施工质量验收规范的规定。

1. 电缆支架安装

（1）技术及质量标准

电缆支架安装具体要求见表 3-1。

电缆支架安装检验标准   表 3-1

序号	项目	距离(mm)	高低偏差(mm)	垂直偏差(mm)
1	电缆支架相邻立柱之间	800～1000		
2	同层相邻托臂高低偏差		不大于5	不大于5
3	最下层至沟底或地面	50～100		
4	最上层至顶板距离	150～200		

（2）施工要求

1）电缆支架的类型、规格、质量应符合施工图要求，图 3-1 所示为变电所夹层电缆支架安装图。

图 3-1　夹层电缆支架安装图

2）电缆支架接地扁钢要平直、表面光滑无毛刺，图 3-1 中第二层为接地扁钢；搭接部分 2 倍扁钢宽度，用两个 M10 螺栓可靠连接，示意图见图 3-2。

2. 支、吊架安装

施工要求如下：

1）安装位置偏差不宜大于 50mm。在同一直线段上的支架、吊架应间距均匀，同层托板应在同一水平面上。

2）多线路桥架水平敷设时，支撑间距宜为 1.5～3m。垂直敷设时固定在建筑物结构体上的间距宜小于 2m。

3）支架、吊架间距应符合设计要求，水平敷设时宜为 0.8～1.5m；垂直敷设时宜为 1.0m。见图 3-3。

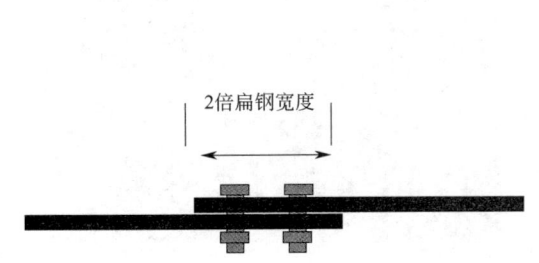

图 3-2　扁钢搭接示意图

图 3-3　支、吊架安装图

3.2　线槽、桥架制安

线缆的敷设多采用管路、线槽、桥架等设备，其安装质量也应符合相应的分项或分部工程施工质量验收规范的规定。

1. 技术及质量标准

（1）金属线槽应平整、无扭曲变形，内壁光滑、无毛刺；

（2）水平安装时距地面高度一般不低于 2.5m（具体要求看综合管线图），整个路径均设置防护盖板；

（3）水平安装时，跨距一般按照 1.5m 设置吊架或支撑，垂直敷设时固定间距不宜大于 2.0m，在首端、终端、分支、转角、接头及进出接线盒处固定点不大于 300～600mm；

（4）金属线槽内电缆总截面积不超过槽内截面积的 50%；

（5）金属线槽安装时应确保水平度和垂直度符合相关要求；

（6）金属线槽与其他桥架的间距符合下列要求：

1）有屏蔽盖板时，距电力电缆间距≥300mm；

2）弱电桥架之间≥200mm；

3）与顶棚之间≥300mm；

4）与一般工艺管道平行距离≥400mm，交叉≥300mm；

（7）金属线槽分歧、转角、变径、上下均采用各种专用弯通接头，终端采用封堵接头，与钢管连接采用液压开孔方式，钢管采用盒接头与桥架固定牢固；

（8）金属线槽穿分隔墙和楼板时，应采取防火封堵措施；

（9）直线段每50m应有伸缩补偿措施，跨越建筑物伸缩和沉降缝时应设置补偿装置，在楼板处不应设置接头。

2. 施工要求

（1）镀锌电线管敷设。

1）管路敷设应水平，间距均匀；采用管卡固定，见图3-4。

2）管路揻弯处应有支架固定，见图3-5。

图3-4 管路敷设

图3-5 管路揻弯

（2）镀锌钢管与金属软管的连接。

1）连接根据管径不同采用专用接头、锁母。

2）管路垂直悬空敷设时，应与落地支架相固定，且支架可靠接地，见图3-6。

图3-6 钢管与金属软管连接

22

（3）线槽、桥架首末端、拐弯处须加支架固定，弯头采用成品材料，见图3-7。

图3-7　桥架末端连接

（4）连接线槽桥架时，螺栓帽在桥架里，螺栓头须向外，见图3-8。

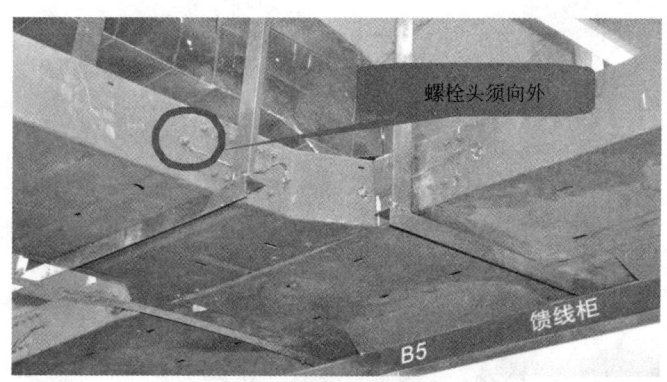

图3-8　连接螺栓

（5）桥架在地面水平安装时应加支架固定，见图3-9。

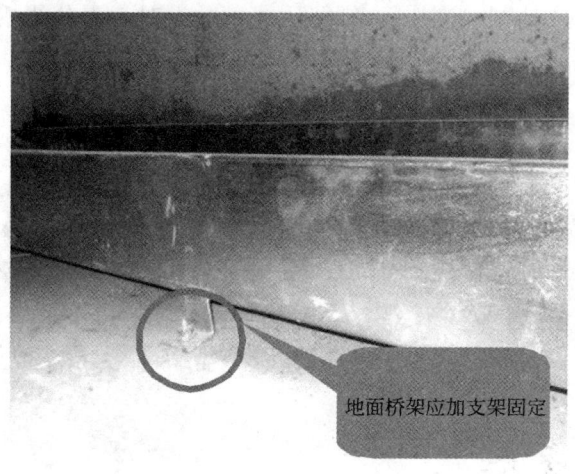

图3-9　地面固定支架

（6）金属的导管和线槽必须接地（PE）或接零（PEN）叮靠，镀锌的钢管、可挠性导管和金属线槽不得熔焊跨接接地线，以专用接地跨接的两卡间边线为铜芯软导线，截面积不小于 $4mm^2$，见图 3-10、图 3-11。

图 3-10　管线跨接接地　　　　　　　　　图 3-11　并排管线接地

（7）线槽的直线长度超过 50m 时，宜采取热膨胀补偿措施，见图 3-12。

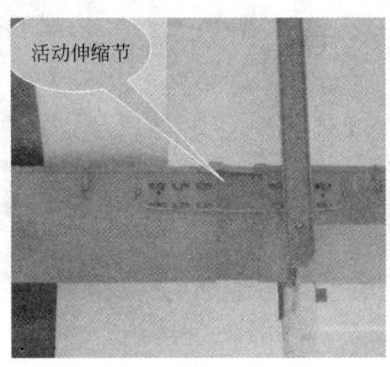

图 3-12　线槽活动伸缩节

（8）当供电电缆与信号电缆在同一径路用线槽敷设时，需分线槽敷设。若需要敷设在同一线槽内，应采用带金属隔板的金属线槽，分开敷设，见图 3-13、图 3-14。

图 3-13　多腔线槽　　　　　　　　　　　图 3-14　多腔线槽安装

（9）线槽的安装应横平竖直，排列整齐。其上部与楼板之间应留有便于操作的空间。垂直排列的线槽拐弯时，其弯曲弧度应一致，见图3-15。

图 3-15　多组线槽安装

3.3　防　火　封　堵

建筑物中各种贯穿物，如电缆、风管、气管等穿过墙壁、楼板时形成的各种开口需要进行封堵，包括电缆桥架要进行防火分隔，以防止火灾时火势通过这些开口及缝隙蔓延。

1. 技术及质量标准

（1）因为城市轨道交通的密闭性，所以选用的防火封堵材料必须具有低烟低毒的特性。

（2）城市轨道交通防火封堵材料的封堵耐火极限不低于3h。防火封堵材料的使用年限应≥20年，并提供《普通混凝土长期性能和耐久性能试验方法标准》GB/T 50082—2009第3章或国际权威机构出具的长效认证。

2. 施工要求

（1）各电缆电线、桥架、风管、水管等穿越楼板、防火墙、设备房外墙的孔洞缝隙，均要进行防火封堵，见图3-16。

（2）穿越各处楼板、防火墙、设备房外墙的电缆电线、桥架的墙体空间，需在墙体两侧各0.5m范围的电缆外侧涂刷防火涂料，见图3-17。

图 3-16　电缆孔防火封堵

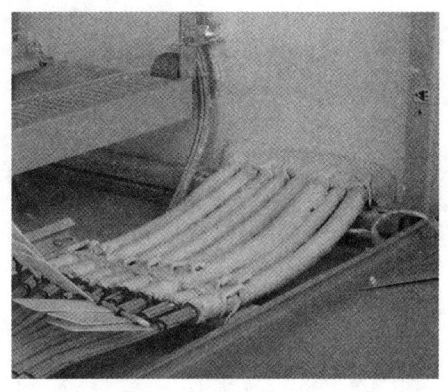

图 3-17　涂刷防火涂料

（3）穿越各处楼板、防火墙、设备房外墙的电缆电线、桥架无法封堵时，应在引出该电缆电线的箱柜内出口处进行封堵，见图3-18。

（4）在城市轨道交通站台板下或电缆隧道内敷设的电缆，每隔100m应设置阻燃隔断，见图3-19。

图 3-18　引出口封堵　　　　　　　　　　　图 3-19　阻燃隔断

（5）在封堵电缆孔洞时，封堵应严实可靠，不应有明显的裂缝和可见的孔隙，孔洞较大者应加耐火衬板后再进行封堵。

第4章　线　缆　敷　设

线缆主要起着室内外设备的电路连接作用，城市轨道交通每个系统都会利用电缆或光缆进行电能或信号的传输。线缆敷设是城市轨道交通各系统工程中的主要隐蔽工程，施工质量的好坏直接关系到设备能否正常使用及其使用的年限。

4.1　线　缆　敷　设

本节线缆敷设包括光缆、普通电缆、漏泄同轴电缆在直埋、管路、构筑物或架空等条件下敷设的技术要求。

1. 光缆敷设

（1）通用技术及质量标准

1）光缆的弯曲半径应不小于光缆外径的 15 倍，施工过程中不应小于 20 倍。

2）布放光缆的牵引力应不超过光缆允许张力的 80%。瞬间最大牵引力不得超过光缆允许张力的 100%。主要牵引应加在光缆的加强件（芯）上。

3）光缆牵引端头可以预制也可以现场制作。直埋或水底铠装光缆，可作网套或牵引端头。

4）为防止在牵引过程中扭转损伤光缆，牵引端头与牵引索之间应加入转环。

5）布放光缆时，光缆必须由缆盘上方放出并保持松弛弧形。光缆布放过程中应无扭转，严禁打小圈、浪涌等现象发生。

6）光缆布放采用机械牵引时，应根据牵引长度、地形条件、牵引张力等因素选用集中牵引、中间辅助牵引或分散牵引等方式。

7）机械牵引用的牵引机应符合下列要求：

①牵引速度调节范围应在 0～20m/min，调节方式应为无级调速。

②牵引张力可以调节，并具有自动停机性能，即当牵引力超过规定值时，能自动告警并停止牵引。

8）布放光缆，必须严密组织并有专人指挥。牵引过程中应有良好联络手段。禁止未经训练的人员上岗和在无联络工具的情况下作业。

9）光缆布放完毕，应检查光纤是否良好。光缆端头应做密封防潮处理，不得浸水。

（2）管道光缆敷设

1）管道光缆敷设前应做好下列准备。

①按设计核对光缆占用的管孔位置；

②在同路由上选用的孔位不宜改变，如变动或拐弯时，应满足光缆弯曲半径的要求；

③所用管孔必须清刷干净。

2）人工布放光缆时每个人孔应有人值守；机械布放光缆时拐弯人孔应有人值守。

3）光缆穿入管孔或管道拐弯或有交叉时，应采用导引装置或喇叭口保护管，不得损伤光缆外护层。根据需要可在光缆周围涂中性润滑剂。

4）光缆一次牵引长度一般不大于 1000m。超长时应采取 8 字分段牵引或中间加辅助牵引。

5）光缆布放后，应由专人统一指挥，按逐个人孔将光缆放置在规定的托板上，并应留适当余量避免光缆绷得太紧。

6）接头所在人孔井内的光缆预留长度应符合表 4-1 中的规定；避免设计要求作特殊预留的光缆绷得太紧。

光缆布放预留长度表　　　　　　　　　　　　　　表 4-1

敷设方式	自然弯曲增加长度（m/km）	人孔内弯曲增加长度（m/孔）	杆上预留长度	接头每侧预留长度（m）	设备每侧预留长度（m）	备注
直埋	7			一般为 6～8	一般为 10～20	1. 其他预留按设计要求 2. 管道或直埋作架空引上时，其他上部份每处加 6～8m
管道	5	0.5～1				
架空	5		平均预留为总长度的 7‰～10‰			

7）管道光缆的保护措施应符合下列要求：

①人孔内的光缆可采用蛇形软管（或软塑料管）保护并绑扎在电缆托板上或按设计要求的措施处理；

②管口应采取堵口措施；

③人孔内的光缆应有识别标志；

④严寒地区应按设计要求采取防冻措施，防止光缆损伤。

8）塑料子管道的布放方法基本上与光缆布放相同，还应符合下列要求：

①布放两根以上无色标的子管时，在端头应做好标志；

②布放塑料子管道的环境温度应在 -5～35℃；

③连续布放塑料子管道的长度，不宜超过 300m；

④牵引子管的最大拉力，不应超过管材的抗张强度，牵引速度要求均匀；

⑤子管在人孔中的余长应符合设计要求；

⑥穿放塑料子管的管孔，应安装塑料管堵头（也可采用其他方法），以固定子管；

⑦子管在管道中间不得有接头；

⑧子管布放完毕，应将管口作临时堵塞；本期工程不用的子管必须在管端安装堵塞（帽）。

（3）直埋光缆敷设

1）光缆的埋深应符合表 4-2 的要求。

直埋光缆埋深表　　　　　　　　　　　　　　表 4-2

敷设地段或土质	埋深（m）	备注
普通土（硬土）	≥1.2	
半石质（砂砾土、风化石）	≥1.0	

敷设地段或土质	埋深(m)	备注
全石质	≥0.8	从沟底加垫付 10cm 细土的上面算起
流砂	≥0.8	
市郊、村镇	≥1.2	
市区人行道	≥1.0	
穿越铁路、公路	≥1.2	距道碴底或路面
沟、渠、水塘	≥1.2	
农田排水沟(沟宽 1m 以内)	≥0.8	

2）直埋光缆与其他建筑物及地下管线的距离，应符合规定要求。

3）同沟敷设的光缆，不得交叉、重叠，宜采用分别牵引同时布放的方式。

4）直埋光缆敷设应符合下列要求：

①光缆沟的深度应符合规定，沟底应平整无碎石；石质、半石质沟底应铺 10cm 厚的细土或沙土；

②机械牵引时，应采用地滑轮；

③人工抬放时，光缆不应出现小于规定曲率半径的弯曲以及拖地、牵引过紧等现象；

④光缆必须平放于沟底，不得腾空和拱起；

⑤光缆敷设在坡度大于 20°，坡长大于 30m 的斜坡上时，宜采用"S"形敷设或按设计要求的措施处理；

⑥布放过程中或布放后，应及时检查光缆外皮，如有破损应立即修复；直埋光缆敷设后应检查光缆护层对地绝缘电阻。

⑦光缆中光纤及铜导线必须经检查确认符合质量验收标准后，方可全沟回土。

5）光缆沟回填土应符合下列要求：

①先回填 1cm 厚的碎土或细土，严禁将石块、砖头、冻土等推入沟内，并应人工踏平；

②回填土应高出地面 10cm。

6）埋式光缆的防护措施应按设计规定并符合下列要求：

①光缆线路穿越铁道以及不开挖路面的公路时，采取顶管方式。顶管应保持平直，钢管规格及位置应符合设计要求，允许破土的位置可以采取埋管保护，顶管或埋保护管时管口应做堵塞。

②光缆线路穿越机耕路、农村大道以及市区、居民区或易动土地段时，应按设计要求的保护方法施工。在光缆上方铺红砖时，应先覆盖 20cm 厚碎土再竖铺红砖，同沟敷设两条光缆应横铺红砖。

③光缆线路穿越有疏竣和挖泥取肥的沟、渠、塘时，在光缆上方应覆盖水泥板或水泥沙袋保护。

④光缆穿越 0.8m 以上（含 0.8m 在内）的沟坎、梯田时应作护坡，护坡方式按设计要求。穿越 0.8m 以下的沟坎时除设计有特殊要求外，一般均不做护坡，但必须分层夯实恢复原状。

⑤光缆线路穿越白蚁活动区域应按规定作防蚁处理。

⑥光缆线路的防雷措施，必须按设计规定处理。采用防雷排流线时，应在光缆上方30cm处敷设单根或双根排流线；当回填土后因故又挖出光缆重新敷设时，必须严格检查排流线是否位于光缆上方，严禁出现颠倒现象。

⑦特殊地段标志带的敷设应符合设计要求。

7）接头点的预留光缆应妥善地置于接头坑中，端头必须做密封防潮处理，防止光缆浸水或人为损伤。

8）光缆线路标石的埋设应符合下列要求：

①光缆接头、光缆拐弯点、排流线起止点、同沟敷设光缆的起止点、光缆特殊预留点、与其他缆线交越点、穿越障碍物地点以及直线段市区每隔200m，郊区和长途每隔250m处均应设置普通标石。

②需要监测光缆内金属护层对地绝缘、电位的接头点均应设置监测标石。

③有可以利用的标志时，可用固定标志代替标石。

④标石埋深60cm出土40cm，标石周围土壤应夯实。

⑤普通标石应埋设在光缆的正上方。接头处的标石应埋设在光缆线路的路由上，标石有字的一面应面向光缆接头。转弯处的标石应埋设在光缆线路转弯的交点上，标石朝向光缆弯角较小的一面。当光缆沿公路敷设间距不大于100m时，标石可朝向公路。

⑥标石用坚石或钢筋混凝土制作，规格有两种：一般地区使用短标石，规格应为100cm×14cm×14cm；土质松软及斜坡地区用长标石，规格为150cm×14cm×14cm。

⑦标石编号为白底红（或黑）漆正楷字，字体端正，表面整洁。编号应根据传输方向，自A端至B端方向编排。一般以一个中继段为独立编号单位。

⑧标石的编号及符号应一致并符合图4-1要求。

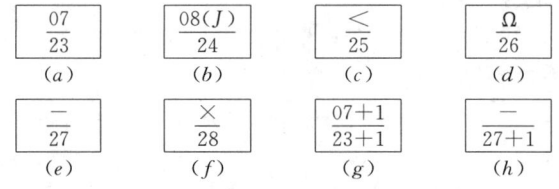

图4-1 各种标石的编写规格

(a) 普通接头标石；(b) 监测点标石；(c) 转角标石；(d) 特殊预留标石；

(e) 直线标石；(f) 障碍标石；(g) 新增接头标石；(h) 新增直线标石

注：1. 编号的分子表示标石的不同类别或同类标石的序号如(a)、(b)；分母表示一个中继段内总标石编号。

　　2. 图(g)、(h)中分子+1和分母+1表示新增加的接头或直线光缆标石。

（4）架空光缆敷设

1）架空光缆垂度的取定应十分慎重，要考虑光缆架设过程中和架设后受到最大负载时产生的伸长率应小于0.2%。工程中应根据光缆结构及架挂方式计算架空光缆垂度，并应核算光缆伸长率，使取定的光缆垂度能保证光缆的伸长率不超过规定值。

2）架空光缆的布放应通过滑轮牵引，布放过程中不允许出现过度弯曲，见图4-2。

3）中负荷区、重负荷区和超重负荷区布放吊挂式架空光缆应在每根杆上作预留，轻负荷区应每3～5杆档作一处预留。预留及保护方式可参照图4-3。

4）吊挂式架空光缆的引上光缆安装方式和要求可参照图4-4。

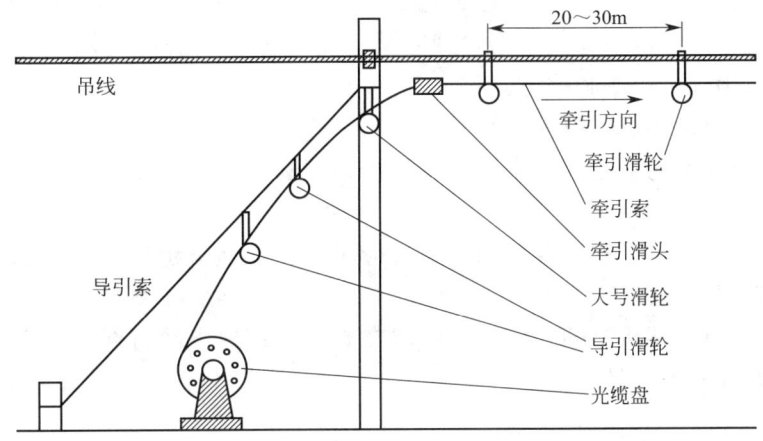

图 4-2 光缆滑轮牵引布防示意图

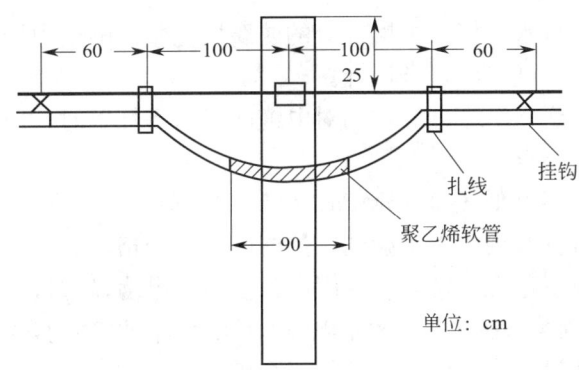

图 4-3 光缆在杆上预留、保护示意图

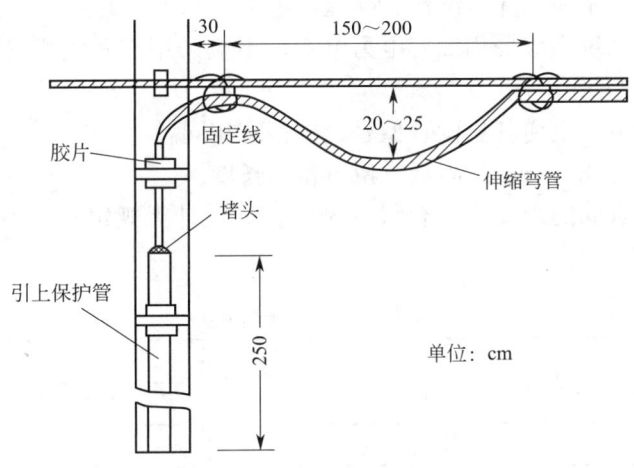

图 4-4 引上光缆安装及保护示意图

 5）架空光缆防强电、防雷措施应符合设计规定。吊挂式架空光缆与电力线交越时，应采用胶管或竹片将钢绞线作绝缘处理。光缆与树木接触部位，应用胶管或蛇形管保护。

 （5）局内光缆敷设

1）局内光缆一般从局前人孔经地下进线室引至光端机。由于路由复杂，宜采用人工布放方式。布放时上下楼道及每个拐弯处应设专人，按统一指挥牵引，牵引中保持光缆呈松弛状态，严禁出现打小圈和死弯。

2）局内光缆应作标志，以便识别。

3）光缆在进线室内应选择安全的位置，当处于易受外界损伤的位置时，应采取保护措施。

4）光缆经由走线架、拐弯点（前、后）应予绑扎。上下走道或爬墙的绑扎部位，应垫胶管，避免光缆受侧压。

5）按规定预留在端机侧的光缆，可以留在光端机室或电缆进线室。有特殊要求预留的光缆，应按设计要求留足。

2. 电缆敷设

（1）通用技术及质量标准

1）电缆敷设前应按下列要求进行检查：

①电缆通道畅通，排水良好。金属部分的防腐层完整。隧道内照明、通风符合要求。

②电缆型号、电压、规格应符合设计。

③电缆外观应无损伤、绝缘良好，当对电缆的密封有怀疑时，应进行潮湿判断；直埋电缆与水底电缆应经试验合格。

④充油电缆的油压不宜低于 0.15MPa；供油阀门应在开启位置，动作应灵活；压力表指示应无异常；所有管接头应无渗漏油；油样应试验合格。

⑤电缆放线架应放置稳妥，钢轴的强度和长度应与电缆盘重量和宽度相配合。

⑥敷设前应按设计和实际路径计算每根电缆的长度，合理安排每盘电缆，减少电缆接头。

⑦在带电区域内敷设电缆，应有可靠的安全措施。

⑧采用机械敷设电缆时，牵引机和导向机构应调试完好。

2）电缆敷设时，不应损坏电缆沟、隧道、电缆井和人井的防水层。

3）三相四线制系统中应采用四芯电力电缆，不应采用三芯电缆另加一根单芯电缆或以导线、电缆金属护套作中性线。

4）并联使用的电力电缆其长度、型号、规格宜相同。

5）电力电缆在终端头与接头附近宜留有备用长度。

6）电缆各支持点间的距离应符合设计规定。当设计无规定时，不应大于表 4-3 中所列数值。

电缆各支持点间的距离（mm） 表 4-3

电缆种类		敷设方式	
		水平	垂直
电力电缆	全塑型	400	1000
	除全塑型外的中低压电缆	800	1500
	35kV 及以上高压电缆	1500	2000
控制电缆		800	1000

注：全塑型电力电缆水平敷设沿支架能把电缆固定时，支持点间的距离允许为 800mm。

7）电缆的最小弯曲半径应符合表 4-4 中的规定。

电缆最小弯曲半径   表 4-4

电缆型式			多芯	单芯
控制电缆			10D	
橡皮绝缘电力电缆	无铅包、钢铠护套		10D	
	裸铅包护套		15D	
	钢铠护套		20D	
聚氯乙烯绝缘电力电缆			10D	
交联聚乙烯绝缘电力电缆			15D	20D
油浸纸绝缘电力电缆	铅包		30D	
	铅包	有铠装	15D	20D
		无铠装	20D	
自容式充油（铅包）电缆				20D

注：表中 D 为电缆外径。

8）用机械敷设电缆时，速度不宜超过 15m/min，最大牵引强度宜符合表 4-5 的规定，充油电缆总拉力不应超过 27kN。

电缆最大牵引强度（N/mm²）   表 4-5

牵引方式	牵引头		钢丝网套		
受力部位	铜芯	铝芯	铅套	铝套	塑料护套
允许牵引强度	70	40	10	40	7

9）油浸纸绝缘电力电缆在切断后，应将端头立即铅封；塑料绝缘电缆应有可靠的防潮封端；充油电缆在切断后尚应符合下列要求：

①在任何情况下，充油电缆的任一段都应有压力油箱保持油压。

②连接油管路时，应排除管内空气，并采用喷油连接。

③充油电缆的切断处必须高于邻近两侧的电缆。

④切断电缆时不应有金属屑及污物进入电缆。

10）电力电缆接头的布置应符合下列要求：

①并列敷设的电缆，其接头的位置宜相互错开。

②电缆明敷时的接头，应用托板托置固定。

③直埋电缆接头盒外面应有防止机械损伤的保护盒（环氧树脂接头盒除外）。位于冻土层内的保护盒，盒内宜注以沥青。

11）电缆线路应在下列部位装设电缆标志牌：

①电缆终端及电缆接头处；

②电缆两端，人孔及工作井处；

③电缆隧道内转弯处、电缆分支处、直线段每隔 50～100m 处；

④标志牌上应注明线路编号。当无编号时，应写明电缆型号、规格及起讫地点；并联使用的电缆应有顺序号。标志牌的字迹应清晰不易脱落。

⑤标志牌规格宜统一。标志牌应能防腐，挂装应牢固，见图4-5。

12）电缆的固定，应符合下列要求：

①垂直敷设或超过45°倾斜敷设的电缆在每个支架上；桥架上每隔2m处；

②水平敷设的电缆，在电缆首末两端及转弯、电缆接头的两端处；当对电缆间距有要求时，每隔5～10m处；

③单芯电缆的固定应符合设计要求。

④交流系统的单芯电缆或分相后的分相铅套电缆的固定夹具不应构成闭合磁路。

⑤裸铅（铝）套电缆的固定处，应加软衬垫保护。

13）电缆进入电缆沟、隧道、竖井、建筑物、盘（柜）以及穿入管子时，出入口应有防火隔堵措施，管口应密封，如图4-6所示。

图4-5 电缆标志牌

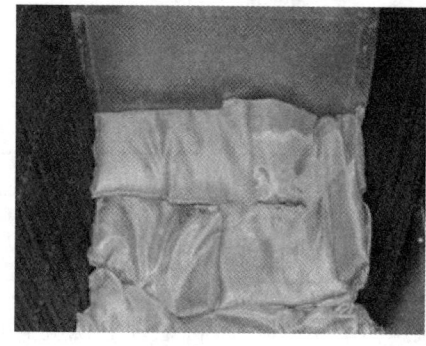

图4-6 防火封堵

（2）直埋电缆的敷设

1）在电缆线路路径上有可能使电缆受到机械性损伤、化学作用、地下电流、振动、热影响、腐殖物质、虫鼠等危害的地段，应采取保护措施。

2）电缆埋置深度应符合下列要求：

①电缆表面距地面的距离不应小于0.7m。穿越农田时不应小于1m。在引入建筑物、与地下建筑物交叉及绕过地下建筑物处，可浅埋，但应采取保护措施。

②电缆应埋设于冻土层以下，当受条件限制时，应采取防止电缆受到损坏的措施。

3）电缆之间，电缆与其他管道、道路、建筑物等之间平行和交叉时的最小净距，应符合表4-6的规定。严禁将电缆平行敷设于管道的上方或下方。特殊情况应按下列规定执行：

电缆之间，电缆与管道、道路、建筑物之间平行和交叉时的最小净距（m）　　表4-6

项目		平行	交叉
电力电缆间及其与控制电缆间	10kV及以下	0.10	0.50
	10kV以上	0.25	0.50
控制电缆间		—	0.50

项目		平行	交叉
不同使用部门的电缆间		0.50	0.50
热管道(管沟)及热力设备		2.00	0.50
油管道(管沟)		1.00	0.50
可燃气体及易燃液体管道(沟)		1.00	0.50
其他管道(管沟)		0.50	0.50
铁路路轨		3.00	1.00
电气化铁路路轨	交流	3.00	1.00
	直流	10.0	1.00
公路		1.50	1.00
城市街道路面		1.00	0.70
杆基础(边线)		1.00	—
建筑物基础(边线)		0.60	—
排水沟		1.00	0.50

注：1. 电缆与公路平行的净距，当情况特殊时可酌减；

2. 当电缆穿管或者其他管道有保温层等防护设施时，表中净距应从管壁或防护设施的外壁算起。

①电力电缆间及其与控制电缆间或不同使用部门的电缆间，当电缆穿管或用隔板隔开时，平行净距可降低为 0.1m。

②电力电缆间、控制电缆间以及它们相互之间，不同使用部门的电缆间在交叉点前后 1m 范围内，当电缆穿入管中或用隔板隔开时，其交叉净距可降为 0.25m。

③电缆与热管道（沟）、油管道（沟）、可燃气体及易燃液体管道（沟）、热力设备或其他管道（沟）之间，虽净距能满足要求，但检修管路可能伤及电缆时，在交叉点前后 1m 范围内，尚应采取保护措施；当交叉净距不能满足要求时，应将电缆穿入管中，其净距可减为 0.25m。

④电缆与热管道（沟）及热力设备平行、交叉时，应采取隔热措施，使电缆周围土壤的温升不超过 10℃。

⑤当直流电缆与电气化铁路路轨平行、交叉其净距不能满足要求时，应采取防电化腐蚀措施。

⑥直埋电缆穿越城市街道、公路、铁路，或穿过有载重车辆通过的大门时，进入建筑物的墙角处，进入隧道、人井，或从地下引出到地面时，应将电缆敷设在满足强度的管道内，并将管口堵好。

⑦高电压等级的电缆宜敷设在低电压等级电缆的下面。

4）电缆与铁路、公路、城市街道、厂区道路交叉时，应敷设于坚固的保护管或隧道内。电缆管的两端宜伸出道路路基两边各 2m；伸出排水沟 0.5m；在城市街道应伸出车道路面。

5）直埋电缆的上、下部应铺以不小于 100mm 厚的软土或沙层，并加盖保护板，其覆盖宽度应超过电缆两侧各 50mm，保护板可采用混凝土盖板或砖块。

软土或沙子中不应有石块或其他硬质杂物。

6) 直埋电缆在直线段每隔 50～100m 处、电缆接头处、转弯处、进入建筑物等处，应设置明显的方位标志或标桩。

7) 直埋电缆回填土前，应经隐蔽工程验收合格。回填土应分层夯实。

（3）电缆导管内电缆的敷设

1) 在下列地点，电缆应有一定机械强度的保护管或加装保护罩：

①电缆进入建筑物、隧道、穿过楼板及墙壁处。

②从沟道引至电杆、设备、墙外表面或屋内行人容易接近处，距地面高度 2m 以下的一段。

③可能有载重设备已经电缆上面的区段；

④其他可能受到机械损伤的地方。

2) 管道内部应无积水，且无杂物堵塞。穿电缆时，不得损伤护层，可采用无腐蚀性的润滑剂（粉）。

3) 电缆排管在敷设电缆前，应进行疏通，清除杂物。

4) 穿入管中电缆的数量应符合设计要求；交流单芯电缆不得单独穿入钢管内。

（4）电缆构筑物中电缆的敷设

1) 电缆的排列，应符合下列要求：

①电力电缆和控制电缆不应配置在同一层支架上。

②高低压电力电缆，强电、弱电控制电缆应按顺序分层配置，一般情况宜由上而下配置；但在含有 35kV 以上高压电缆引入柜盘时，为满足弯曲半径要求，可由下而上配置。

2) 并列敷设的电力电缆，其相互间的净距应符合设计要求。

3) 电缆在支架上的敷设应符合下列要求：

①控制电缆在普通支架上，不宜超过 1 层；桥架上不宜超过 3 层。

②交流三芯电力电缆，在普通支吊架上不宜超过 1 层；桥架上不宜超过 2 层。

③交流单芯电力电缆，应布置在同侧支架上，并加以固定。当按紧贴的正三角形排列时，应每隔一定的距离用绑带扎牢，以免松散。

4) 电缆与热力管道、热力设备之间的净距，平行时应不小于 1m，交叉时应不小于 0.5m，当受件限制时，应采取隔热保护措施。电缆通道应避开锅炉的看火孔和制粉系统的防爆门；当受件限制时，应采取穿管或封闭槽盒等隔热防火措施。电缆不宜平行敷设于热力设备和热力管道的上部。

5) 明敷在室内及电缆沟、隧道、竖井内带有麻护层的电缆，应剥除麻护层，并对其铠装加以防腐。

6) 电缆敷设完毕后，应及时清除杂物，盖好盖板。必要时，将盖板缝隙密封。

3. 漏泄同轴电缆敷设

（1）技术及质量标准

1) 施工中应整盘敷设，不得任意切断漏缆。

2) 施工中应保证漏缆外护（层）套不得有破损，缆两端头密封性能良好。

3) 漏缆距钢轨面的吊挂高度应为 4.5～4.8m。

4）电气化区段漏缆应在接触网回流线的另侧。不得已设在同侧时，漏缆与回流线、接地母线的距离不应小于 600mm，与牵引供电设备带电部分的距离不得小于 2m。

5）隧道外漏缆上吊夹前，钢丝承力索应加 300±30kg 的张紧力，吊挂后漏缆垂度应保持在 20℃时 150～200mm 范围内。

6）漏缆在敷设过程中，严禁急剧弯曲，其最小弯曲半径应符合规定，见表 4-7。

漏泄同轴电缆最小弯曲半径（mm）   表 4-7

序号	项　　目	漏泄同轴电缆规格代号		
		42	32	42
1	最小弯曲半径（单次弯曲）	600	400	240
2	最小弯曲半径（多次弯曲）	1020	760	500

7）漏缆敷设时，尽可能不与其他线缆交叉，如无法避免时，应注意将漏泄同轴电缆敷设在外侧，避免其他线缆阻挡漏缆的信号覆盖。

8）漏缆敷设时与既有漏缆间距不得小于 300mm。

（2）施工要求

1）施工准备

①在既有线路肩或路基范围内施工，应事先与工务部门联系，并签订协议后方可施工。

②在电气化铁路区段路肩上敷设时，宜在接触网杆、塔立起后进行，不宜交叉施工。

③对使用的车辆、工具要进行检查，确保性能指标正常。

2）径路复测

①实地测量弱场区段的长度；

②调查隧道施工进展、隧道外弱场区段接触网杆立杆进展；

③调查过轨位置预留钢管情况；

④调查区间无线基站、直放站等机房位置、情况；

⑤调查施工线路沿线道路交通状况。

3）漏缆运输

①漏缆运输作业时应使用吊车或叉车，当使用跳板时应小心装卸，严禁将漏缆从车上直接推落到地。

②滚动缆盘时，必须顺盘绕（箭头）方向，并只能做 50m 以内短距离滚动，当滚动距离大于 50m 时应使用运输工具。

③漏缆运输时，应将缆盘固定牢固，不得歪斜和平放。

④漏缆运输到工地后应对照运单检查标记、端别、盘号、盘长、包装有无破损、缆身外观有无损坏、压扁等，并作出记录；当包装有严重损坏或外护层有损伤时，应详细记录，并汇报。

4）隧道内画线

①根据设计规定的安装位置及高度要求，进行画线；距钢轨面的高度应为 4.5～4.8m。

②画线应在接触网回流线的另侧。不得已在同侧时，与回流线、接地母线的距离不应小于 600mm，与牵引供电设备带电部分的距离不得小于 2m。

③画出的线保持与轨面平行。

5）隧道内钻孔应打在所画线上，孔距为 0.8～1.5m，建议为 1m。

6）卡具安装卡环方向：卡槽朝向地面，卡钩朝向顶棚。

7）漏缆展放

①敷设漏缆采用人工抬放、展放时，人员间隔为 5～7m，以免漏缆拖地。

②漏缆在敷设的过程中，严禁急剧弯曲，其最小弯曲半径应符合表 4-7 的规定，在高速铁路施工时，漏缆最小弯曲半径应大于漏缆外径的 20 倍。

③漏缆过轨时应该换接阻抗相同的射频电缆。

8）隧道内漏缆吊挂

漏缆放入卡具中，并卡上卡具。注意漏缆固定的方向，定位筋应向着墙体（即安放于卡具凹槽内）。

9）隧道外漏缆吊挂

敷设漏缆前，钢丝承力索应加 300±30kg 的张紧力，吊挂后漏缆垂度应保持在 20℃时 150～200mm 范围内。吊挂方式一般为卡具吊挂或绑扎带吊挂，见图 4-7、图 4-8。

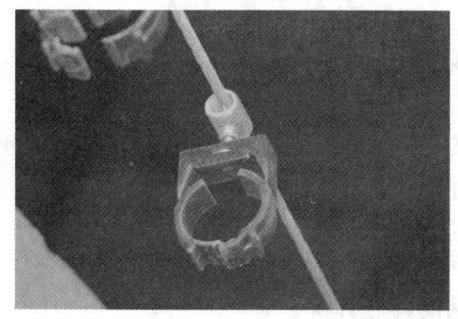

图 4-7　卡具吊挂　　　　　　　　　　图 4-8　绑扎带吊挂

4.2　接续及成端

不论是光缆还是通信电缆、电力电缆，都需要制作线缆终端头，也不可避免地要进行线缆的接续，这些往往是线缆的薄弱环节，其质量直接影响线缆的使用。

1. 光缆接续及成端

（1）技术及质量标准

光缆成端主要包括光纤断面制作、光纤的熔接、光纤的收容，指标测试、收容盘（终端盒）的固定。每道工序必须严格把关，认真操作，保证光缆成端满足规定要求。

1）采用专用工具进行光缆开剥，不得损坏光纤，造成光纤暗伤。

2）采用切割刀制作光纤断面，保证断面平整，垂直于轴面。

3）采用全自动熔接机熔接进行光缆接续，保证两光纤纵轴对准和熔接处的平滑。光纤接续后进行热缩加强。加强后的光纤热可缩保护管内无气泡，加强管无弯曲。

4）光纤接续后，在收容盘内顺序排列，不扭绞不迭绕。收容时光纤的弯曲半径不小于 40mm，保证光纤不受挤压、没有静态疲劳，然后固定收容盘的保护盖板，紧固各个螺钉，最后在面板上标记光缆的走向便于后续测试。

5）为保证光纤接续指标满足规定要求，光纤接续完成后使用 OTDR 进行测试。

（2）施工要求

1）光缆开剥

①在剥出光纤涂覆层时，剥线钳要与光纤轴线垂直，确保剥线钳不刮伤光纤；

②光纤开剥的长度不宜过长，在切割过程中要考虑加强芯的长度，以免熔接后无法将所有纤芯都放在加强芯内。

2）在固定光缆之前，必须注意纤芯束管所处位置，加强件穿过固定螺丝时，加强件的下面必须是填充束管，不能是纤芯束管，纤芯束管必须处于加强件进入光纤收容盘的同侧，不能在加强件上扭绞。

3）纤芯束管开剥，长度要适宜，一般开剥到过了两个固定卡口为宜，以免造成光纤受力损伤，且固定牢固。固定时卡子不要过紧，否则纤芯束管的光纤会因受力增加损耗甚至断裂，给工程留下隐患。

4）在切割光纤时，要严格按照规程来操作，使用端面切割刀要做到切割长度准、动作快、用力巧，确保光纤是被崩断的，而不是压断的；在取光纤的时候，要确保光纤不碰到任何物体，避免端面碰伤。

5）盘纤

①纤在盘纤过程中，盘纤弯曲半径不能太小，一般不能小于 4mm。弯曲半径太小，容易造成折射损耗过大和色散增大。时间长了，也可能出现断纤现象。

②在盘纤时，注意光纤的扭曲方向，一般是\8\字型，注意不要扭断光纤，盘完后将光纤全部放入收容盘的挡板下面，避免封装时损伤光纤。

6）光缆接续时要严格按照光缆色谱进行熔接；在光纤接续完成后要通过 OTDR 进行测试或通过光源光功率计进行测试。

2. 电缆接续及成端

（1）通信大对数电缆接续

1）技术及质量标准

严格按照色谱进行接续，见表 4-8、图 4-9。

全色谱线对编号与色谱 表 4-8

线对编号	颜色		线对编号	颜色		线对编号	颜色		线对编号	颜色		线对编号	颜色	
	a	b		a	b		a	b		a	b		a	b
1		蓝	6		蓝	11		蓝	16		蓝	21		蓝
2		桔	7		桔	12		桔	17		桔	22		桔
3	白	绿	8	红	绿	13	黑	绿	18	黄	绿	23	紫	绿
4		棕	9		棕	14		棕	19		棕	24		棕
5		灰	10		灰	15		灰	20		灰	25		灰

2）施工要求

①电缆接续时根据线缆的色谱进行接续。

②接线子压接要牢固：选择与电缆缆芯匹配的接线子；接续长度为 50mm，并扭绞

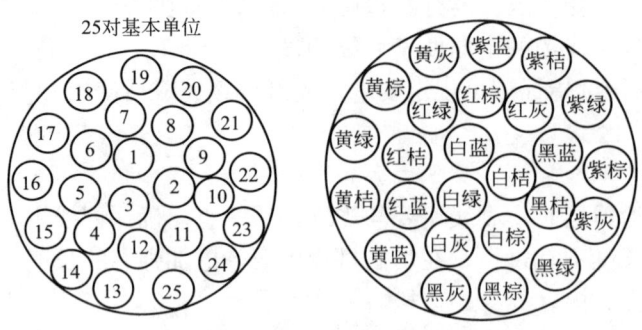

图 4-9　25 对基本单位线对色谱

3～4 花，如图 4-10 所示；在压紧时，钳口动作要保持平行。

　　③电缆引入终端设备后要进行固定，防止电缆从终端设备中被拔脱或扭转。

　　④如果是铠装电缆要将铠装连接在等电位系统上。

　　⑤在设备底座下面要预留足够的长度，以备二次接线或检修。

　　（2）控制电缆接续

　　1）电缆芯线的回路标记应清晰、编号准确、接线必须准确不松动，多股铜芯线应拧紧搪锡或接续端子后与设备的端子连接，见图 4-11。

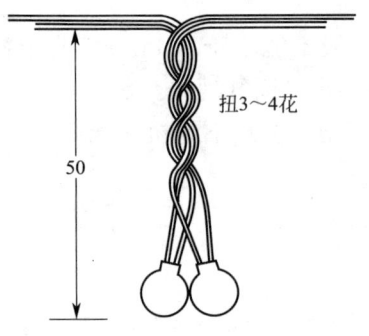

图 4-10　扭绞示意图

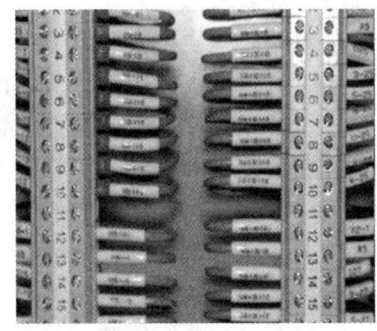

图 4-11　芯线与端子排连接

　　2）线号管要长短一致，方向与端子排顺序号或内部配线的标号一致。二次接线工艺见图 4-12。

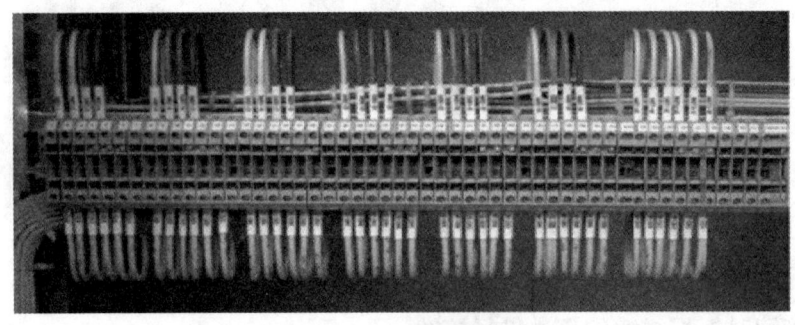

图 4-12　二次接线工艺

3）其他注意事项。

①在二次电缆开剥要选用合适的剥线钳，应注意开剥角度和力度，防止线缆损伤。

②在二次电缆接线前应穿好线号管，以免以后查线无法查找。

③电缆标牌使用绑扎带固定或者吕芯软线缆固定，防止掉落。

④二次电缆在开剥后钢凯需要焊接接地线，保证一端接地。

⑤盘柜内预留的二次电缆芯线使用绝缘胶带包扎，确保预留芯线无外露显现。

（3）高压电缆头制作

1）长期储存的电缆要断掉 1mm 的长度，量 800mm 做标记（根据电缆头现场位置及尺寸，可调整剥切外护套的长度，相应调整后面冷缩套管长度即可），剥去其外护套。在剥外护套、铠装层及内衬层过程中，千万不能伤及下面电缆结构层，尤其不能伤及电缆铜屏蔽层，半导体层及绝缘层。见图 4-13。

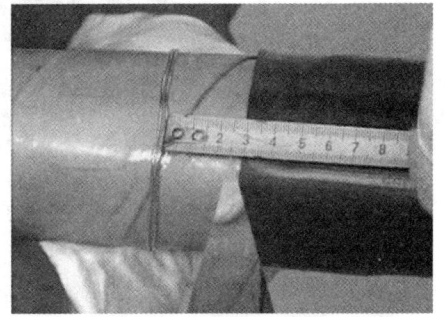

图 4-13　电缆开剥

注：自断口处 3cm 用扎丝扎紧钢铠，既能做标记又能使钢铠锯开后不散乱。

2）高压电缆、电力电缆、控制电缆有金属铠装保护的电缆，电缆终端头钢铠应一端接地，另一端浮空，直流电缆钢铠接地不能与柜体框架连接。要将钢铠装表面打磨，地线及恒力弹簧表面千万不要遗留类似硅脂等绝缘杂质，以免影响有效接地导通面积。钢铠接地如图 4-14、图 4-15 所示。

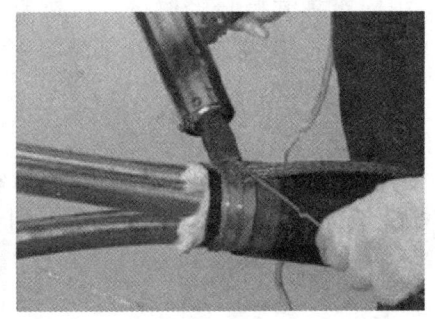

图 4-14　钢铠焊接接地

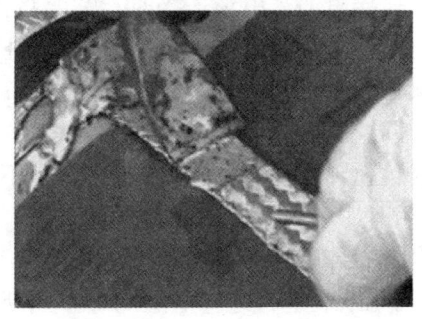

图 4-15　钢铠焊接接地防潮段

注：用电烙铁给接地线上镀锡，做一防潮段，防止潮气顺着接地线进入。

3）电缆打磨后，一定要用附件中的清洗布，擦洗打磨后留在主绝缘表面的粉尘，导体表面应光洁、无油污屏蔽无损伤及无绝缘毛刺、锐边，无凸起或断裂的单线。如图 4-16 所示。

4）其他注意事项

①电缆开剥时要确定电缆线鼻子压接处深度，测量好后再开始开剥。

②在电缆压接时选用合适的压接头，需压接 3～4 道，确保压接都到位。

③电缆安装应与母排垂直，高压电缆头安装时应涂导电膏。

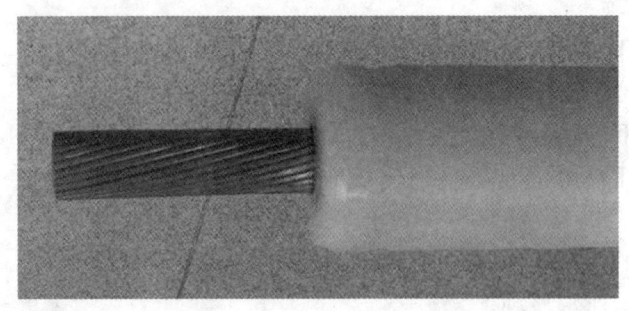

图 4-16　打磨后的电缆外观

④高压交流设备接地应将每台设备接地电缆单独引至接地母排，不能几个串联接入。

（4）漏缆接续及成端

1）清洁电缆，将电缆理直，用清洁剂或酒精擦拭接头所需尺寸外皮，晾干以后，进行下一步工作。

2）开剥电缆，用电缆开剥专用工具，配合锯弓使用，按接头所需尺寸进行切割和开剥。

3）安装接头，开剥以后，据要求打磨内导体，扩张外导体，用毛刷去除残留金属渣，套上接头，将接头与缆皮连接部进行打磨，清除杂屑，用适配扳手轻轻拧固。若需要进行封烤热缩套管，可用电吹风吹烤。

4）密封接头，将制作完成的接头，灌注密封胶，拧紧盖子。先用自粘胶带绕包，再用聚氯乙烯绕包一层，保证连接头不受潮气侵扰。

5）连接电缆，电缆连接时，需要将接头部位用棉布蘸酒精轻轻擦拭，再按要求用跳线（功分器）进行连接，用扳手拧固。注意用力要适中。连接完毕，接合部位要固定，防止滑落、松动。检查各零部件螺栓是否旋紧。

6）漏缆测试

连接器装配完毕时，连接器的两端不得扭曲弯折，要进行下列质量指标的检查：

①用万用表进行通电试验，检查内、外导体装接情况，并轻敲连接器，看万用表读数有无变化，判断装配接触质量。

②用兆欧表进行绝缘电阻测量，判断装接质量。

第5章　设备、设施安装

本章主要针对城市轨道交通系统安装中机柜、箱体等通用设备，以及杆塔、接触网等设施的安装问题。

5.1　设 备 安 装

城市轨道交通各专业中，机柜、箱体等设备是必不可少的，比如开关柜、控制柜、电源柜、通信机柜等，其安装质量应符合相应施工规范的规定。

1. 机柜设备

（1）技术及质量标准

1）机柜安装位置应与施工图纸一致。

2）机柜安装位置、机柜和底座的固定方式应符合设计要求。

3）机柜安装应牢靠，排列整齐，漆饰完好，铭牌、标识清楚正确。

4）使用的各种安装固定件必须采用不锈钢或镀锌材料且满足设计要求。

5）机柜的前后及左右倾斜偏差，应小于机柜高度的1‰。

6）整列机柜前端面在平行直线上偏差小于5mm，每个机柜水平偏差小于2mm，柜间缝隙小于1mm。

（2）施工要求

1）选用合适的螺栓，一般螺栓外露2~3个丝扣。

2）仔细核对厂家安装图纸确保柜间连接螺栓齐全，使用力矩扳手紧固柜间螺栓，施工完成后检查每颗螺栓是否都已拧紧，两柜之间的缝隙不能超过2mm。

3）安装前对基础预埋件或设备底座进行检查，合格后方可安装。

4）盘柜安装设备垂直度误差不能大于1.5mm，相邻两柜边平直度误差不大于1mm，成列面误差不大于5mm，加垫不超过2mm。

5）绝缘设备安装时，安装完成每一台柜都要测量绝缘情况，以免全部安装完成后绝缘不合格，无法查找原因。

6）绝缘螺栓安装时，安装孔应清理干净。

7）设备保持干燥和清洁。

8）安装时注意对设备外部进行保护。不能对设备直接进行敲击。

9）在设备配线前，首先要对机柜内设备的排列以及设置进行了解，在配线过程中尽量按照机柜内设置的理线架布线。机柜内部配线见图5-1。

图 5-1　机柜内部配线图

10）在设备配线开始就要对所需线缆进行始端、终端进行明显的、相同的标识。如果是设备与设备之间的配线，在线缆中间部位应增加最少两处标识。

11）在设备配线过程中线缆经过 90°转弯时，应在 90°拐弯的两端进行绑扎，不宜在拐点处绑扎。对于光纤或 2M 线绑扎时不宜过紧，以免断纤或断线。

12）扎带剪切的切口不能由棱角或斜角，防止切口划伤人。

13）配线完成后应对应配线架做好配线表；配线架上的标号要与线号一一对应，同时配线表也要与标号一一对应。

2．广播安装

技术及质量标准

1）安装时，首先使用接线子与广播线缆主线相连，确保主线不断，引出分支线缆，连接广播终端线缆，确定所需接入广播终端的瓦数，使用电烙铁将分支先与广播终端线缆焊接牢固，然后按图示装广播终端。

2）连接广播终端接线时保证相位一致。

3）安装中注意不要触碰锥型纸盘，防止损坏广播终端。

4）安装后要做清洁，防止灰尘、油污、手印等沾染广播终端表面，影响美观，如图5-2 图 5-3 所示。

5）区间广播终端安装严禁超出限界。

3．读卡器安装

技术及质量标准

读卡器安装在门外或门内侧，高度距地面 1.4m（或根据设计要求适当增加或降低）；当进门和出门均要刷卡时，两个读卡器应该相距 1m 以上，特别要避免里外正对安装，以防干扰。

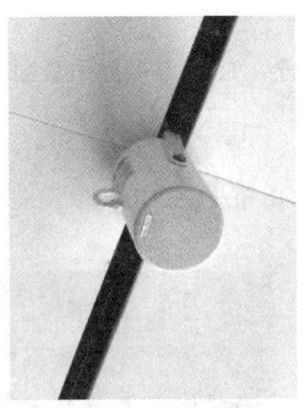 

图 5-2　广播安装图　　　　　　　图 5-3　吊挂方式安装

4．摄像机安装

技术及质量标准

1）摄像机的安装位置要严格按照施工图纸，参照现场实际情况进行定位。

2）摄像机和摄像机吊杆的安装应牢固、可靠，吊杆需垂直，侧装支架需水平。摄像机护罩、支架防护层均需完整，不得有脱落、锈蚀现象。

3）电源线和数据线应该分开用软管保护进入摄像机，且不能影响带云台设备的正常转动。

4）在满足监视目标视场范围要求的情况下，其安装高度：室内离地不宜低于2.5m，室外离地不宜低于3.5m。

5. 站厅LCD显示屏安装

技术及质量标准

1）采用吊挂方式安装时，屏体保持水平，水平误差小于2mm，屏底边距地面距离不宜小于2500mm。如图5-3所示。

2）采用壁挂方式安装时，屏体保持水平，水平误差小于2mm，屏底边距地面距离不宜小于1600mm，与其他屏体距离不小于200mm。

3）站台LCD显示屏的安装位置应符合设计要求，不得安装在旅客进出列车时的滑动安全门处。

4）显示屏边缘与站台主体结构边缘平行间距不得小于1200mm。

5）显示屏底边距地面高度不小于2300mm。

6. 信号机安装

技术及质量标准

信号机安装采用角钢支架或钢管立柱固定的方式安装，因洞体结构不同，侧墙安装又分为直壁和弧形洞壁安装方式；在锯齿洞壁处或有电缆支架等影响信号显示的地方采用立柱安装方式，安装前要核对好每架信号机的安装坐标，依据现场的具体情况及信号机安装支架类型选取安装方式；隧道壁信号机安装分两种形式：一种是矩形隧道壁安装，另一种是弧形隧道壁安装。

安装面为平面的角钢型三角架适用于矩形隧道壁安装。三脚架型底座信号机应垂直于地面安装，并紧固在隧道墙面上，如图5-4所示。

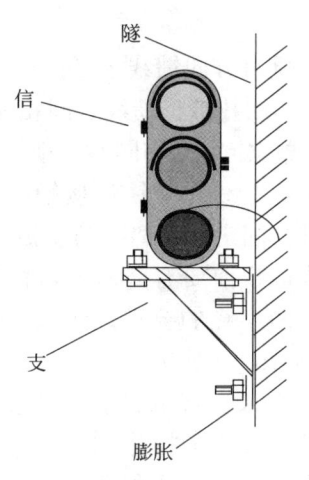

图 5-4　信号机安装

5.2 设施安装

本节适用于城市轨道交通高柱信号机、通信天馈线、刚性接触网、柔性接触网等设施的安装，其安装质量应符合相应施工规范的规定。

1. 杆、塔设施安装

（1）高柱信号机安装

1）线路外侧高柱信号机机柱中心距线路中心距离 L_1 不小于 1850mm，最低灯位中心距所属钢轨顶面距离 L_2 不小于 1400mm，如图 5-5 所示；可用 M14 不锈钢膨胀螺栓进行固定。

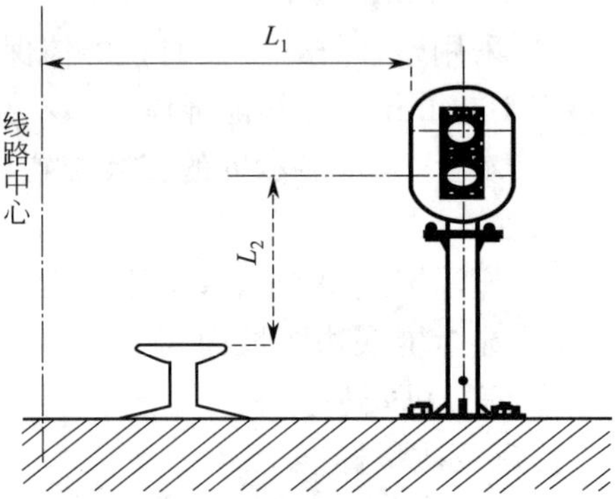

2）信号机机柱应垂直于安装平面，与安装平面的横向偏移不应大于 36mm。

3）机柱的弯曲度不大于 $L/200$（L 为机柱长度，可根据现场实际情况调整其高度）。

（2）通信天馈线系统

1）天线安装完成后，必须保证天线在主瓣辐射面方向上，前方范围 10m 距离内无任何金属障碍物。

2）天线安装时，天支顶端应高出天线上安装支架顶部 20cm。天支底端应比天线长出 20cm，以保证天线的牢固。

图 5-5　高柱信号机安装示意图

3）天线安装在楼顶围墙上时，天线底部必须高出围墙顶部最高部分，应大于 50cm。

4）安装楼顶桅杆基站时，天线与楼面的夹角应大于 45°。

5）馈线的量裁布放，按照节约的原则，先量后裁。馈线的允许余量为 3‰。

6）制作馈线接头时，馈线的内芯不得留有任何遗留物。

7）布放馈线时，应横平竖直，严禁相互交叉，必须做到顺序一致。两端标识明确，并两端对应。标识应粘贴与两端接头向内约 20cm 处。

8）馈线必须用馈线卡子固定，馈线卡朝向一致，垂直方向馈线卡子间距≤1.5m，水平方向馈线卡子间距≤1m。如无法用馈线卡子固定时，用扎带将馈线之间相互绑扎。

9）把馈线固定牢固的同时，馈线卡子的背母螺钉也要拧紧。馈线在和铁件接触的一些特殊部位要用卡子进行固定和隔离，防止被铁件挤伤。

10）馈线进户前要有防水弯，馈线的防水弯一定要符合弯曲半径的要求。防水弯的切角应大于等于 60°，如图 5-6 所示。

11）馈线进入机房后的长度至少要大于 1m 以上，以利于连接头的操作和固定，因机柜太靠近馈线的室内长度时，在保证不少于 1m 的情况下，现场做 1/2 软跳线进行连接。

图 5-6　馈线防水弯

12）馈线在布放、拐弯时，弯曲度应圆滑、无硬弯。并避免接触到尖锐物体，防止划伤进水，造成故障。

13）馈线、信号线必须与220V以上的电源线有20cm以上的间距。

14）天线、馈线等器件、线缆必须标识明确，一一对应。

2．接触网安装

（1）刚性接触网

1）定位钻孔

①两孔以上，使用模板；

②选用规定规格的钻头或专用钻头；

③钻孔时孔中心距隧道伸缩缝、连接缝保证≥100mm；

④打孔过程中及时复核孔位是否符合定测位置。

2）锚栓安装

①用清孔毛刷、清孔气囊彻底清除孔屑，刷3遍，吹3遍，清除孔中积水及灰尘；

②将向上安装定位环卡入孔口。按照向上施工的特殊步骤向上注胶，确保孔内注满锚固胶，及时将螺栓缓缓旋入孔内。在锚固胶硬化期间，严禁扰动；

③使用专用的洗孔钻头进行清洗孔底部；

④使用专用工具对锚栓进行敲击膨胀，观察锚栓是否安装到位。

3）悬挂安装

①悬挂吊柱及各类型垂直安装底座用水平尺进行调整；

②选用T形头螺栓型号应满足净空要求，保证足够调整余量；

③安装T形头螺栓时应检查是否端正（T形头的位置垂直于垂直悬吊底座槽孔）；

④A/B型单支角钢应用激光测量仪进行调整；

⑤悬挂装置安装完成后，检查螺母、垫片是否齐全、紧固。

图5-7 汇流排安装缝隙不大于1mm

4）汇流排安装

①汇流排对接口应密贴、开口过渡应平滑、顺直，连接端缝平均宽度不大于1mm，如图5-7所示；

②使用扭矩扳手安装，紧固力矩为50～55N·m，紧固件安装齐全；

③汇流排定位线夹安装时，使用内六角专用扳手紧固螺栓，所有螺栓应保持统一朝向，且观察汇流排与定位线夹之间是否有间隙。

5）接触线架设

①架线小车应调整好工作状态，导线与汇流排贴合，如导线未完全嵌入汇流排时，应倒回架线小车将导线拉出，重新嵌入，如图5-8所示；

②锁紧终端螺栓，接触线沿终端方向顺直外露150mm，用断线器断开接触线，并用锉刀将端头打磨平整、光洁。

6）地线架设

①当架空地线架设方向改变时，检查其转角处角度不大于6°；

②架空地线的张力和弛度应符合设计安装曲线，必须保证架空地线在最大弛度时距接触网带电体不小于150mm。

7）悬挂调整

检查定位点拉出值是否符合要求，应呈圆滑曲线布置，不应出现明显折角。

8）中心锚结安装

①直线上，锚固底座中心线位于汇流排中心线的正上方；曲线上，锚固底座中心线位于中锚在汇流排上锚固线夹处汇流排中心线延伸线的正上方；

图5-8 架线小车

②根据该中锚的净空选择正确的中心锚结安装形式，接地端至带电体的距离应不小于150mm；困难情况不应小于115mm。

③中心锚结拉线拉力应均衡、适度，两端拉力应一致，且不能使中锚点出现负弛度。

9）隔离开关安装及引线

①应保证所有底座安装面都在同一水平面上，且各底座间距符合设计要求，在安装本体时进行微调，保证隔离开关及操作机构水平；

②在引线电缆敷设前，应先确定线路走向，横平竖直，并用墨斗、卷尺、水平尺等辅助工具进行画线，如图5-9所示。

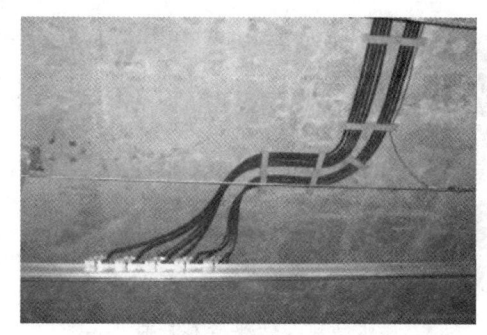

图5-9 引线敷设

10）分段绝缘器安装

①用水平尺、激光测量仪将分段绝缘器与受电弓接触部分调至一个平面上，且该平面应与轨面平行；

②分段绝缘器中点应设置在受电弓的中心位置上（即拉出值为0mm），分段绝缘器旁两个定位点拉出值应都为"0"。

（2）柔性接触网

1）支柱门形架安装

①锚柱安装时预留向拉线侧倾斜；放线前做好检查复核工作并紧拉线；放线后加强检查；

②支柱安装时预留支柱受力后外倾一定的倾斜率；放线前做好检查复核工作；

③保证地脚螺栓螺母的力矩达到设计要求并做好安装记录工作，责任落实到人；

④焊接时监测横梁弛度，确保达标。

2）支柱装配

①在支柱整正完成后，用水平尺确定轨面标高线并在支柱上做好红线标记；高度测量应用钢卷尺，并派专人负责在下面拉尺子尾端；

②安装时使用水平尺调平，并派专人负责在下面查看底座是否与轨面平行；

③制订每一个接触网零配件螺栓力矩标准表，安装时使用力矩扳手进行紧固。

3）线材架设

①附加线固定时注意测量气温；严格按附加线安装曲线施工；

②架设时使用拉力仪控制附加线张力；

③承力索倒入支撑线夹时，注意测量气温；严格按安装曲线施工；使用专用设备测量、控制偏移值；

④安装完以后（最晚承力索放线前）现场复测承力索座位置是否达标，不合标准一律更换。

4）悬挂调整

①针对导高偏差大的情况，可以通过调整吊弦长度、腕臂上下底座高度来实现；拉出值调不到位可更换定位器；

②定位器坡度理想状态下是定位线夹垂直于轨面线而不是地面；坡度为 $1/9 \sim 1/10$；

③导高拉出值精调完成后，经检查吊弦全部受力后方可统一压接。

5）补偿装置

①安装时使用水平尺校正，温度剧烈变化时注意观察棘轮补偿的工作状态；

②安装坠砣限制架及导管时应精细调整；温度变化时加强对坠砣串的巡视工作；

③缠绕补偿绳前应将内部应力放散；

④严格按照安装曲线调整补偿装置 a、b 值。

6）电连接安装

安装时力矩达到设计要求，并在安装过程中在电连接线夹与导线、承力索接触面涂导电膏；加强检查弛度，不达标者容易产生硬点，在安装电连接时预留连接线伸缩长度，保证电连接线的弹性。

7）线岔安装

非工作支接触线应高于工作支接触线不小于 50mm，且不得使限制管承受悬挂负载。在保证 500mm 等高处非支高于工作支 0～20mm 的情况下，通过调整吊弦长度来达到设计要求。若调整吊弦仍达不到要求，调整下锚底座安装高度。

第6章 防雷与接地

6.1 防　雷

由于雷电或某些其他原因，会使设备或线路上所受电压超过正常工作电压，对其绝缘构成威胁，甚至造成击穿损坏、人身伤害，而接地是一种有效的电气安全措施。

技术及质量标准

（1）建筑物顶部的避雷针、避雷带等必须与顶部外露的其他金属物体连成一个整体的电气通路，且与避雷引下线连接可靠。

（2）避雷针、避雷带应位置正确，焊接固定的焊缝饱满、无遗漏，螺栓固定应备帽以防松动，焊接部分补刷的防腐油漆应完整。

（3）避雷带应平正、顺直，固定点支持件间距均匀、固定牢靠，每个支持件应能承受大于 49N（5kg）的垂直拉力。当设计无要求时，支持件间距应符合《建筑电气工程施工质量验收规范》第 25.2.2 条的规定。

（4）装有避雷针和避雷线的构架上的照明灯电源线，必须采用直埋于土壤中的带金属护层的电缆或穿入金属管的导线。

（5）电缆的金属护层或金属管必须接地，埋入土壤中的长度应在 10m 以上，方可与配电装置的接地网相连或与电源线、低压配电装置相连。

6.2 接　地

1. 技术及质量标准

（1）金属线槽、金属导管、接线盒、分向盒必须电气连接，且必须可靠接地。

（2）测试接地装置的接地电阻值必须符合设计要求。

（3）当灯具距地面高度小于 2.4m 时，灯具的可接近裸露导体必须接地（PE）或接零（PEN）可靠，并应有专用接地螺栓，且有标识。

（4）金属电缆支架、电缆导管必须接地（PE）或接零（PEN）可靠。

（5）金属电缆桥架及其支架和引入或引出的金属电缆导管必须接地（PE）或接零（PEN）可靠，且必须符合下列规定：

1）金属电缆桥架及其支架全长不少于两处与接地（PE）或接零（PEN）干线相连接；

2）非镀锌电缆桥架间连接板的两端跨接铜芯接地线，接地线最小允许截面面积不小于 4mm²。

3）镀锌电缆桥架间连接板的两端不跨接接地线，但连接板两端应有少于两个防松螺帽或防松垫圈的连接固定螺栓。

（6）绝缘子的底座、套管的法兰、保护网（罩）及母线支架等可接近裸露导体应接地（PE）或接零（PEN）可靠。不应作为接地（PE）或接零（PEN）的持续导体。

（7）不间断电源输出端的中性线（N级），必须与由接地装置直接引来的接地干线相连接，做重复接地。

（8）接触网支柱、隧道埋入杆件均应按设计要求接地。接地线地面部分涂防锈漆，地下部分涂防腐油，连接牢固、可靠，连接处除锈，涂电力复合脂。接地极的接地电阻值不得大于 10Ω。

（9）静电空气过滤器金属外壳接地必须良好。检查数量：按总数抽查 20%，不得少于 1 台。

2. 施工要求

（1）接地网

1）高架站承台、立柱、桩基、基础梁钢筋的连接一定要使用满足设计要求的光圆钢，不可随意用施工剩余的带肋钢代替，同时焊接缝不得小于光圆钢直径的 6 倍，搭接缝两侧要满焊。

2）高架站的预留钢板一定要外露，否则后期无法查找，强行打凿后既不便于放热焊，也对车站接地网整体电阻影响很大。

3）高架站主筋的选取和焊接的数量一定要满足设计规范要求。

4）不同土建结构，对杂散电流钢筋间的焊接要求不同，不能按照施工经验盲目施工，应仔细核对图纸，按照标准的设计规范要求施工。

5）对于设计图纸和设计交底有不清楚或者有异议的地方，请及时联系设计，做好沟通工作，避免造成不可补救的施工质量后果。

（2）接地体（线）

1）在地下不得采用裸铝导体作为接地体或接地线。

2）不得利用蛇皮管、管道保温层的金属外皮或金属网以及电缆金属护层作接地线。

3）接地线应防止机械损伤和化学腐蚀。

4）在与公路、铁路或管道等交叉及其他可能使接地线遭受损伤处，均应用管子或角钢等加以保护。

5）接地线在穿过墙壁、楼板和地坪处应加装钢管或其他坚固的保护套，有化学腐蚀的部分还应采取防腐措施。

6）接地干线应在不同的两点及以上与接线网相连接。自然接地体应在不同的两点及以上与节点干线或接地网相连。

（3）电气设备的保护接地

1）每个电气装置的接地应以单独的接地线与接地干线相接，不得在一个接电线中串联几个需要接地的电气装置。

2）当电缆穿过零序电流互感器时，电缆头的接电线应通过零序电流互感器后接地；由电缆头至穿过零序电流互感器的一段电缆金属护层和接地线应对地绝缘。

3）高压配电间间隔和静止补偿装置的栅栏门铰链外应用软铜线连接，以保持良好接地。

4）高频感应电热装置的屏蔽网、滤波器、电源装置的金属屏蔽外壳，高频回路中外露导体和电气设备的所有屏蔽部分和其连接的金属管道均应接地。

5）携带式电气设备应用专用芯线接地，严禁利用其他用电设备的零线接地；零线与接地线应分别与接地装置相连接。

6）携带式电气设备的接地线应采用软铜绞线且其截面不小于 1.5mm²。

（4）接地体（线）焊接

应采用搭接焊，其搭接长度必须符合下列规定：

1）扁钢为其宽度的 2 倍（且至少三个棱边焊接）。

2）圆钢为其直径的 6 倍。

3）圆钢与扁钢连接时，其长度为圆钢直径的 6 倍。

4）扁钢与钢管、扁钢与角钢焊接时，为了连接可靠，除应在其接触部位两侧进行焊接外，并应焊以由钢带完成的弧形（或直角形）卡子或直接由钢带本身完成弧形（或直角形）与钢管（或角钢）焊接。

（5）避雷针（线、带、网）的接地

1）避雷针（带）与引下线之间的连接应采用焊接。

2）避雷针（带）的引下线及接地装置使用的紧固件均应使用镀锌制品。

3）建筑物上的防雷设施采用多根引下线时，宜在各引下线距地面 1.5～1.8m 处设置断接卡，断接卡应加保护措施。

4）装有避雷针的金属筒体，当其厚度不小于 4mm 时，可作避雷针的引下线。筒体底部应有两处与接地体对称连接。

5）独立避雷针及其接地装置与道路或建筑物的出入口等距离应大于 3m。当小于 3m 时，应采取均压措施或铺设卵石或沥青地面。

6）独立避雷针（线）应设置独立的集中接地装置。当有困难时，该接地装置可与主接地网连接，但避雷针与主接电网的地下连接点至 35kV 及以下设备装置与主接地网的地下连接点之间，沿接地极的长度不得小于 15m。

7）独立避雷针的接地装置与接地网的地中距离不应小于 3m。

8）配电装置的构架或屋顶上的避雷针应与接地网连接，并应在其附近装设集中接地装置。

6.3 杂散电流防护

城市轨道交通的牵引供电一般采用走行轨回流的方式，走行轨采用绝缘安装方式，但是走行轨与大地之间不可能绝对绝缘，在大部分电流沿走行轨回变电所时，仍然有一小部分电流泄漏到大地中，形成"杂散电流"，又叫"迷流"。

1. 杂散电流的危害

（1）会对沿线地下公共环境造成污染，腐蚀地下金属和构筑物内钢筋。

（2）腐蚀沿途的各种金属管道外壁，严重时发生管道泄漏，造成灾难性损失。

（3）腐蚀洞壁管片内结构钢筋，降低其使用强度及耐久性，严重影响地铁的安全运营。

2. 一般防护方案

（1）确保畅通的牵引回流系统。

（2）直流供电设备和回流轨系统采用绝缘法安装，尽可能减少杂散电流。

（3）为限制杂散电流对结构钢筋及金属管线的腐蚀及向外扩散，利用整体道床内结构钢筋的可靠电气连接，形成主要的杂散电流收集网。

（4）在条件允许情况下，尽可能增强整体道床结构与车站结构间的绝缘措施。

（5）利用地下隧道（盾构区间除外）和高架桥轨道梁结构钢筋的可靠电气连接，形成辅助杂散电流收集网，以限制杂散电流向外扩散。

（6）牵引变电所设排流柜，以便将来轨道绝缘降低，杂散电流增大时，使收集网（主收集网、辅助收集网）中杂散电流有畅通的电气回路，限制杂散电流对金属构件的腐蚀和向道床外、地铁外的扩散。

（7）各类管线设备应从材质或其他方面采取绝缘措施，减少杂散电流对其腐蚀及通过其向外部泄漏。

（8）正线车站及区间牵引所内设钢轨电位限制装置。

（9）设立完备的杂散电流监测系统。

3. 盾构、车辆段区段杂散电流防护方案

（1）盾构结构采用隔离防护方法，并用两根 $95mm^2$ 电缆连接盾构区间两端的车站收集网连接端子，以使辅助收集网电气连续。

（2）车辆段通过恰当设置回流点和均流电缆，减少杂散电流的泄漏。

（3）车辆段内线路与正线之间及车辆段电化库内线路与库外线路之间设置绝缘轨缝（钢轨绝缘节），并装设单向导通装置。

（4）车辆段内电化股道和非电化股道之间、电化股道尽头线与车挡设备之间设置绝缘节。

4. 高架桥区段整体道床杂散电流防护方案

按照杂散电流防护设计原则，整体道床设置收集网，因此需将高架段道床内纵向钢筋与横向钢筋按一定长度焊接，纵向钢筋总截面不小于 $3000mm^2$/行，并在伸缩缝处引出连接端子，为使全线主收集网电气连通，将伸缩缝两端连接端子用绝缘电缆进行连接。

5. 杂散电流收集网的施工要点

（1）每片梁伸缩缝的两侧，分别用 50×8 的镀锌扁钢和所有被选择作为收集网的纵向钢筋焊接，并在轨道梁两侧引出连接端子，焊接方式采用满焊。

（2）每片梁每隔 5m（或 5m 以下）需要将所有被选择为收集网的纵向钢筋与横向钢筋进行可靠焊接，焊接方式参照杂散电流施工通用图。

（3）U 形槽地段底板和侧墙内表面的纵向钢筋的搭接处均应该按照设计规范要求焊接。

（4）U 形槽地段被选作排流条的两根纵向钢筋必须与底板所有横向钢筋焊接。

（5）长度不足的材料使用搭接时一定要符合设计规范，扁钢搭接长度为其宽度的两倍，且至少 3 个棱边焊接；光圆钢搭接长度为其直径的 6 倍，焊缝厚 6mm，其余形式参见杂散电流专用施工通用图。

（6）杂散电流收集网是一个全线贯通的整体，钢筋一旦焊接不好，杂散电流向外泄露，在使用过程中将导致主体结构中金属构件严重腐蚀或引起电子设备误动作。

6. 杂散电流收集网与接地网在施工中常见质量通病及防范措施

（1）预埋扁钢必须与横向钢筋和纵向钢筋都进行焊接，并且要焊接牢靠，符合规范要求，如图6-1、图6-2所示。

图6-1　焊接展示图（一）　　　　　　　　　　图6-2　焊接展示图（二）

（2）预埋扁钢焊接点数量必须符合规范要求，达到规范要求数量，必须和所有的纵向钢筋都焊接牢靠，如图6-3、图6-4所示。

图6-3　焊接展示图（三）　　　　　　　　　　图6-4　焊接展示图（四）

（3）预埋扁钢长度必须符合规范要求，全部覆盖所有纵向钢筋，并且要求长出最外侧纵向钢筋，如图6-5所示。

（4）预埋扁钢的焊接必须牢固、可靠，能满足设计规范要求，如图6-6所示。

图6-5　焊接展示图（五）　　　　　　　　　　图6-6　焊接展示图（六）

第 7 章 标识、标志与成品保护

城市轨道交通系统安装工程中，多专业、多承包商同时交叉平行作业，安装的设备也都是暴露在车站内，针对不同的设备、成品等采用覆盖、遮挡、围护、捆绑等有效的成品保护措施非常必要。

7.1 标识、标牌

1. 技术及质量标准

我国关于标识、标牌色标采用的标准，基本上与国际标准草案（ISO）相同。一般采用的安全色有以下几种：

（1）红色：用来标志禁止、停止和消防，如信号灯、信号旗，机器上的紧急停机按钮等，都是用红色来表示"禁止"的信息。

（2）黄色：用来标志注意危险。如"当心触电"、"注意安全"等。

（3）绿色：用来标志安全无事。如"在此工作"、"已接地"等。

（4）蓝色：用来标志强制执行，如"必须戴安全帽"等。

（5）黑色：用来标志图像、文字符号和警告标志的几何图形。

2. 施工要求

（1）管线标识、标牌

线路应在下列部位装设标志牌：

①管线终端及接头处；

②管线两端，人孔及工作井处；

③隧道内转弯处、分支处、直线段每隔 50～100m；

④标志牌上应注明线路编号。当无编号时，应写明型号、规格及起讫地点；并联使用的管线应有顺序号。标志牌的字迹应清晰、不易脱落。

⑤标志牌规格宜统一。标志牌应能防腐，挂装应牢固，如图 7-1～图 7-3 所示。

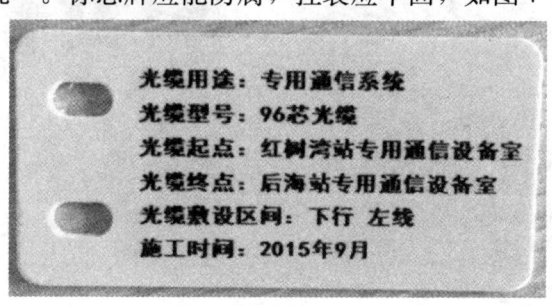

图 7-1　线缆标志牌

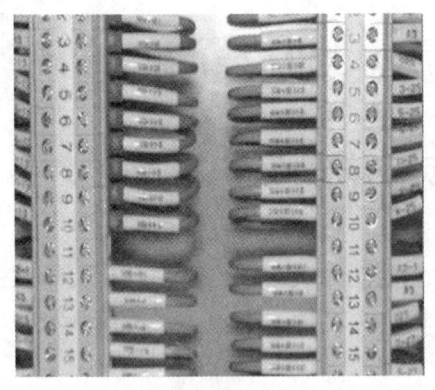

图 7-2　线缆标识套管　　　　　　　　　　　图 7-3　预埋管标牌

（2）设备标识、标牌

1）关键设备、需重点保护的设备，须在显眼处悬挂标识、标牌，内容要写明名称、用途、负责人、联系方式等，如图 7-4 所示。

图 7-4　设备成品保护标牌

2）设备状态标识，尤其是变电所设备，设备处于带电状态时，设备上必须设置禁止合闸标识；断开电源的设备要设置禁止合闸的标识，如图 7-5 所示。

（3）质量类标识、标牌

对于关键设备、关键工序，在施工过程中要悬挂质量类标识，如质量控制卡片，内容包括设备工序名称、施工负责人、施工时间、自检结果等，如图 7-6 所示。

图 7-5　变电设备禁止合闸标识　　　　　　　图 7-6　质量控制卡

7.2 成品保护

1. 技术要求

根据产品特点，可分别对成品和半成品采取包、护、盖、封等具体措施。

（1）包就是进行包裹，将被保护物包裹起来，防止损伤或污染。例如，对镶面大理石可用立板包裹捆扎保护；铝合金门窗可用布包扎保护；将室外计轴、应答器设备用彩条苫布进行包裹防护。

（2）护就是提前防护。

（3）盖就是表面覆盖。用表面覆盖的方法防止堵塞或损伤，例如对地漏、排水管落水口等安装就位后加以覆盖，以防止异物落入而被堵塞。

（4）封就是局部封闭。以防止人员或其他物体损坏所建设成品。

2. 施工要求

（1）项目部应统筹考虑各专业施工组织，一方面，不得颠倒工序，防止后道工序损坏或污染前道工序；另一方面，要注重专业间相关工序的衔接配合，避免专业间工序损坏或污染。

（2）项目部把成品保护措施列入总体施工组织设计中并组织执行，确认为重点保护的成品、半成品按作业指导书执行，同时建立过程、人员、设备三过程成品保护检查记录。

（3）分部、分项工程的成品保护措施应列入技术交底内容，必要时编制施工作业指导书，同时要解决有关成品保护工作所需的人员、材料等问题，必须设专人进行防护，使成品保护工作落到实处，以确保工程在竣工交付前的完好状态。

（4）项目部负责成品保护工作的检查员，要每日不定时对本项目的成品保护工作进行检查，并督促专职安全员落实整改并做记录。

（5）设备起吊或拖运施工过程中，若需在墩柱、设备基础生根时，要做好四角的保护措施。

（6）在构筑物内施工时，地坪上应加上软木、橡胶垫或其他软质材料的隔离层；结构物上用塑料布保护。

（7）设备运输经过沟道时应垫上横跨沟道的枕木或采取其他相应措施。

（8）在利用卷扬机进行吊装作业时，尽量不要用已施工完的梁、墩柱作为承力点，如工程确实需要，经严密的受力计算，在确保安全并对承力点做包垫措施的前提下进行。

（9）严禁在已施工完的结构物面上及附属工程任意打洞，确因工程需要必须开洞的，经相关单位同意，并征得建设单位、监理单位批准，且施工完成后有相应的恢复措施。

（10）安装的各种设备或基础支柱等如果靠近交通线路，要有防撞措施。

（11）电缆敷设后不能及时掩埋的要采取防压、防火、防盗等措施，严禁登踏已施工完的电缆桥架和已施工完的附属设施。

（12）机械设备在结构物附近作业时要设置专人负责指挥，严禁划伤结构物表面。

（13）根据产品特点，可分别对成品和半成品采取护、包、盖、封等具体措施。

（14）进行油漆作业时有对成品的防污措施。

（15）工程通过初、竣工验收，交付前要安排专人对验收后的成品进行必要的保护。

第3篇 单系统调试

第8章 供 电 系 统

城市轨道交通供电系统负责向车辆和设备系统提供电能，是一个集主变电所、中压供电网络、牵引供电系统、供配电系统、接触网系统为一体的综合系统。

供电系统的主要功能如下：

（1）接受、分配电能

从城市电网取得电源，经主变电所或开关所，通过 35kV（或 10kV）中压供电网络将电能分配到每一个车站和车辆段内的牵引变电所和降压变电所。

（2）降压整流及接触传输直流电能

牵引变电所将 AC35kV（或 10kV）中压电降压整流为 DC1500V（或 750V），从接触网不间断地供给运行中的电动列车，保证列车的安全、可靠、快速运行。

（3）降压及动力配电

降压变电所将 AC35kV（或 10kV）中压电降压为 AC380/220V 低压电，向车站的各种动力、照明设备供电，保证车站各种设备的正常运行。

供电系统应具有在正常运行情况下的控制、测量、监视和计量功能，正常运行方式和事故运行方式下的安全操作联锁功能。故障运行情况下，供电系统应具有故障自救功能、自我保护功能。

8.1 接 触 网

接触网是直接给电动列车提供牵引电能的系统。城市轨道交通牵引网主要形式有柔性、刚性架空接触网和接触轨，其系统一般由支持装置（悬挂/支撑、绝缘子）、导电装置（接触线/轨、承力索、附加导线、电连接、线岔）、设备装置（隔离开关、避雷器/放电间隙、分段绝缘器）等组成。

1. 冷滑试验

冷滑是为检查接触悬挂的某些性能，在无电条件下受电弓沿接触网的滑行。其试验的目的、条件、内容、方法等见表 8-1。

2. 热滑试验

热滑是使电力机车或电动车组带电试运行检查接触悬挂的全面性能。其试验的目的、条件、内容、方法等见表 8-2。

冷滑试验作业表格　　　　　　　　　　　　　　　　　　　　　　　　　　　　表 8-1

项目名称	冷滑试验
测试目的	1. 检查各系统设备、设施的安装是否满足限界要求。 2. 检查正线车站及区间的土建结构是否满足限界要求。 3. 检查走行轨和接触网(轨)的几何尺寸安装满足设计要求。 4. 检查受电弓(受流器)与接触网(轨)的接触状态是否满足受流要求
测试前提条件	1. 冷滑试验前应确保所有轨行区结构、设备施工安装完毕。 2. 冷滑试验前应制作好检查弓网(或靴轨)关系的动态检测车辆。 3. 相关承包商对所要进行限界检查的线路及设备进行必要的检查、调试,确保各项设备处于良好状态,并清理好现场。 4. 冷滑线路范围内的施工轨行车辆调离试验区域。 5. 试验范围内各施工单位组织检查,将施工机具、器械、施工材料撤离施工现场或移至确保不影响试验的地方处置。 6. 制作好试验交路图
测试内容	1. 列车冷滑时,正线运行速度不宜超过 10km/h。 2. 列车冷滑时,道岔通过速度和车站通过速度不宜超过 5km/h。 3. 在试验过程中,如遇设备、土建结构侵入限界,立即停车,确认侵限位置,由限界测量组做好记录和拍照。 4. 冷滑试验结束后,应由参与的各方签认限界检查报告。 5. 冷滑试验结束后,对发现的限界侵限、弓网关系等问题由相关承包商确认,提出整改计划
测试方法	在不带电条件下,由内燃机车牵引限界检测车和动态检测车进行运行试验
测试工具(如有)	接触网动态检测车、限界检测装置
管理与协调	1. 编制完成冷滑方案并经审核通过。 2. 冷滑前张贴冷滑公告,冷滑期间对轨行区进行封闭,并安排专人两端值守。 3. 参与冷滑试验的人员穿工作服、戴安全帽、佩戴反光背心,登高人员必须佩戴安全带。 4. 车辆运行过程中严禁人员上下车,需要上下车时及时联系检测车指挥人员,待检测车停稳后进行上下车。 5. 每次动车前,安全防护人员通知车上人员注意安全。 6. 冷滑期间,随车指挥人员和司机要严格执行瞭望、确认信号、高声呼唤、手比眼看的呼唤应答制度。 7. 接触网冷滑车作业完毕后停放在指定位置,要将道岔恢复原位,并做好车列防溜措施。 8. 接触网冷滑测试运行中,作业操作台上的人数不得超过 5 人
测试结果要求	冷滑过程中无侵入限界现象,硬点平滑,满足设计要求
测试结论	□符合　　　　　　　　　　　　　□不符合
操作人:　　　　　　　　　　记录人:　　　　　　　　　　　　旁站专家:	

热滑试验作业表格　　　　　　　　　　　　　　　　　　　　　　　　　　　　表 8-2

项目名称	热滑试验
测试目的	1. 列车按照设计允许速度运行条件下,检验线路、接触网设备在动荷载作用下几何尺寸、结构牢固、可靠程度能否满足设计标准。 2. 检验供电系统设备能否满足列车运行及各系统带电设备运营的需求,继电保护与运行方式配置是否合理,稳定性、可靠性能达到设计要求。 3. 检验地面信号设备的性能是否符合设计要求。 4. 检验通信、机电设备在使用中各项功能是否符合设计要求,为进行各专业系统综合调试和空载试运行提供条件

测试前提条件	1. 各承包商相关专业技术人员于试验前到达现场,确保送电工作顺利进行,确保所提供的车辆状态良好。 2. 各承包商认真检查、确认所管辖的设备及线路、道岔的情况确已具备试验条件。 3. 热滑试验前应完成轨道线路巡检,并实施封闭线路,进行安全确认后才能向试验区段送电。 4. 热滑试验前应编制好列车运行交路图,确保试验有序进行
测试内容	1. 列车热滑时应试验不同的列车运行速度,一般第一次列车热滑运行速度正线不大于 25km/h,侧向过道岔速度不高于 15km/h;第二次列车热滑运行速度正线不大于 50km/h,侧向过道岔速度不高于 25km/h。 2. 根据隧道列车运行环境,列车适时按照线路设计速度和信号控制速度运行
测试方法	在供电系统正常送电条件下,电客车自力运行
测试工具(如有)	电客车
管理与协调	1. 编制完成热滑方案并经审核通过。 2. 热滑前张贴热滑公告,热滑期间对轨行区进行封闭,并安排专人两端值守。 3. 可进入轨行区的地方、站台区域以及接触网/轨带电区间每隔 50m 处,悬挂"高压危险"、"轨行区带电,请勿入内"等的警示牌,警示语。 4. 司机严格按照车随车调度员指令,并与尾车司机联系,确认到达位置及运行交路后,凭允许信号显示运行。特殊进路听从随车调度员指挥,随车调度员通过手持台联系车站的值班员,人工确认进路后指挥司机行车。 5. 在列车行进过程中,进路监督员、随车调度员、司机应确认道岔位置正确。 6. 试验期间如需打开试验车门,由车上指挥员请示试验指挥组,得到批准后车上指挥员要求相关技术人员打开车门,车门打开时确保人员远离,处理完毕后车门立即关闭,确保"谁开门谁关门"。 7. 热滑中发现异常或安全隐患时,应及时上报指挥组,并做出及时处理
测试结果要求	电客车适时能够按照线路设计速度和信号控制速度运行
测试结论	□符合 □不符合
操作人:	记录人: 旁站专家:

8.2 牵 引 供 电

牵引供电是指为电动列车提供电能的供电系统,电能由牵引变电所经馈电线、接触网输送给电动列车,再从电动列车经钢轨、回流线流回牵引变电所。

1. 供电回路电阻测试

供电回路短路电流的大小受供电回路电阻的影响,所以需要进行回路电阻的测试,取得基础的计算数据,其试验的目的、条件、内容、方法等见表 8-3。

供电回路电阻测试作业表格   表 8-3

项目名称	供电回路电阻测试
测试目的	1. 为直流短路试验提供经验证的回路电阻数据。 2. 为校验直流供电系统短路电流提供计算数据。 3. 为直流短路试验选择短路点提供依据
测试前提条件	试验前必须对仪器作必要的检查工作,检查外观应完好无损,状态标识在有效期之内,保证仪器设备状态良好

测试内容	1. 回路直流电阻。 2. 回路阻抗。 3. 线路感抗
测试方法	1. 使用回路电阻测试仪直接测量出回路的直流电阻。 2. 将待测回路的末端用短接线短连,在始端施加交流电流,测量回路交流电流电压值,按公式计算出回路阻抗。 3. 根据回路电阻值及回路阻抗计算线路电感量。 4. 按公式 $\tau=\dfrac{L_{电感}}{R_{直}}$ 计算出时间常数
测试工具(如有)	升流器、整流桥、可调电阻器、直流电流表、直流电压表、QJ44 电桥、回路电阻测试仪等
管理与协调	1. 为了保证安全及数据的准确性,试验区段应无人作业并且线路绝缘良好。 2. 测试结束后,将短接线拆除,检查各开关在分闸位置,恢复电缆连接;清理试验现场,检查各开关柜内无遗留物。 3. 钢轨末端采用夹接时,接触面应打磨掉氧化层,以免影响回路测试的准确性。 4. 由于回路电阻值小,试验连接线也会影响测试精度,所以在试验前用直流电桥测出各连接线的阻值,并做好标记,在最终计算时必须予以考虑。 5. 试验时考虑到温度对电阻测量的影响,测试时要对温度进行记录,尽量在不同的时间点进行相同的测试
测试结果要求	符合设计或规范要求值
测试结论	□符合　　　　　　　　　□不符合
操作人:	记录人:　　　　　　　　　旁站专家:

2. 短路试验

短路试验可以验证开关选择是否合理、保护动作是否准确等,其试验的目的、条件、内容、方法等见表 8-4。

短路试验作业表格　　　　　　　表 8-4

项目名称	短路试验
测试目的	1. 检验直流馈线保护的可靠性、选择性、灵敏性。 2. 验证直流馈线开关的跳闸特性及其跳闸回路的完整性。 3. 验证保护装置保护配置及其整定值的准确性。 4. 验证直流馈线断路器机械动作特性
测试前提条件	1. 短路试验应具有城市轨道交通公司批准实施的短路试验文件。 2. 设计院应提供相关短路试验计算值,并形成文件。 3. 保护整定值已按设计提供的定值单整定完毕。 4. 试验区段各分段绝缘器绝缘性能经过测试。 5. 变电所经过 144h 连续运行,系统稳定。 6. 接触网(轨)已送电且运行稳定后。 7. 回流线及均流线应施工完成并经过检查。 8. 正式通信设备已交付使用;其他相关专业安全防护工作已完成。 9. 消防设施到位
测试内容	1. 远端短路试验。 2. 近端短路试验

测试方法	1. 将接触轨与钢轨进行短接。 2. 确认远控分/直接合断路器断的当地操作正常。 3. 验明试验区段无电,在试验区段两侧挂临时接地线,在试验区段做好接触轨对钢轨的固定接地,撤除试验区段的临时接地线,人员撤离短路点 20m 外。 4. 示波器及调试计算机处于在线等待状态,工作正常。 5. 牵引变电所合上馈线刀闸;将牵引变电所直流开关小车推入工作位置,就地直接合牵引变电所试验回路开关,观察各开关的动作情况。 6. 向电调汇报跳闸、相邻所联跳、短路点导线及钢轨短路试验后的烧损情况,短路点火花情况。 7. 检查轨电位、排流柜、框架保护动作情况,如有动作必须恢复后再进行试验。将试验回路开关拉出在拉出位,检查触头情况。 8. 拉开馈线刀闸,验明试验区段无电,在试验区段短路点来电侧挂临时接地线;拆除接触轨对钢轨固定接地,撤除试验区段临时接地线
测试工具(如有)	示波器
管理与协调	1. 在试验日期前,向各相关单位、部门发短路试验通知,停止试验区段桥面、电缆夹层、电缆间的所有施工。 2. 试验前应对所有操作人员进行安全教育,并结合本试验项目布置,讲解有关人员分工、岗位位置、联系程序等注意事项。 3. 试验前 2h,除配合试验施工人员外,所有施工人员都不准上线路作业,并封闭试验区段,严禁各类轨行车辆进入。 4. 短路点 20m 内不允许任何人在试验过程中进入此区域,并设置防护网和标志。 5. 试验过程中,除试验组人员外,其余人员应远离试验区域;参加试验操作人员不宜多于 5 人
测试结果要求	直流馈线开关整定值准确可靠;直流馈线开关分断短路电流的能力、保护出口与断路器动作的配合初步通过校验;近端短路时,直流馈线开关大电流脱扣保护动作有效,全分断时间满足规范要求
测试结论	□符合　　　　　　　　□不符合
操作人:　　　　　　　　　记录人:　　　　　　　　　旁站专家:	

第 9 章　通 信 系 统

通信系统范围包括传输、无线通信、公务电话、专用电话、视频监视、广播、办公自动化网络（综合监控）、时钟、集中告警、电源与接地子系统。

9.1　传 输 系 统

传输系统是一个基于光纤的宽带综合业务数字传输网络，为各种业务信息提供多种类型的传输通道，构成传送语音、文字、数据和图像等各种信息的综合业务传输网。

传输系统为其他通信子系统和信号系统、自动售检票（AFC）、安防等系统提供可靠的、冗余的、可重构的、灵活的信息传输及交换信道。

传输系统具有集中维护管理功能，采用简明、直观的维护管理界面和系统安全机制，监视每个传输节点主要模块和用户接口模块的工作状态，可提供声光报警和打印告警数据。

传输系统测试的条件、内容、方法等见表 9-1。

传输系统测试　　　　　　　　　　　　　　　　　　表 9-1

项目名称	传输系统
测试目的	检验 MSTP 传输系统设备功能及性能指标是否符合技术功能规格的要求
测试前提条件	1. 确定调试人员、调试所需设备材料已到位。 2. 确认相关设备之间已按照施工图纸进行了正确安装和接线（目测）。 3. 确认系统电源电压（记录直流电压，检查接地状况）。 4. 系统设备通电。 5. 进行系统设备单机配置
测试内容	1. 设备接口的平均发送光功率，接收机灵敏度测试。 2. 传输系统 2048kbit/s 数字接口端到端误码性能指标（E1 业务通道）。 3. 传输以太网端到端的丢包率、时延、吞吐量指标（以太网业务通道）。 4. 传输系统自愈功能，保护倒换。 5. 主环重配置。 6. 副环配置。 7. 自回路重配置（双光纤中断或节点关机、故障导致重配）。 8. 系统以太网连接功能检查。 9. 网管设备型号、规格、质量。 10. 具有网元管理功能。 11. 具有故障管理功能。 12. 具有性能管理功能。 13. 具有配置管理功能。 14. 具有安全管理功能。 15. 具有保护管理功能

测试方法	(1)系统保护功能测试 1)主环和从环的重新配置:在正常运行时,所有的信息都通过主环传输,从环保持同步,处于备用状态。 2)断开两个节点之间的从环:无需重新配置,主环没有中断。 3)断开两个节点之间的主环:重新配置,所有的数据通过从环传输。 (2)环回重配置 环回重配置可能由节点故障(例如电源断开)或是两根光纤(两个节点之间的主通道和从通道)断开。当节点出现故障时,与这个节点的连接将丢失。但是,只要节点重新恢复运行,所有的连接将会恢复。当两根光纤都断路时,将不会丢失连接。 (3)重新配置为多个子网 重新配置为多个子网可以看作是在一个环路中进行两个或多个回送重配置。主光纤和从光纤在环路中的不同地点断开
测试工具(如有)	光源光功率计、误码测试仪、光可变衰减器、传输综合分析仪、IP网络测试仪
管理与协调	调试环境:机房温度适中、空调系统正常运行、无粉尘。 安全生产:做好安全技术交底。 人员防护:专人进行安全防护。 警示标志:带电设备做好警示标识。 供电条件:电压稳定。 环境卫生:机房打扫干净、整洁
测试结果要求	1. 设备接口的平均发送光功率:光收发器Ⅰ满足-10dBm<Pout<-3dBm(9/125),光收发器S1:-5dBm<Pout<0dBm(9/125);接收机灵敏度:光收发器S1:<-18dBm;光收发器Ⅰ:<-18dBm。 2. 传输系统2048kbit/s数字接口端到端误码性能指标(E1业务通道):误码率不应大于10-6。 3. 传输系统以太网端到端的丢包率、时延、吞吐量指标(以太网业务通道):传输系统以太网端到端的丢包率(IPLR)、时延(IPTD)、吞吐量(IPPT)指标应正常。 4. 传输系统自愈功能,保护倒换:业务通道能够恢复。 5. 主环重配置:拆副环并不影响主环。 6. 副环配置:中断主环不影响副环。 7. 自回路重配置:双光纤中断导致重配置。 8. 自回路重配置:节点关机或故障导致重配置。 9. 系统以太网连接功能检查:OTN系统以太网接口连接功能检查应正常。 10. 网管设备型号、规格、质量:与设计文件要求一致。 11. 具有网元管理功能:所有网元应能接入网管系统。网管系统显示的配置应符合网元的实际配置。网管设备应能正确显示整个网络的拓扑结构。 12. 具有故障管理功能:告警功能、监视参数、近端和远端环回测试符合技术要求。 13. 具有性能管理功能:性能管理功能应具有采集和分析误码性能的功能。 14. 具有配置管理功能:通信关系配置(点对点、点对多点、总线和以太网),通道的分配满足要求。 15. 具有安全管理功能:未经授权的人不能进入管理系统,具有有限授权的人只能进入相应授权部分,在安全受到侵扰后,应能利用备份文件恢复业务。 16. 具有保护管理功能:业务的自动通道保护达到技术标准规范
测试结论	□符合　　　　　　　□不符合
操作人:	记录人:　　　　　　　　　旁站专家:

9.2　专用电话系统

调度电话系统能够实现控制中心调度员对各车站(车辆段)对应调度分机的通话及选叫功能,能够实现会议电话功能。

在控制中心和各车站设置录音设备，对专用电话系统、无线系统、公务电话系统、广播系统音频信息进行录制。

系统具有网管功能，包括配置管理、安全管理、故障管理、状态监视、统计报表、记录等功能，并与集中告警系统互联，将告警信息上传至集中告警系统。

专用电话系统测试的条件、内容、方法等见表 9-2。

专用电话系统测试 表 9-2

项目名称	专用电话系统
测试目的	中继线数量是否满足接口文件要求，与其他线路电话的互联互通
测试前提条件	1. 确定调试人员、调试所需设备材料已到位。 2. 确认相关设备之间已按照施工图纸进行了正确安装和接线（目测）。 3. 确认系统电源电压（记录直流电压，检查接地状况）。 4. 系统设备通电。 5. 进行系统设备单机配置
测试内容	1. 外观检查：型号规格、尺寸、颜色、检查机柜外观、漆面和印字、检测机柜整体结构、检测电路插板安装、检测配线电缆安装和连接、检查标识、检查电源电缆安装和连接。 2. 单呼功能。 3. 组呼功能。 4. 会议功能。 5. 强插功能。 6. 强拆功能。 7. 触摸屏调度台显示功能。 8. 录音通道功能。 9. 主辅通道切换。 10. 调度台声音。 11. 磁石电话。 12. 权限测试功能。 13. 网管图形实时显示功能。 14. 人机命令功能。 15. 告警状态分析。 16. 告警定位、故障排除功能。 17. 告警显示，查询。 18. 维护管理功能
测试方法	1. 外观检查：对照设计文件检查出厂合格证等文件与实物相符，观察检查，尺量检查。 2. 单呼功能：按下调度台单呼键呼叫站内分机，此单呼指示灯应闪烁，按下接通后，指示灯点亮并能与被叫接口进行正常通话。 3. 组呼功能：按下调度台组呼键呼叫一组车站值班台或一组调度分机，要求多个接口能占灯或振铃，调度台能和多个接口同时讲话。 4. 会议功能：(1)按下会议键后，再依次点击用户键，用户摘机后可加入调度台组织的会议，会议过程中调度台可增加或减少会议成员；(2)按下组呼键召开会议，可一键增加组呼用户成员。 5. 强插功能：值班台 A 与值班台 B 正在通话，调度台按下强插键，呼叫值班台 B，可实现强插功能。 6. 强拆功能：值班台 A 与值班台 B 正在通话，调度台按下强拆键，呼叫值班台 B，可实现强拆功能。 7. 触摸屏调度台显示功能：显示系统时间、按菜单键进入设置菜单；在设置菜单中为进入选中的设置项，对参数修改后按菜单键确认修改；模拟呼叫时显示主叫号码及用户名称。 8. 录音通道功能：通话时按下录音键，通话结束后再次按下录音键停止录音。按下放音键，可听到所保存的讲话的声音

测试方法	9. 主辅通道切换:主通道(麦克风和扬声器)通话过程中,按切换键,摘起手柄能与对方通话。 10. 调度台声音:话音清晰、无杂音。 11. 磁石电话:断开2M通道,可以通过值班台A呼叫值班台。 12. 权限测试功能:操作网管软件试验。 13. 网管图形实时显示功能:操作网管软件试验。 14. 人机命令功能:操作网管软件试验。 15. 告警状态分析:操作网管软件试验。 16. 告警定位、故障排除功能:模拟故障试验(如拔出电路板等)。 17. 告警显示,查询:操作网管软件试验。 18. 维护管理功能:操作网管软件试验
测试工具(如有)	万用表
管理与协调	1. 调试环境:机房温度适中、空调系统正常运行、无粉尘。 2. 安全生产:做好安全技术交底。 3. 人员防护:专人进行安全防护。 4. 警示标志:带电设备做好警示标识。 5. 供电条件:电压稳定。 6. 环境卫生:机房打扫干净、整洁
测试结果要求	1. 外观检查:满足技术文件设计要求。 2. 单呼功能:呼叫正常。 3. 组呼功能:呼叫正常。 4. 会议功能:呼叫正常。 5. 强插功能:呼叫正常。 6. 强拆功能:呼叫正常。 7. 触摸屏调度台显示功能。 8. 录音通道功能:录音功能正常。 9. 主辅通道切换:切换正常。 10. 调度台声音:话音正常。 11. 磁石电话:呼叫正常。 12. 权限测试功能:网管系统是需要口令和密码才能进入的。同时,口令密码是分级别的,不同的级别具有不同管理权限。 13. 网管图形实时显示功能:正确显示网络拓扑结构,实时反映其物理连接状态和各点设备状态。 14. 人机命令功能:检测功能完善,执行数据维护命令准确,能正确显示人机命令。 15. 告警状态分析:网管能分析电路板拔、插状态。 16. 告警定位、故障排除功能:告警能定位到图形界面的对应板位上,同时板位上正确指示出告警的状态。主备用设备倒换灵敏、准确。 17. 告警显示,查询:可以向集中告警传送告警信息,可以根据相关条件对历史告警进行查询。 18. 维护管理功能:实现基本功能操作,数据维护
测试结论	□符合　　　　　　　　□不符合
操作人:	记录人:　　　　　　　　旁站专家:

9.3　无 线 系 统

本系统为本线控制中心调度人员、车站/车辆段值班人员、列车司机、外勤工作人员等提供包括通话、编组、呼叫、数据传输、存储、录音、越区切换、网络管理、故障弱化、虚拟专用、二次开发、车辆段调试等主要功能,并能提供降级备用模式。

无线系统测试的条件、内容、方法等见表9-3。

项目名称	无线系统		
测试目的	检验专用无线通信系统设备功能及性能指标是否符合技术功能规格的要求		
测试前提条件	一、交换机加电调试 　1. 交换机调试的前提条件是 MSO 和基站已安装完毕,网管和调度台已安装完毕,并确认机房环境满足要求。 　2. MSO 和基站外观及固定、GPS 天线、室内走线和供电接地均满足要求。 　3. 所有 MSO 交换中心机房与调度大厅之间,MSO 交换中心机房与网管室之间,以及各自机房内的传输线缆铺设完毕,并调试通过。 　4. 在交换机调试前,机房内应配备高效的、低噪声的、低振动的、有足够容量的空调设备,同时应安装通风换气设备,确保机房处在一个恒温恒湿、洁净无尘的工作环境 二、基站调试 　1. 基站调试的前提条件是基站已安装完毕,并确认机房环境、基站外观及固定、射频馈线、室内走线和供电接地均满足要求。 　2. 为设备提供冗余的电路开关,并提供不间断的超负荷和漏电保护。 　3. 在交换机调试之前,机房内应配备高效的、低噪声的、低振动的、有足够容量的空调设备,同时应安装通风换气设备,确保机房处在一个恒温恒湿、洁净无尘的工作环境		
测试内容	一、交换机加电调试 　1. MSO 上电后,服务器硬件检查。 　2. 服务器状态初始化,生成各服务器的配置文件。 　3. 上传服务器的配置文件,并上传到相应的服务器中。 　4. 加载网管终端相应的数据,并进行网管功能的调试。 　5. 加载调度台相应的数据,并进行调度台功能的调试。 　6. 加载 MSO 调试所用的基本数据,并进行简单的功能调试。 　7. 服务器数据库优化,并观察服务器运行状态。 二、基站加电调试 　1. 基站上电后,设备硬件检查,并进行数据配置。 　2. 模拟基站的配置情况,进行广域集群模式下的调试。 三、外部接口调试 交换机设置,电话互联		
测试方法	将系统每一个主要的硬件和软件以及系统本身作为一个统一整体去进行充分的调试,以检验它的运作和功能		
测试工具(如有)	万用表、笔记本电脑、网线钳、用户机		
管理与协调	1. 调试环境:机房温度适中、空调系统正常运行、无粉尘。 2. 安全生产:做好安全技术交底。 3. 人员防护:专人进行安全防护。 4. 警示标志:带电设备做好警示标识。 5. 供电条件:电压稳定。 6. 环境卫生:机房打扫干净、整洁		
测试结果要求	1. 交换机加电调试:服务器的运作功能实现。 2. 基站加电调试:实现广域集群模式下的调试功能。 3. 外部接口调试:电话已互联		
测试结论	□符合　　　　　　　　　　□不符合		
操作人:	记录人:		旁站专家:

9.4 视频监控系统

通过设置视频监视系统，可实现控制中心、车站、主变电所各级值班人员对车站、列车、主变电所等处视频图像的监视控制功能，包括对视频图像进行选取、切换、分割、缩放、PTZ操作等。在车站增加视频分析功能，支持入侵检测、逗留（滞留）检测、可疑物品遗留检测、进行检测、客流量突变告警、人流统计、图像异常告警等应用。

视频监控系统测试的条件、内容、方法等见表9-4。

视频监控系统测试   表 9-4

项目名称	电视监控系统
测试目的	检验专用电视监控系统设备功能及性能指标是否符合技术功能规格的要求
测试前提条件	1. 确定调试人员、调试所需设备材料已到位。 2. 确认相关设备之间已按照施工图纸进行了正确安装和接线（目测）。 3. 确认系统电源电压（记录直流电压，检查接地状况）。 4. 系统设备通电。 5. 进行系统设备单机配置
测试内容	1. 车站功能测试：调试电子地图、视频组播、图像浏览、视频切换、球机PIZ控制、图像位置、图像质量、字符叠加、巡视、预置位、优先级与用户名显示。 2. 系统功能：电子地图、大屏切换、大屏优先级、组播图像浏览、球机PIZ控制、优先级与用户名显示、巡视、预置位、成组切换。 3. 录像功能：电子地图、录像查询、录像回放、回放控制、录像下载。 4. 网管功能：用户管理、设备与地图管理、画面组态、远程电源控制、设备状态、摄像机远程设置、设备报警、时钟同步、集中告警上报
测试方法	一、车站功能 1. 电子地图：在车控室的客户端电脑上，显示各车站的电子地图及摄像点分布，可通过树形目录和电子地图进行切换。 2. 视频组播：通过第三方VLC软件以及网络抓包软件来证明实时预览的视频流采用组播方式。 3. 图像浏览：在车控室的两台显示器上浏览播放本站高清图像。 4. 视频切换：使用车站客户端软件对本站任意摄像点进行切换。 5. 球机PTZ控制：对本站任意球机进行方向、拉远拉近等的控制。 6. 图像位置：本站内所有摄像点位置正确，摄像机编号与摄像机名称、地点正确对应。 7. 图像质量：所有摄像机图像清晰，无雪花、抖动或黑屏等不正常现象。 8. 字符叠加：所有图像字符叠加正确，字符叠加能调整内容、位置等。 9. 巡视：可在客户端软件上对本站内的任意摄像机进行巡视组合和调用。 10. 预置位：可对任意球机设置并调用预置位。 11. 优先级与用户名显示：不同权限的用户控制球机，权限级别高的获得控制权，并将该球机当前的实际控制者名称叠加在字符下。 二、系统功能 1. 电子地图：在调度员的客户端电脑上，显示各车站的电子地图及摄像点分布，可通过树形目录和电子地图进行切换。 2. 大屏切换：可对任意大屏进行任意车站摄像点的切换操作，大屏的占用根据用户权限进行控制。 3. 大屏优先级：各调度员根据权限级别不同，对大屏有相应的优先使用权，占用者和被占用者都得到相应提示。 4. 组播图像浏览：调度员的电脑上能正常播放组播视频流。 5. 球机PTZ控制：能通过中心调度员客户端软件对任意车站的任意球机进行方向、拉远拉近控制。

测试方法	6. 优先级与用户名显示:不同权限的用户控制球机,权限级别高的获得控制权,并将该球机当前的实际控制者名称叠加在字符下。 7. 巡视:可在软件上对任意车站的任意摄像点进行巡视组合设置并调用,巡视可在大屏和调度员的电脑上执行;每个用户只能管理和调用自己的巡视。 8. 预置位:可对任意车站的任意球机设置并调用多个预置位。 9. 成组切换:将一组摄像机编号或设置名称,一次性切换到指定的几个大屏上。 三、录像功能 1. 电子地图:能通过电子地图直观地进行录像查询。 2. 录像查询:能在软件上远程查询全线任意车站任意摄像点的录像,得到的录像查询结果以列表形式返回,或者直接定位到点进行回放。 3. 录像回放:对查询的录像结果,选择想要的进行录像回放。 4. 回放控制:在录像回放过程中,能进行快放、慢放、暂停、抓拍等操作。 5. 录像下载:可在中心录像客户端上下载 30 天内任意点任意时间段的录像片段。 四、网管功能 1. 用户管理:网管能对本系统中的监控操作用户、录像查询用户进行增加修改删除管理,能对这些用户的资源使用权限、优先级别进行管理。 2. 设备与地图管理:网管软件可以对全线的设备(摄像头、存储、电源设备、字符叠加等)和地图进行数据配置管理。 3. 画面组态:网管软件可以对全线各车站的电子地图及上面的摄像点进行动态布点操作。 4. 远程电源控制:在网管上能对全线各车站的视频监控设备电源进行远程控制。 5. 设备状态:网管软件能远程监管本子系统中的网络摄像机、录像服务器、网络存储、交换机等设备的状态信息。 6. 摄像机远程设置:能远程对摄像机进行除 IP 地址外的设置。 7. 设备报警:设备故障时,网管能收到报警信息,包括设备的网络故障和其自身工作故障等。 8. 时钟同步:接收时钟信号,对全线所有摄像机、各级服务器、网络存储、在线的全部客户端电脑进行时钟同步。 9. 集中报警上报:对本系统的告警上报到集中告警终端,接收并响应集中告警终端的轮询
测试工具(如有)	无
管理与协调	1. 调试环境:机房温度适中、空调系统正常运行、无粉尘。 2. 安全生产:做好安全技术交底。 3. 人员防护:专人进行安全防护。 4. 警示标志:带电设备做好警示标识。 5. 供电条件:电压稳定。 6. 环境卫生:机房打扫干净、整洁
测试结果要求	1. 车站功能满足技术规格书要求。 2. 系统功能各项指标都满足要求。 3. 录像功能都符合技术规范。 4. 网管功能达到指标要求
测试结论	□符合 □不符合
操作人:	记录人: 旁站专家:

9.5 时钟系统

时钟系统为控制运营中心调度员、车站值班员、各部门工作人员及乘客信息提供统一的标准时间信息,为本工程其他系统的中心设备提供统一的时间信号。系统功能包括同步校队、时间显示、日期显示、为其他系统提供标准时间信号、系统监控功能等。

时钟系统测试的条件、内容、方法等见表9-5。

时钟系统测试 表 9-5

项目名称	时钟系统
测试目的	检验专用时钟系统设备功能及性能指标是否符合技术功能规格的要求
测试前提条件	1. 确定调试人员、调试所需设备材料已到位。 2. 确认相关设备之间已按照施工图纸进行了正确安装和接线（目测）。 3. 确认系统电源电压（记录直流电压，检查接地状况）。 4. 系统设备通电。 5. 进行系统设备单机配置
测试内容	1. 控制中心一级母钟调试：①一级母钟显示功能测试；②一级母钟主备热备份功能测试；③一级母钟手动校时功能测试；④一级母钟自动校时功能测试；⑤与其他通信子系统通信功能测试；⑥监测功能测试；⑦故障告警功能测试；⑧后退运行方式功能测试。 2. 控制中心网管设备调试：①网管界面测试；②系统配置功能测试；③权限管理功能测试；④系统工作状态测试；⑤故障显示及记录打印功能测试。 3. 车站二级母钟调试：①二级母钟显示功能测试；②二级母钟主备热备份功能测试；③二级母钟手动校时功能测试；④二级母钟自动校时功能测试；⑤监测功能测试；⑥故障告警功能测试；⑦后退运行方式功能测试。 4. 子钟调试：①子钟显示功能测试；②子钟手动校时功能测试；③子钟自动校时功能测试；④故障告警功能测试；⑤后退运行方式功能测试；⑥记忆功能测试
测试方法	一、控制中心一级母钟 1. 一级母钟显示功能测试：①将一级母钟通电工作；②观察一级母钟时、分、秒、日期是否正确显示；③以上步骤重复 3 次。 2. 一级母钟主备热备份功能测试：①将一级母钟通电工作；②按一下"监控"键，可在当前显示时间信息的位置显示状态信息。月、日位置显示不在运行的备用钟的工作状态，月位置显示"BA"，日位置显示"88"表示备用钟状态正常，"77"表示不正常；③将主母钟板从插槽中拔出，将切换到备母钟工作；④将主母钟恢复原位，将备母钟拔离插槽，将切换回主母钟工作；⑤以上步骤重复 3 次。 3. 一级母钟手动校时功能测试：①将一级母钟通电工作；②通过键盘调整一级母钟的时间、日期；③以上步骤重复 3 次。 4. 一级母钟自动校时功能测试：①将一级母钟通电工作，并连好与 GPS 接收机的通信线；②通过键盘调整一级母钟的时间，随后接收到 GPS 标准时间信号，并与 GPS 标准时间保持同步，一级母钟将变为标准时间；③以上步骤重复 3 次。 5. 与其他通信子系统通信功能测试：①将上一级母钟通上电，并连好与其他子系统通信线；②通过键盘调整母钟的时间，其他通信子系统时间应与母钟保持同步；③以上步骤重复 3 次。 6. 监测功能测试：①将上一级母钟通电工作，并连好与其他二级母钟的通信线；②按一下"监控"键，可在当前显示时间信息的位置显示状态信息。分、秒位置显示二号线各二级母钟的工作状态，分位置表示站编号（"00"表示 OCC 子钟通信板），秒位置显示"65"表示分位置所指示的二级母钟的状态正常且主母钟工作，秒位置显示"66"表示分位置所指示的二级母钟的备主母钟工作，"77"表示不正常；③以上步骤重复 3 次。 7. 故障告警功能测试：①将一级母钟通电工作，并连好与网管设备之间的通信线；②人为制造故障，一级母钟向网管发出告警信号；③以上步骤重复 3 次。 8. 后退运行方式功能测试：①将一级母钟、二级母钟通电工作，并将一级母钟与二级母钟连接；②将 GPS 信号去掉后，一级母钟可利用自身晶振发出时间信号并提供给二级母钟；③改变一级母钟时间，观察二级母钟是否自动跟踪一级母钟时间；④以上步骤重复 3 次。 二、网管设备调试 1. 网管界面测试：①将网管设备通电工作，并连好与一级母钟之间的通信线；②打开网管软件，然后打开"系统状态"选项，查看软件是否符合测试标准；③以上步骤重复 3 次。 2. 系统配置功能测试：①将网管设备通电工作，并连好与一级母钟之间的通信线；②打开网管软件，然后打开"系统配置"选项，对任意站点的子钟进行配置；③以上步骤重复 3 次。

测试方法	3. 权限管理功能测试:①将网管设备通电工作,并连好与一级母钟之间的通信线;②打开网管软件,打开"权限管理"选项,对不同级别的操作员进行配置;③不同级别的操作员分别登录网管软件,对软件进行操作;④以上步骤重复3次。 4. 系统工作状态测试:①将网管设备通电工作,并连好与一级母钟之间的通信线;②打开网管软件,打开"系统状态"选项,通过网管软件查看时钟系统一、二级母钟、子钟的运行状态;③以上步骤重复3次。 5. 故障显示及记录打印功能测试:①将网管设备通电工作,并连好与一级母钟之间的通信线;②打开网管软件,打开"故障记录"选项,查看故障记录,点击"打印"将故障记录导出并打印;③以上步骤重复3次。 三、车站级调试 1. 二级母钟显示功能测试:①将二级母钟通电工作;②观察二级母钟时、分、秒、日期是否正确显示;③以上步骤重复3次。 2. 二级母钟主备热备份功能测试:①将二级母钟通电工作;②按一下"监控"键,可在当前显示时间信息的位置显示状态信息。月、日位置显示不在运行的备用钟的工作状态,月位置显示"BA",日位置显示"88"表示备用钟状态正常,"77"表示不正常;③将主母钟板从插槽中拔出,将切换到备母钟工作;④将主母钟恢复原位,将备母钟拔离插槽,将切换回主母钟工作;⑤以上步骤重复3次。 3. 二级母钟手动校时功能测试:①将二级母钟通电工作;②通过键盘调整二级母钟的时间、日期;③以上步骤重复3次。 4. 二级母钟自动校时功能测试:①将二级母钟通电工作,并连好与一级母钟的通信线;②通过键盘调整二级母钟的时间,随后接收到一级母钟标准时间信号,与一级母钟标准时间保持同步;③通过键盘调整子钟的时间,随后子钟接收到二级母钟标准时间信号,与二级母钟标准时间保持同步;④以上步骤重复3次。 5. 监测功能测试:①将二级母钟和子钟通电工作,并连好二级母钟与子钟的通信线;②按一下"监控"键,可在当前显示时间信息的位置显示状态信息。分、秒位置显示所属各子钟的工作状态,分位置表示子钟地址编号,秒位置显示"88"表示分位置所指示的子钟的状态正常,"77"表示不正常;③以上步骤重复3次。 6. 故障告警功能测试:①将二级母钟通电工作,并连好与一级母钟和网管设备之间的通信线;②人为制造故障,二级母钟向一级母钟和网管发出告警信号;③以上步骤重复3次。 7. 后退运行方式功能测试:①将一级母钟、二级母钟和子钟通电工作,并将一级母钟、二级母钟和子钟连接;②将一级母钟信号去掉后,二级母钟可利用自身晶振发出时间信号并提供给子钟;③改变二级母钟时间,观察子钟是否自动跟踪二级母钟时间;④以上步骤重复3次。 四、子钟的调试 1. 子钟显示功能测试:①将子钟通电工作;②观察子钟时、分、秒、日期是否正确显示;③以上步骤重复3次。 2. 子钟手动校时功能测试:①将子钟通电工作;②通过键盘调整子钟的时间、日期;③以上步骤重复3次。 3. 子钟自动校时功能测试:①将子钟通电工作,并连好与二级母钟的通信线;②通过键盘调整子钟的时间,随后接收到二级母钟标准时间信号,与二级母钟标准时间保持同步;③以上步骤重复3次。 4. 故障告警功能测试:①将子钟通电,并连好与二级母钟的通信线;②人为制造故障,子钟向二级母钟和网管发出告警信号;③以上步骤重复3次。 5. 后退运行方式功能测试:①将二级母钟和子钟通电工作,并将二级母钟和子钟连接;②将二级母钟信号去掉后,子钟可利用自身晶振发出时间信号工作;③以上步骤重复3次。 6. 记忆功能测试:①将子钟通电工作;②将子钟断电;③将子钟通电工作,观察子钟是否显示正确时间;④以上步骤重复3次
测试工具(如有)	无
管理与协调	1. 调试环境:机房温度适中、空调系统正常运行、无粉尘。 2. 安全生产:做好安全技术交底。 3. 人员防护:专人进行安全防护。 4. 警示标志:带电设备做好警示标识。 5. 供电条件:电压稳定。 6. 环境卫生:机房打扫干净、整洁

测试结果要求	1. 控制中心一级母钟显示功能测试,主备热备份功能测试,手动校时功能测试,自动校时功能测试,与其他通信子系统通信功能测试,监测功能测试,故障告警功能测试,后退运行方式功能测试的各项功能均已实现。 2. 网管设备调试:网管界面测试,系统配置功能测试,权限管理功能测试,系统工作状态测试,故障显示及记录打印功能测试的各项功能指标均已实现。 3. 车站级调试:二级母钟显示功能测试,二级母钟主备热备份功能测试,二级母钟手动校时功能测试,监测功能测试,二级母钟自动校时功能测试,故障告警功能测试,后退运行方式功能测试的各项功能指标均已实现。 4. 子钟的调试:子钟显示功能测试,子钟手动校时功能测试,子钟自动校时功能测试,故障告警功能测试,后退运行方式功能测试,记忆功能测试的各项功能指标均已实现
测试结论	□符合　　　　　　　□不符合
操作人:　　　　　　　　记录人:　　　　　　　　旁站专家:	

9.6 广播系统

（1）广播系统主要用于轨道交通运营时对乘客进行公告信息广播，发生灾害时兼做救灾广播，从而保证了轨道交通运营的服务管理质量，为运营管理及维护人员提供了更灵活、快捷的管理手段。

（2）通过设置于控制中心和车站的广播系统和广播控制台，可实现中心车站两级广播功能，包括编组广播、单选广播、线路广播、平行广播、优先分级、噪音探测、功放自动监测、网络管理等功能。

广播系统测试的条件、内容、方法等见表9-6。

广播系统测试　　　　　　　　　　　　　　　　表 9-6

项目名称	广播系统
测试目的	检验专用广播系统设备功能及性能指标是否符合技术功能规格的要求。
测试前提条件	1. 确定调试人员、调试所需设备材料已到位。 2. 确认相关设备之间已按照施工图纸进行了正确安装和接线（目测）。 3. 确认系统电源电压（记录直流电压,检查接地状况）。 4. 系统设备通电。 5. 进行系统设备单机配置
测试内容	一、通道调试 1. 数据通道调试。 2. 音频通道调试。 二、中心功能调试 1. 话音广播。 2. 语音合成播放。 3. 单选广播。 4. 编组广播。 5. 全选广播。 6. 编组设定。 三、网管功能调试 1. 监视设备状态。 2. 自动记录中心广播、车站广播、车辆段广播设备的操作。

测试内容	3. 设置车站功能。 4. 故障信息记录功能。 5. 打印输出功能。 6. 时间同步功能。 7. ATS 信号系统。 8. 广播优先级。 9. 车站广播控制盒。 10. 列车进站自动广播功能。 11. 功放自动切换功能。 12. 广播机柜音量频响调节功能。 13. 平行广播功能。 14. 自动延时开机功能
测试方法	一、通道调试。 1. 数据通道调试。 2. 音频通道调试。 二、中心功能调试 1. 话音广播。 2. 语音合成播放。 3. 单选广播。 4. 编组广播。 5. 全选广播。 6. 编组设定。 三、网管功能调试 1. 监视设备状态:在某站人为制造故障,拔掉某模块或关掉某功放,观察网管终端的显示。 2. 自动记录中心广播、车站广播、车辆段广播设备的操作:在中心、车站、车辆段进行操作,通过网管终端进行观察。 3. 设置车站功能:点击设置菜单,对车站设置。 4. 故障信息记录功能:在某站人为制造故障,观察网管终端的显示。 5. 打印输出功能:通过网管终端操作,打印某记录信息,应能提供打印功能,打印的内容应与记录中的内容一致。 6. 时间同步功能:应能很快恢复到正常的时间、日期,在操作主机及网管终端人为改变时间、日期。 7. ATS 信号系统:能够按照协议接收 ATS 系统的数据,并进行自动广播,在车站应能够听到自动广播。 8. 广播优先级:通过车站广播控制盒进行操作测试,根据实际需要设置车站广播系统具有优先级设定功能。 9. 车站广播控制盒:广播功能、紧急广播功能、自动录音功能、直通广播功能、监听功能、显示功能的操作。 10. 列车进站自动广播功能:模拟行车控制信号,自动启动广播系统,播放相应的语音信息,应能对相应上行、下行站台广播区进行自动广播。 11. 功放自动切换功能:人为关掉某功放,当有功放故障时,应能自动在备用功放与故障功放之间进行切换,功放故障时,应有报警显示及报警音。 12. 广播机柜音量频响调节功能:通过车站控制单元按键对车站各广播区的音量、音调进行调节,观察是否有相应变化。 13. 平行广播功能:通过中心、车站各广播控制盒对不同的区进行广播,广播区不冲突时,中心、车站、站台广播应能同时广播。 14. 自动延时开机功能:关掉电源控制器的电源,重新上电,应能按顺序延时开机
测试工具(如有)	示波器、VP-7721A 低频音频综合测试仪(或 VP-7720A)、YB4324 双踪示波器、YB2172 电子毫伏表、120W 功率模拟电阻、200W 功率模拟电阻、400W 功率模拟电阻

管理与协调	1 调试环境:机房温度适中、空调系统正常运行、无粉尘。 2. 安全生产:做好安全技术交底。 3. 人员防护:专人进行安全防护。 4. 警示标志:带电设备做好警示标识。 5. 供电条件:电压稳定。 6. 环境卫生:机房打扫干净、整洁
测试结果要求	一、通道调试 1. 数据通道调试:中心及车站设备发送、接收数据。 2. 音频通道调试:用信号源在中心输入 1Khz、0dB 正弦波信号,用示波器在车站输出端测量。 二、中心功能调试 1. 话音广播:①在车站能听到中心话筒广播;②在中心广播控制台及车站的各显示装置上应有相应的显示。 2. 语音合成播放:①在车站能听到中心的广播;②在中心广播控制台及车站的各显示装置上应有相应的显示。 3. 单选广播:①应能听到中心的广播;②在中心的操作主机及车站的各显示装置上应有相应的显示。 4. 编组广播:①应能听到中心的广播;②在中心广播控制台及车站的各显示装置上应有相应的显示。 5. 全选广播:①应能听到中心的广播;②在中心广播控制台及车站的各显示装置上应有相应的显示。 6. 编组设定:应能进行常规 8 个编组设定。 三、网管功能调试 1. 监视设备状态:达到能监测车站各功能模块及功放的状态。 2. 自动记录中心广播、车站广播、车辆段广播设备的操作:能记录操作的内容并显示操作结果。 3. 设置车站功能:可以设置各车站的开通与否。 4. 故障信息记录功能:观察是否能记录故障信息。 5. 打印输出功能:打印的内容应与记录中的内容一致。 6. 时间同步功能:应能很快恢复到正常的时间、日期,在操作主机及网管终端人为改变时间、日期。 7. ATS 信号系统:能够按照协议接收 ATS 系统的数据,并进行自动广播,在车站应能够听到自动广播。 8. 广播优先级:通过车站广播控制盒进行操作测试,根据实际需要设置车站广播系统具有优先级设定功能。 9. 车站广播控制盒:使各个功能都得以实现。 10. 列车进站自动广播功能:模拟行车控制信号,自动启动广播系统,播放相应的语音信息,应能对相应上行、下行站台广播区进行自动广播。 11. 功放自动切换功能:人为关掉某功放,当有功放故障时,应能自动在备用功放与故障功放之间进行切换,功放故障时,应有报警显示及报警音。 12. 广播机柜音量频响调节功能:通过车站控制单元按键对车站各广播区的音量、音调进行调节,观察是否有相应变化。 13. 平行广播功能:通过中心、车站各广播控制盒对不同的区进行广播,广播区不冲突时,中心、车站、站台广播应能同时广播。 14. 自动延时开机功能:关掉电源控制器的电源,重新上电,应能按顺序延时开机
测试结论	□符合 □不符合
操作人:	记录人: 旁站专家:

9.7 公务电话系统

公务电话系统采用软交换设备组网，除能实现基本的电话交换功能外，还能提供丰富的增值业务、附加业务及数据业务，包括呼叫前转、三方通话、会议电话、可视电话、即时消息等。通过与轨道交通计算机信息网络及视频会议系统的接口，能够实现统一通信功能。

公务电话系统测试的条件、内容、方法等见表9-7。

公务电话系统测试 表 9-7

项目名称	公务电话系统
测试目的	检验专用公务电话系统设备功能及性能指标是否符合技术功能规格的要求
测试前提条件	1. 确定调试人员、调试所需设备材料已到位。 2. 确认相关设备之间已按照施工图纸进行了正确安装和接线（目测）。 3. 确认系统电源电压（记录直流电压，检查接地状况）。 4. 系统设备通电。 5. 进行系统设备单机配置
测试内容	一、控制中心网关调试 1. 电气指标调试：配线电缆连接、接地电缆的连接、输入电压（DC）、二次电源。 2. 单机功能调试：对分机用户之间呼叫通话，挂机检测，对分机用户之间呼叫通话，挂机检测，对中对继线路检测，使外线用户拨打分机用户、分机用户拨打外线用户、中继线路检测。 3. 通过对免提功能、来话转接、来话保留、自动应答、呼叫转移的功能进行检测，使各项性能都满足要求。 二、车站接入网关调试 1. 电气指标调试：配线电缆的连接、电源线的连接、输入电压（DC）。 2. 通过对免提功能、来话转接、来话保留、自动应答、呼叫转移的功能进行检测，使各项性能都满足要求
测试方法	一、控制中心网关调试 1. 电气指标调试： 配线电缆连接：用万用表、兆欧表测试配线电缆的连接。 电源电缆的连接：用万用表、兆欧表测试电源电缆的连接。 接地电缆的连接：用万用表测试接地电缆的连接。 输入电压（DC）：用万用表测试输入电压（DC）。 二次电源：用万用表测试二次电源。 2. 单机功能调试： 对分机用户之间呼叫通话，挂机检测。 对分机用户之间呼叫通话，挂机检测。 对中对继线路检测，使外线用户拨打分机用户、分机用户拨打外线用户、中继线路检测。 3. 通过对免提功能、来话转接、来话保留、自动应答、呼叫转移的功能进行检测，使各项性能都满足要求。 二、车站接入网关调试 1. 电气指标调试： 配线电缆的连接：用万用表测试配线电缆的连接。 电源线的连接：用万用表测试电源线的连接。 输入电压（DC）：用万用表测试输入电压（DC）。 2. 通过对免提功能、来话转接、来话保留、自动应答、呼叫转移的功能进行检测

测试工具(如有)	万用表、兆欧表
管理与协调	1. 调试环境:机房温度适中、空调系统正常运行、无粉尘。 2. 安全生产:做好安全技术交底。 3. 人员防护:专人进行安全防护。 4. 警示标志:带电设备做好警示标识。 5. 供电条件:电压稳定。 6. 环境卫生:机房打扫干净、整洁
测试结果要求	一、控制中心网关调试 1. 电气指标调试: 配线电缆连接:满足导线良好,无断线混线。 电源电缆的连接:导通良好,芯线间和芯线对地绝缘电阻不小于 5MΩ。 接地电缆的连接:设备地线连接良好,电缆屏蔽护套接地可靠,并与接地线就近连接。 输入电压(DC):满足范围−40V～−60V。 二次电源:满足输出+5V、−5V、+12V、−12V、−48V。 2. 单机功能调试: 满足呼出(摘机拨号铃通话挂机)。 满足呼入(振铃应答挂机)。 通过对中继线路检测,使外线用户拨打分机用户、分机用户拨打外线用户、中继汇接功能的技术性能满足要求。 3. 通过对免提功能、来话转接、来话保留、自动应答、呼叫转移的功能进行检测,使各项性能都满足要求。 二、车站接入网关调试 1. 电气指标调试: 配线电缆的连接:导通良好,无断线混线,绝缘电阻符合要求。 电源线的连接:导通良好。 输入电压(DC):满足范围220V。 2. 通过对免提功能、来话转接、来话保留、自动应答、呼叫转移的功能进行检测,使各项性能都满足要求
测试结论	□符合　　　　　　　　　□不符合
操作人:	记录人:　　　　　　　　　旁站专家:

9.8　电源及接地系统

通信电源主要为控制中心、车辆段和车站的专用通信系统设备提供高质量、高可靠的电源效应,保证在主电源故障(中断或发生超限波动)的情况下,通信设备在规定的时间内仍能正常工作,等待主电源恢复正常。

电源及接地系统测试的条件、内容、方法等见表9-8。

表 9-8

电源及接地系统测试

项目名称	电源及接地系统
测试目的	检验专用电源系统设备功能及性能指标是否符合技术功能规格的要求
测试前提条件	正式外电源到位,具备送电条件,接地母排安装到位及所有设备接地完成,机柜及设备安装完成具备送电调试条件

测试内容	1. 市电主路断电测试。 2. 市电双路断电测试。 3. 市电恢复测试。 4. 设备故障模拟测试。 5. 监控系统告警及查询功能调试
测试方法	一、市电主路断电测试 1. 在市电正常情况下切断主路市电。 2. ATS 能够正确切换至备用线路功能，并产生告警。 3. UPS 在 ATS 切换时能正常供电，并产生告警。 4. 开关电源在 ATS 切换时能正常供电，并产生告警。 5. 恢复市电，ATS 转回主路供电。转换期间 UPS、开关电源均正常工作。 二、市电双路断电测试 1. 在市电正常情况下切断两路市电。 2. UPS 在双路停电时能正常供电，并产生告警，UPS 供电时间满足招标要求。 3. 开关电源在双路停电时能正常供电，并产生告警，开关电源供电时间满足招标要求。 4. 交流配电柜在双路停电时能产生告警。 三、市电恢复测试 1. 在双路断电情况下恢复两路供电。 2. UPS 恢复市电供电，并开始为电池充电。 3. 高频开关电源恢复市电供电，并开始为电池充电。 4. 电源系统告警恢复。 四、设备故障模拟测试 1. 配电柜触发短路模块故障，配电柜能够产生告警并正确动作。 2. UPS 触发故障，UPS 能够产生告警并正确动作。 3. 开关电源触发模块故障，开关电源能够产生告警，其余模块正常工作。 4. 监控系统触发通信中断告警，监控系统能及时产生告警并记录数据。 五、监控系统告警及查询功能调试 1. 监控系统能实时浏览各站点电源设备的所有参数，参数与设备实际数据一致。 2. 监控系统能及时响应设备故障告警，并记录告警信息。 3. 监控系统具有完善的数据及告警记录，并能够随时查询。 4. 监控系统具备多级人员权限管理
测试工具（如有）	接地地阻仪、兆欧表
管理与协调	1. 调试环境：机房温度适中、空调系统正常运行、无粉尘。 2. 安全生产：做好安全技术交底。 3. 人员防护：专人进行安全防护。 4. 警示标志：带电设备做好警示标识。 5. 供电条件：电压稳定。 6. 环境卫生：机房打扫干净、整洁
测试结果要求	通过对市电主路断电、市电双路断电、市电恢复测试、设备故障模拟测试、监控系统告警及查询功能调试的各项指标检测，使技术功能达到要求
测试结论	□符合　　　　　　　□不符合

操作人：　　　　　　　　　　记录人：　　　　　　　　　　旁站专家：

9.9　集中告警系统

通信集中告警系统是将通信各子系统的维护管理终端故障告警信息集中收集，并报告显示给值班员，以便维护管理人员快速、准确地排除通信系统的各种故障，为轨道交通畅通运行传输可靠的生产和服务信息。

集中告警系统测试的条件、内容、方法等见表9-9。

集中告警系统测试 表 9-9

项目名称	集中告警系统
测试目的	检验专用集中告警系统设备功能及性能指标是否符合技术功能规格的要求
测试前提条件	1. 确定调试人员、调试所需设备材料已到位。 2. 确认相关设备之间已按照施工图纸进行了正确安装和接线（目测）。 3. 确认系统电源电压（记录直流电压，检查接地状况）。 4. 系统设备通电。 5. 进行系统设备单机配置
测试内容	1. 故障管理功能调试。 2. 故障分析功能调试。 3. 安全管理功能调试。 4. 配置管理功能调试。 5. 拓扑管理功能调试。 6. 子系统通信调试
测试方法	1. 故障管理功能调试：在各个子系统触发告警，查看集中告警系统上是否有相应的告警及告警级别的显示，是否满足要求。 2. 故障分析功能调试：在集中告警系统中对告警信息进行查询，统计和打印，查看所获得的结果是否正确。 3. 安全管理功能调试：在集中告警系统中，进行用户管理的操作，并查看系统日志，所得结果应该与实际情况相符。 4. 配置管理功能调试：系统应能方便地通过相应的接口方式和其他子系统的资源管理系统进行交互，获取资源信息，或者用手工或者自动导入的方式进行输入和编辑相关资源信息。 5. 拓扑管理功能调试：系统应能提供良好的视图切换功能，提供直观的网络拓扑图。 6. 子系统通信调试：子系统产生告警，集中告警系统上能准确实时地显示出来
测试工具（如有）	无
管理与协调	1. 调试环境：机房温度适中、空调系统正常运行、无粉尘。 2. 安全生产：做好安全技术交底。 3. 人员防护：专人进行安全防护。 4. 警示标志：带电设备做好警示标识。 5. 供电条件：电压稳定。 6. 环境卫生：机房打扫干净、整洁
测试结果要求	1. 故障管理功能调试： (1)告警内容：分车站，系统，告警等级，告警内容，告警时间等参数。 (2)告警显示：在网管上动态反映各通信子系统网络及设备故障告警。 (3)告警过滤：可设定过滤条件，关注需要关心的告警信息。 (4)告警确认：在产生告警时，可以手动进行确认。 (5)告警清除：手动或自动清除相关告警状态。 (6)告警同步：与子系统告警时间一直，具备与时钟系统的时间采集口。 2. 故障分析功能调试： (1)重复告警处理：对于重复收到的同一告警，将消除重复告警，只保留最初一条告警，同时记录告警重复上报的次数。 (2)告警原因提示：值班人在交班时记录交接班时间及值班期间发生的重大事件及故障处理情况。 (3)告警查询和打印：对查询对象或需求的数据及表格进行实时或人工控制打印输出。 3. 安全管理功能调试： (1)用户权限管理：分为超级用户、管理员用户和操作员三个等级。 (2)系统日志管理：记录所有用户的登录、操作，形成操作日志，并可按账号、时间段及用户所做的操作进行查询。 (3)系统值班管理：值班人在交接班时记录交接班的时间及值班期间发生重大事件及故障处理情况。 (4)自检功能：在检测到系统故障时会通过软件狗自动重启。 4. 配置管理功能调试： (1)IP 地址/通信端口配置：可以配置每个子系统的 IP 地址和通信端口。 (2)站点管理：可以配置站点，可以生成网络拓扑，并且告警时可以在站点有告警提示。 5. 拓扑管理功能调试：

测试结果要求	(1)拓扑显示方式:提供按系统、站点两种拓扑显示方式。 (2)对象基本信息显示:可以逐层进入下级视图,并提供返回上一级视图和返回顶层视图功能。 (3)功能快捷方式:拓扑中有功能快捷键。 　6.子系统通信调试:能够实时产生传输系统、专用电话系统、公务电话系统、时钟系统、电源系统、CCTV、无线系统、广播系统的实时告警信息
测试结论	□符合　　　　　　　　　□不符合
操作人:　　　　　　　　记录人:　　　　　　　　旁站专家:	

9.10　综合布线系统

计算机信息网络系统是一个利用计算机硬件技术、计算机软件技术及通信网络技术,为运营管理服务,提供管理和维护效能,能够借助于相应的应用软件系统实现各种信息管理,包括对信息的收集、存储、分析和处理等,以及提供办公自动化、邮件等多种功能,达到提供一个高质量、高效率的现代化办公手段的信息系统。

综合布线系统测试的条件、内容、方法等见表9-10。

综合布线系统测试　　　　　　　　　　　　　　　　表9-10

项目名称	综合布线系统
测试目的	检验专用综合布线系统设备功能及性能指标是否符合技术功能规格的要求
测试前提条件	1. 确定调试人员、调试所需设备材料已到位。 2. 确认相关设备之间已按照施工图纸进行了正确安装和接线(目测)。 3. 确认系统电源电压(记录直流电压,检查接地状况)。 4. 系统设备通电。 5. 进行系统设备单机配置
测试内容	1. 接口兼容性调试 2. Ping 连通性调试
测试方法	1. 接口兼容性调试: (1)设备以太网电接口与配线架 RJ45 接口通过标准网线互联。 (2)设备以太网光接口与配线架(光纤接口)通过光纤模块和光纤跳线互联。 2. Ping 连通性调试: (1)首先把各设备连接至网络中(确保传输线路的通断)。 (2)在各设备下的 PC 上发起 ping 测试,例如:ping X. X. X. X - t,(X. X. X. X 为测试对端地址)
测试工具(如有)	网络测试仪
管理与协调	1. 调试环境:机房温度适中、空调系统正常运行、无粉尘。 2. 安全生产:做好安全技术交底。 3. 人员防护:专人进行安全防护。 4. 警示标志:带电设备做好警示标识。 5. 供电条件:电压稳定。 6. 环境卫生:机房打扫干净、整洁
测试结果要求	1. 接口兼容性调试:设备可与专用通信系统互联互通。 2. Ping 连通性调试:接口连通性功能得以实现
测试结论	□符合　　　　　　　　　□不符合
操作人:　　　　　　　　记录人:　　　　　　　　旁站专家:	

第 10 章 信 号 系 统

城市轨道交通信号系统是保证列车运行安全，实现行车指挥和列车运行现代化，提高运输效率的关键系统设备。

目前城市轨道交通工程信号系统大多采用列车自动控制系统（Automatic Train Control，简称 ATC）。ATC 系统由列车自动监控子系统（Automatic Train Supervision，简称 ATS）、列车自动防护子系统（Automatic Train Protection，简称 ATP）、列车自动运行子系统（Automatic Train Operation，简称 ATO）以及计算机联锁（CI）、数据传输（DCS）等子系统组成，各个子系统之间通过信息交换网络构成闭环系统，实现对列车运行的自动控制。在城市轨道交通中所应用的三种 ATC 系统制式是：传统固定闭塞方式的 ATC 系统；准移动闭塞方式的 ATC 系统；基于通信技术的移动闭塞方式的 ATC 系统（CBTC）。

1. 列车自动监控子系统（ATS）基本功能

ATS 系统由控制中心、车站、车场以及车载设备组成。ATS 系统在 ATP 系统的支持下完成对列车运行的自动监控，实现以下基本功能：

（1）通过 ATS 车站设备，能够采集轨旁及车载 ATP 提供的轨道占用状态、进路状态、列车运行状态以及信号设备故障等控制和监督列车运行的基础信息。

（2）根据联锁表、计划运行图及列车位置，自动生成输出进路控制命令，传送至车站联锁设备，设置列车进路、控制列车停站时分。

（3）列车识别跟踪、传递和显示功能。系统能自动完成正线区段内列车识别号（服务号、目的地号、车体号）跟踪，列车识别号可由中央 ATS 自动生成或调度员人工设定、修改，也可由列车经车—地通信向 ATS 发送识别号等信息。

（4）列车计划与实迹运行图的比较和计算机辅助调度功能。能根据列车运行实际的偏离情况，自动生成调整计划供调度员参考或自动调整列车停站时分，控制发车时间。

（5）ATS 中央故障情况下的降级处理，由调度员人工介入设置进路，对列车运行进行调整，由 ATS 车站完成自动进路或根据列车识别号进行自动信号控制，由车站人工进行进路控制。

（6）在计算机辅助下完成对列车基本运行图的编制及管理，并具有较强的人工介入能力。通过设在车辆段的终端，向车辆段管理及行车人员提供必要的信息，以便编制车辆运用计划和行车计划。

（7）列车运行显示屏及调度台显示器，能对轨道区段、道岔、信号机和在线运行列车等进行监视，能在行调工作站上给出设备故障报警及故障源提示。

（8）能在中央专用设备上提供模拟和演示功能，用于培训及参观。能自动进行运行报表统计，并根据要求进行显示打印。

（9）能在车站控制模式下与计算机联锁设备结合，将部分或所有信号机置于自动模式状态。

（10）向通信无线、广播、旅客向导系统提供必要的信息。

2. 列车自动防护子系统（ATP）基本功能

ATP 系统由地面设备、车载设备组成，监督列车在安全速度下运行，确保列车一旦超过规定速度，立即施行制动，主要实现以下功能：

（1）自动连续地对列车位置进行检测，并向列车发送必要的速度、距离、线路条件等信息，以确定列车运行的最大安全速度。提供列车速度保护，在列车超速时提供常用制动或紧急制动，保证前行与后续列车之间的安全间隔，满足正向行车时的设计行车间隔和折返间隔。对反向运行列车能进行 ATP 防护。

（2）确保列车进路正确及列车的运行安全，确保同一径路上的不同列车之间具有足够的安全距离，以及防止列车侧面冲撞。

（3）防止列车超速运行，保证列车速度不超过线路、道岔、车辆等规定的允许速度。

（4）为列车车门的开启提供安全、可靠的信息。

（5）根据联锁设备提供的进路上轨道区间运行方向，确定相应轨道电路发码方向。

（6）任何车—地通信中断以及列车的非预期移动（含退行）、任何列车完整性电路的中断、列车超速（含临时限速）、车载设备故障等均将产生安全性制动。

（7）实现与 ATS 的接口和有关的交换信息。

（8）系统的自诊断、故障报警、记录。

（9）列车的实际速度、推荐速度、目标速度、目标距离等信息的记录和显示，具有人工或自动轮径磨耗补偿功能。

3. 列车自动运行子系统（ATO）基本功能

ATO 子系统是控制列车自动运行的设备，由车载设备和地面设备组成，在 ATP 系统的保护下，根据 ATS 的指令实现列车运行的自动驾驶、速度的自动调整、列车车门控制。

（1）自动完成对列车的启动、牵引、巡航、惰行和制动的控制，以较高的速度进行追踪运行和折返作业，确保达到设计间隔及旅行速度。

（2）在 ATS 监控范围的入口及各站停车区域（含折返线、停车线）进行车—地通信，将列车有关信息传送至 ATS 系统，以便于 ATS 系统对在线列车进行监控。

（3）控制列车按照运行图进行运行，达到节能及自动调整列车运行的目的。

（4）ATO 自动驾驶时实现车站站台定点停车控制、舒适度控制及节省能源控制。

（5）能根据停车站台的位置及停车精度，自动地对车门进行控制。

（6）与 ATS 和 ATP 结合，实现列车自动驾驶、有人或无人驾驶。

4. 联锁子系统（CI）子系统基本功能

（1）实现进路上的道岔转换、信号开放和道岔区段车辆占用的联锁功能，保证联锁关系正确。

（2）可自动排列通过进路及自动折返进路。

（3）实现站间自动闭塞功能。

5. 数据传输子系统（DCS）基本功能

数据传输子系统（DCS）由地面骨干网络和无线数据通信系统组成，其基本功能有：

（1）点到点信息转发功能。

（2）单点到多点信息转发功能。

（3）无线数据通信系统接入功能。

（4）通用连接功能。

（5）时钟同步功能。

（6）车—地通信功能。

6. 信号系统联锁区调试

信号系统联锁区调试的目的、条件、内容、方法等见表10-1。

联锁区调试作业表格

表 10-1

项目名称	联锁区调试
测试目的	1. 通过对联锁区内各种室内外设备的测试,保证信号电源设备、DCS设备、ATP轨旁设备、CI设备、ZC设备、ATS设备、LC设备等正常运行。 2. 保证地面ATP/ATO设备功能、ATS功能、CI功能、DTI功能等的实现
测试前提条件	1. 单体调试完成。 2. 软件工厂(或试验室)测试完成。 3. 现场设备软件安装完成并通过初始化。 4. 软件人机界面与现场设备安装位置核对完成。 5. 软件人机界面显示元素符合设计要求。 6. 信号系统电源设备测试完成,工作正常并可稳定、可靠地提供电源。 7. 线路、道岔移交联调接管。 8. 试验范围内各施工单位组织检查,将施工机具、器械、施工材料撤离施工现场或移至确保不影响试验的地方处置
测试内容	1. 室内、外设备状态一致 (1)信号室内、外设备状态一致性:检查包括灯丝断丝报警、信号显示核对等内容。 (2)道岔室内、外设备状态一致性:检查包括道岔位置表示、道岔各项报警等内容。 (3)ATP/O室内、外设备状态一致性:检查包括LEU子系统表示,ATP等项。 2. 与ATS接口测试 (1)通信连接及传输:检查ATS系统与联锁系统之间的通信线连接是否正确、通畅,通信板卡设置是否正确,能否正常传递数据。 (2)表示信息传输:检查联锁系统上传给ATS系统的表示信息传输是否正确,即双方的信息是否对应。 (3)控制命令传输:检查ATS系统下发给联锁系统的命令信息传输是否正确。 (4)转发命令:检查现地控制工作站通过ATS转发的命令信息传输是否正确。 (5)切换:检查ATS系统与联锁系统之间在故障状态下的切换功能是否有效,信息传递能否保持正常。 3. 与ATP/O接口测试 (1)LEU信息采集:检查与LEU系统接口信息位置及状态的正确性。 (2)ATP列车占用:检查与ATP列车的运行位置与联锁显示的一致性,正确性。 (3)ATP防护信息:检查与ATP系统故障给联锁发送区段防护信息试验。 (4)ATP进路信息:检查与ATP系统能够收到联锁系统发送的进路信息,信号状态
测试方法	1. 机柜单体调试:打开电源,检查是否所有的绿色LED的显示状态,是否有错误显示。 2. 室内、外配合,进行各子系统室内外设备调试,要求室内、外设备状态一致。 3. 进行联锁区内各子系统间的接口测试。 4. 进行联锁区内各子系统间的系统联调
测试工具 (如有)	笔记本电脑、数字万用表、常用工具、钳式电流表、数字信号测试仪、数字兆欧表、数字频率计、频谱分析仪、双通道示波器、接地电阻测试仪、电感电容耦合测试仪、网络测试仪、无线对讲机

管理与协调	信号系统调试时要做好系统内部各设备供应商及信号系统和相关系统的内外协调,以保证调试的正常进行,其主要内容为: 1. 联锁区内所有室内、外设备安装完毕,调试时线路封闭,试验期间禁止在该联锁区域内进行任何其他施工。 2. 集中区一致性测试完成后不得有其他影响信号系统的施工、比如动轨、移动轨旁 ATP 设备等。否者需要重新进行一致性测试。 3. 调试过程中必须保证联锁区内所有进路畅通,在区间不得有其他专业的施工或调试进行。 4. 注意事项: (1)试验应严格按试验方案进行,如遇特殊情况须变更试验方案时,应立即通知调试负责人。 (2)各小组须根据试验方案及所承担的任务明确各成员分工,并应指定专人负责联系工作,确保试验正常进行。 (3)参加调试人员由现场指挥统一指挥,不得随意离岗。 (4)参加调试人员须佩戴颁发的统一标志。 (5)联锁区进行室内外设备调试时,在调试过程中该联锁区内室外轨道不得占用。 (6)在进行道岔转换时室外要安排专人防护,以免道岔转换时损伤人员或设备。 (7)室外作业必须戴安全帽、安全带等安全防护用品。 (8)制定详细安保措施,配足安保人员,做好围挡,张贴明显标识标志,调试时严禁无关人员进入作业区。 (9)注意环境卫生,现场产生的垃圾要及时清理、运走
测试结果要求	1. 室内、外设备状态一致。 2. 联锁与 ATS 接口正确。 3. 联锁与 ATP/O 接口正确
测试结论	□符合 □不符合
操作人:	记录人: 旁站专家:

7. 车载信号系统静态调试

车载信号系统静态调试的目的、条件、内容、方法等见表 10-2。

车站信号系统静态调试作业表格   表 10-2

项目名称	车载信号系统静态调试
测试目的	1. 检验车载单元、外围设备和列车之间的连接是否正确。 2. 检验列车各车载设备间以及车地间的信息传输是否正确、车载设备功能是否完备等
测试前提条件	1. 软件工厂(或试验室)测试完成。 2. 现场设备软件安装完成并通过初始化。 3. 软件人机界面与现场设备安装位置核对完成。 4. 软件人机界面显示元素符合设计要求。 5. ATP/O 与 BTM 通信接口正常通信。 6. 电源设备测试完成,工作正常并可稳定、可靠地提供电源
测试内容	1. 天线电缆接头制作检查:使用电缆压接工具安装天线电缆接头,安装完成后,使用测试工装进行验证。 2. 车载天线安装检查:测量并记录车载天线安装高度、距轨道梁距离。检查天线固定是否牢固。检查天线电缆与天线连接是否牢固。 3. 应答器车载查询器(BTM)安装检查:检查 BTM 电源电缆、通信电缆、接地电缆、天线电缆是否连接正常、可靠。检查 BTM 电源供电电压是否正确。 4. ATP/O、BTM 程序配置检查:检查解码板、通信板程序版本是否为最新版本;若不是,对程序进行更新。 5. ATP/O、BTM 功能测试:给 ATP/O、BTM 供电,检查各电路板指示灯是否正确。在天线下方晃动应答器,使用 ATP/O 模拟软件检测报文是否接收正常

测试方法	在不带电条件下,在试车线上采用笔记本电脑、数字万用表、对讲机、无源应答器进行试验
测试工具(如有)	笔记本电脑、数字万用表、对讲机、连接头及相应连接线缆、电缆压接工具、电缆测试工装、无源应答器
管理与协调	1. 保证试车线正常使用。 2. 注意事项: (1)试验应严格按试验方案进行,如遇特殊情况须变更试验方案时,应立即通知调试负责人。 (2)各小组须根据试验方案及所承担的任务明确各成员分工,并应指定专人负责联系工作,确保试验正常进行。 (3)参加调试人员由现场指挥统一指挥,不得随意离岗。 (4)参加调试人员须佩戴颁发的统一标志。 (5)室外作业必须戴安全帽、安全带等安全防护用品。 (6)制定详细安保措施,配足安保人员,做好围挡,张贴明显标识标志,调试时严禁无关人员进入作业区。 (7)注意环境卫生,现场产生的垃圾要及时清理、运走
测试结果要求	1. 天线电缆接头正确。 2. 车载天线安装高度、距轨道梁距离符合要求;天线固定牢固,天线电缆与天线连接牢固。 3. 电源电缆、通信电缆、接地电缆、天线电缆连接正确、可靠,电源供电电压正确。 4. 解码板、通信板程序版本为最新版本。 5. 各电路板指示灯正确;报文接收正常
测试结论	□符合　　　　　　　　　　□不符合
操作人:	记录人:　　　　　　　　　　旁站专家:

8. 信号系统动态调试

信号系统动态调试的目的、条件、内容、方法等见表 10-3。

信号系统动态调试作业表格　　　　　　　　　　**表 10-3**

项目名称	信号系统动态调试
测试目的	验证 ATP/O 子系统车载和地面设备的相关功能,使其能够满足合同规定的需求
测试前提条件	1. 内部条件: (1)各子系统静态测试完成并工作正常,无故障或错误报警。 (2)各子系统间接口测试完成并工作正常。 2. 外部条件: (1)轨道、接触网、供电等相关系统通过验收并投入运行。 (2)全部车站站台门(包括端头门)安装调试完成。 (3)信号系统与相关系统间的接口调试完成。 (4)限界检查完成,没有任何设备或对象侵入。 (5)无线通信系统覆盖控制中心、正线车站、车辆基地及相关区域。 (6)轨行区封闭完成,无人员、机具遗留。 (7)轨行区垃圾、杂物清运完毕;轨行区清洁、冲洗完成。 (8)车辆完成型式试验或提供可用于动车调试的证明材料。 (9)调试司机等配合人员到位。 (10)业主协调与信号系统外部接口设备(包括:IBP 盘、PSD、PIS、广播、ISCS、时钟、无线和大屏等)由相关单位安装和调试完成,并具备与信号系统联调条件节点时间输入,便于进行信号外部接口调试

测试内容	1. 验证列车信号车载设备与遥馈轨道电路的一致性：列车上线进行码扫描测试，所有进路上轨道区段电码的发送电平满足车载天线接收要求，无断码、掉码现象。 2. 验证实际安装的轨道电路长度：通过列车上线的实际运行，检测各区段轨道电路的实际长度。 3. 验证列车信号车载设备与 PTI 信标、同步环线的一致性：列车上线进行码扫描测试，测试 PTI 信标与同步环线发送的电码是否满足车载天线要求，无断码、掉码现象。 4. 单列车 ATP 控车测试：ATP 功能测试应包括列车在正线上的牵引、制动、退行保护、车门控制、自动折返功能，RM、SM、ATO 和 AR 模式间的正常运行切换等。 5. 列车停车精度测试：具备 4 列车进行调试，通过模拟载重物如沙袋模拟列车 AW0-AW3 各种载重情况下列车停车精度的测试及调整。 6. 多列车正线测试：利用三列车的正线运行，测试在此阶段调试系统的功能是否实现，可以同时安排多辆车进行不同运行时间间隔的测试，主要包括以下内容： (1)行车间隔试验； (2)折返间隔试验； (3)定点停车试验； (4)列车速度保护试验； (5)列车紧急制动试验； (6)各种驾驶模式混跑试验； (7)按照 ATS 时刻表的 ATO 试验； (8)其他必要的试验。 7. 信号车系统与站台门间的联动试验。 8. 信号系统与其相关系统间的联动试验
测试方法	1. 车-地配合，在试车线上进行低速动态调试。 2. 车-地-控制中心配合、信号系统-相关系统配合，待在试车线上所有能试验的项目完成后，进行正线单列车动态调试，最后进行多列车动态调试
测试工具(如有)	笔记本电脑、数字万用表、常用工具、钳式电流表、数字信号测试仪、数字兆欧表、数字频率计、频谱分析仪、双通道示波器、接地电阻测试仪、电感电容耦合测试仪、网络测试仪、无线对讲机、连接头及相应连接线缆、CD 记录器、BTM 记录器(记录板、记录电源板)
管理与协调	信号系统调试时要做好系统内部各设备供应商及信号系统和相关系统的内外协调，以保证调试的正常进行，其主要内容为： 1. 在试车线上进行动态调试时，要保证试车线能正常使用。 2. 在正线进行动态调试时，线路已移交运营部门接管，正式发布正线、车辆段动车管理办法细则等相关文件，并对信号系统调试提供相关配合。 3. 车辆能满足按设计规定的最大和最小速度运行。 4. 线路具备高速动车条件。 5. 全部车站站台门(包括端头门)安装完成，实现线路封闭，禁止在动车区域内进行任何其他施工。 6. 通信专用 800M 无线系统启用，可以实现列车与车站、控制中心之间的联系。各车站站控室内专用电话可用。 7. 需要业主方协调提供与信号外部接口设备(包括：IBP 盘、PSD、PIS、广播、ISCS、时钟、无线和大屏等)由相关单位安装和调试完成，并具备与信号系统联调条件节点时间输入，便于进行信号外部接口调试。 8. 动车调试期间，车辆需安排人员随车配合调试，确保车辆性能可靠，进行车辆故障处理。 9. 其他专业线路、供电专业要求设备运作正常。 10. 注意事项： (1)试验应严格按试验方案进行，如遇特殊情况须变更试验方案时，应立即通知调试负责人。 (2)各小组须根据试验方案及所承担的任务明确各成员分工，并应指定专人负责联系工作，确保试验正常进行。 (3)参加调试人员由现场指挥统一指挥，不得随意离岗。 (4)参加调试人员须佩戴颁发的统一标志。 (5)室外作业必须戴安全帽、安全带等安全防护用品。 (6)制定详细安保措施，配足安保人员，做好围挡，张贴明显标识标志，调试时严禁无关人员进入作业区。 (7)注意环境卫生，现场产生的垃圾要及时清理、运走

测试结果要求	1. 所有进路上轨道区段电码的发送电平满足车载天线接收要求，无断码、掉码现象。 2. 信标与同步环线发送的电码满足车载天线要求，无断码、掉码现象。 3. 列车在正线上的牵引、制动、退行保护、车门控制、自动折返功能正常，RM、SM、ATO 和 AR 模式间的运行切换正常。 4. 列车停车精度满足设计要求。 5. 多列车正线动态调试时，行车间隔试验、折返间隔试验、定点停车试验、列车速度保护试验、列车紧急制动试验、各种驾驶模式混跑试验、按照 ATS 时刻表的 ATO 试验结果满足设计要求		
测试结论	□符合	□不符合	
操作人：	记录人：		旁站专家：

9. 信号系统 144h 连续运行

信号系统 144h 连续运行试验的目的、条件、内容、方法等见表10-4。

信号系统 144h 连续运行试验作业表格　　　　　　　　表 10-4

项目名称	144h 连续运行试验
测试目的	全功能开通，进行 144 小时连续运行试验，保证正式运营的信号系统的安全性、可用性和稳定性，使其能够满足合同规定的需求。
测试前提条件	1. 内部条件： 信号系统各子系统完工试验合格，各子系统间接口试验合格。 2. 外部条件： (1)线路精调完成并移交运营部门接管。 (2)限界检查完成，全线没有任何设备或对象侵入。 (3)所有参加试验的车辆已完成全部调试并移交运营部门接管。 (4)全部车站站台门(包括端头门)安装调试完成，站台门-信号系统间的接口调试完成。 (5)所有与信号系统相关的外部系统安装调试完成，和信号系统间的接口调试完成
测试内容	1. 信号车系统与站台间的联动试验。 2. 信号系统与其相关系统间的联动试验。 3. 各种运行模式试验及运行模式间的运行切换试验。 4. 多列车停车精度试验。 5. 多列车正线追踪试验。 6. 其他必要的试验
测试方法	安排多辆车按不同运行时间间隔进行测试，主要包括以下内容： 1. 多列车追踪试验。 2. 多列车与站台门间的联动试验。 3. 信号系统与相关系统间的联动试验
测试工具(如有)	笔记本电脑、数字万用表、常用工具、钳式电流表、数字信号测试仪、数字兆欧表、数字频率计、频谱分析仪、双通道示波器、接地电阻测试仪、电感电容耦合测试仪、网络测试仪、无线对讲机、连接头及相应连接线缆、CD 记录器、BTM 记录器(记录板、记录电源板)
管理与协调	信号系统调试时要做好系统内部各设备供应商及信号系统和相关系统的内外协调，以保证调试的正常进行，其主要内容为： 1. 线路全部精调完成并移交运营部门接管。 2. 所有参加试验的车辆要完成全部调试并移交运营部门接管。 3. 全部车站站台门(包括端头门)安装调试完成，站台门-信号系统间的接口调试完成。 4. 所有与信号系统相关的外部系统安装调试完成，和信号系统间的接口调试完成。 5. 动车调试期间，车辆需安排人员随车配合调试，确保车辆性能可靠，进行车辆故障处理。 6. 注意事项： (1)试验应严格按试验方案进行，如遇特殊情况须变更试验方案时，应立即通知调试负责人。 (2)各小组须根据试验方案及所承担的任务明确各成员分工，并应指定专人负责联系工作，确保试验正常进行。

管理与协调	（3）参加调试人员由现场指挥统一指挥，不得随意离岗。 （4）参加调试人员须佩带颁发的统一标志。 （5）室外作业必须戴安全帽、安全带等安全防护用品。 （6）制定详细安保措施，配足安保人员，做好围挡，张贴明显标识标志，调试时严禁无关人员进入作业区。 （7）注意环境卫生，现场产生的垃圾要及时清理、运走
测试结果要求	1. 信号系统所有设备动作正常。 2. 控制中心-车站间、轨旁设备-车载设备间的安全控制信息传递无误，联动准确。 3. 多列车正线追踪试验满足设计要求。 4. 多列车停车精度满足设计要求。 5. 信号系统-站台门间联动关系准确。 6. 信号系统与相关系统间接口关系准确
测试结论	□符合　　　　　　　　□不符合
操作人：　　　　　　　　记录人：　　　　　　　　旁站专家：	

10. 信号系统与其他专业调试

信号系统与其他专业调试的条件、内容、方法等见表 10-5。

信号专业与其他专业调试作业表格　　　　　　　表 10-5

项目名称	信号专业与其他相关专业调试
测试目的	保证信号与其他相关专业接口正常，保证信号系统与其他相关系统接口功能的正常实现
测试前提条件	1. 信号系统安装调试全部完成。 2. 其他相关系统安装调试全部完成
测试内容	1. 信号系统与其他相关系统接口间的线缆导通测试。 2. 信号系统与其他相关系统间的联动试验
测试方法	1. 首先进行信号专业-其他相关专业间的线缆导通测试。 2. 信号系统-相关系统间的接口试验
测试工具（如有）	数字万用表、常用工具、钳式电流表、数字信号测试仪、数字兆欧表、数字频率计、频谱分析仪、双通道示波器、接地电阻测试仪、电感电容耦合测试仪、网络测试仪、无线对讲机
管理与协调	1. 信号专业提前与其他相关专业进行沟通，商定试验方案（包括双方参加调试的人员姓名、联系方式等）。 2. 注意事项： （1）试验应严格按试验方案进行，如遇特殊情况须变更试验方案时，应立即通知双方调试负责人。 （2）参加调试人员要听从统一指挥，按双方提前确定的方案进行调试。 （3）参加调试人员须佩戴明显标志。 （4）室外作业必须戴安全帽、安全带等安全防护用品。 （5）制定详细安保措施，调试时严禁无关人员进入作业区。 （6）注意环境卫生，现场产生的垃圾要及时清理、运走
测试结果要求	信号系统与相关系统间接口关系准确
测试结论	□符合　　　　　　　　□不符合
操作人：　　　　　　　　记录人：　　　　　　　　旁站专家：	

第11章 火灾自动报警与气体灭火系统

城市轨道交通内部与外界通风口少，出入口少，人员密集、疏散不易，一旦发生火灾，如果不能及时有效地通风排烟并控制火情，将造成严重后果。加强城市轨道交通场所的火灾预警和防范，合理地在城市轨道交通场所中设置火灾自动报警系统和气体灭火系统，对于保证城市轨道交通场所的火灾安全，保护城市轨道交通中人员的生命财产安全具有重大作用。

11.1 火灾自动报警系统（FAS）

火灾自动报警（automatic fire alarm system）系统是火灾探测器与消防联动控制系统的简称，是以实现火灾早期探测和报警、向各类消防设备发出控制信号并接受设备反馈信号、进而实现预定消防功能为基本任务的一种消防设施；为人员疏散、防止火灾蔓延和启动自动灭火设备提供控制与指示的消防系统。

火灾自动报警系统由火灾探测报警系统、消防联动控制系统、可燃气体探测报警系统及电气火灾监控系统组成，组成示意图如图11-1所示。

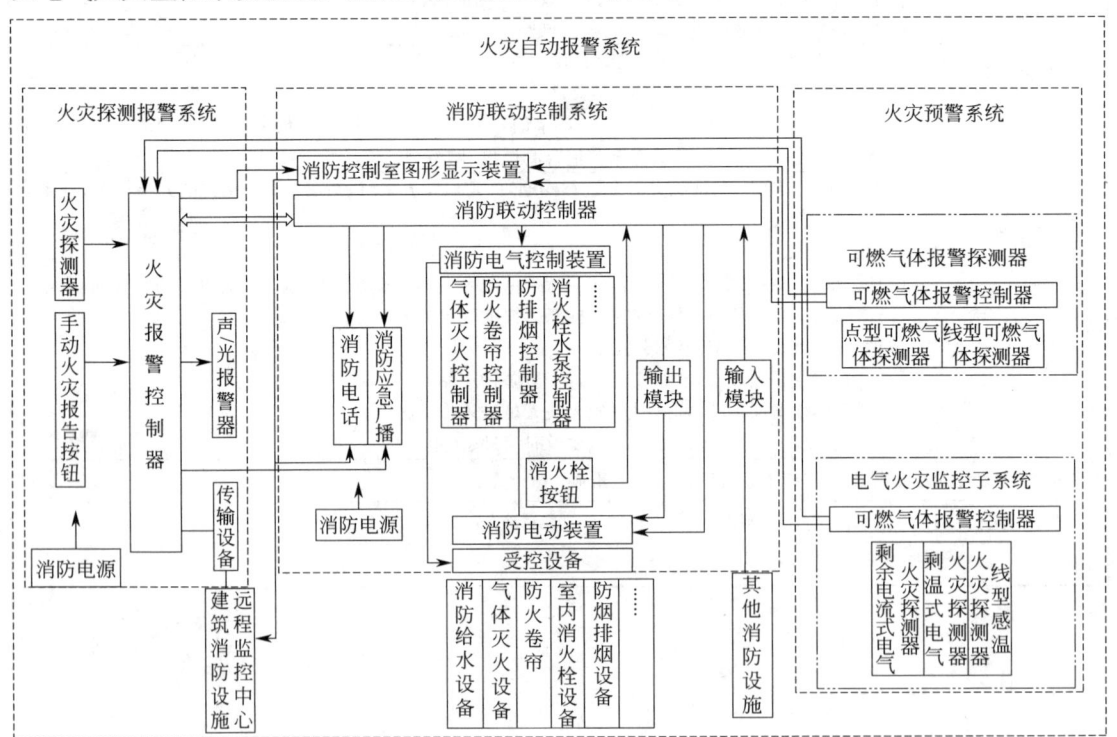

图 11-1　火灾自动报警系统组成示意图

火灾自动报警系统单体调试内容见表11-1。

火灾自动报警系统单体调试　　　　　　　　表11-1

一、FAS系统主机单体调试	
项目名称	FAS主机单体调试
测试目的	1. 测试FAS声光报警器开关功能及"火警确认"指示灯功能完善。 2. 校验主机的操作、时钟及运行状态与时钟系统一致。 3. 测试主机开关控制面板功能对设备监控模块控制。 4. 测试主机主备电源能正常切换。 5. 测试蓄电池放电能够实现30min持续供电。 6. 测试各回路内设备能在主机正常显示火警信息及故障状态反馈。 7. 测试FAS主机与BAS、ISCS系统通信能够正常稳定数字通信
测试前提条件	1. FAS系统设备主机正常带电,外部电源能够持续稳定。 2. FAS系统各模块箱及终端设备安装线缆接续完成。 3. FAS主机内电池安装完成。 4. FAS主机内逻辑程序按照设计要求编辑完成
测试内容	1. 在主机手动状态下,收到火警信号后,按下火警确认按钮,车控室声光报警器能响,开关能实现对声光报警器电源控制,同时火警确认指示灯变亮。 2. 测试主机在接收到火警信息时报警列表内时间信息与综合监控系统、车控室内时钟时间是否一致。 3. 测试主机开关面板对需控制设备的监控模块能否实现控制信号下发及模块动作后短接反馈信号端子是否有反馈信息在主机显示。 4. 对FAS主机正常供电的主用电源进行断电,测试备用电源能否正常实现切换,对主机进行持续供电。 5. 对FAS主机外电源进行全部切除,实现主机内蓄电池对主机运行进行供电,测试持续供电能否达到30min。 6. 测试主机串口上线缆与BAS系统、ISCS系统的通信线缆是否联通,程序发文在BAS系统有相关信息显示
测试方法	在主机带电情况下按照需要实现的功能逐一测试
测试工具(如有)	万用表、计时器;
管理与协调	1. 系统调试过程中应注意设备用电安全,调试前做好相关接地、电缆绝缘测试等工作。 2. 系统调试过程中应注意对设备的成品保护,选用合理的探测器触发设备,避免操作有误对设备造成损害。 3. 系统调试过程中应加强对线缆及终端设备接线处的保护,避免造成线缆短路、断路,对设备及系统调试造成不稳定因素
测试结果要求	各项功能正常实现
测试结论	□符合　　　　　　　□不符合
操作人：　　　　　　　记录人：　　　　　　　旁站专家：	
二、FAS系统各类探测器单体测试	
项目名称	FAS系统各类探测器、手报调试
测试目的	1. 测试烟感在有烟雾情况下能正常报警。 2. 测试空气采样主机在吸气管路在进行持续检测到烟雾时能实现预警、火警信息上传到FAS主机。 3. 测试温感在一定温度下能实现报警。 4. 触发手动报警按钮主机能显示报警信息
测试前提条件	1. FAS系统设备主机正常带电,外部电源能够持续稳定。 2. FAS系统各回路中的烟、温感安装、接续完成。 3. 整个系统处于干燥、清洁环境,设备无故障

测试内容	1. 在任意一回路中,对已安装的烟感进行测试,将烟枪对准烟感探测区域,持续至探测器信号指示灯有巡检灯变成火警灯长亮。 2. 观测 FAS 主机能否接受探测器的报警信息,并查看主机显示探测器的报警位置与现场实际测试位置是否一致。 3. 在任意一回路中,对已安装的温感进行测试,将温枪对准烟感探测区域,持续至探测器信号指示灯有巡检灯变成火警灯长亮。 4. 在任意一回路中,对已安装的吸气式空气采样管采样孔处进行持续点烟,直至采样主机能实现预警、火警信息,且 FAS 主机同时能依次收到预警及火警信息
测试方法	在各终端设备处依次进行放烟,对温感测试器分别进行加温处理
测试工具(如有)	烟枪、温枪、吹风机、爬梯、烟饼
管理与协调	1. 系统调试过程中应注意设备用电安全,调试前做好相关接地、电缆绝缘测试等工作。 2. 系统调试过程中应注意对设备的成品保护,选用合理的探测器触发设备,避免操作有误对设备造成损害。 3. 系统调试过程中应对出现的问题进行详细的记录,形成各单位协商解决问题后的文字资料
测试结果要求	各设备能正常报火警信息至 FAS 主机
测试结论	□符合　　　　　　　　□不符合

操作人:　　　　　　　　　记录人:　　　　　　　　　旁站专家:

三、FAS 系统消防电话单体调试

项目名称	FAS 系统消防电话单体调试
测试目的	1. 测试电话主机电话号码表准确无误,测试主机清除录音功能。 2. 检查电话主机工作状态,LCD 显示及按键功能,校正时间。 3. 检测电话主机与电话插孔、挂壁电话的通话功能
测试前提条件	1. FAS 消防电话主机正常带电。 2. 各系统回路内电话插孔按钮安装完成。 3. 各区域专用消防电话安装完成
测试内容	1. 将消防专用电话插入电话插孔面板,消防主机能够与插孔电话实现通话功能,通话过程中语音清晰稳定,同时消防电话主机能显示电话号码。 2. 在有消防专用电话的设备用房内直接拿起消防电话,消防主机能实现与专用电话之间通信,同时主机能显示电话号码,且电话号码显示的位置应与测试的设备用房名称一致。 3. 测试消防主机删除信息、录音等功能
测试方法	在主机带电情况下按照需要实现的功能逐一测试
测试工具(如有)	插孔电话、万用表
管理与协调	1. 系统调试过程中应注意核实电话号码表中的对应的位置与打电话的位置一致。 2. 电话测试时需注意统计插孔电话面板的数量。 3. 插孔面板在电话主机上应为不同的回路
测试结果要求	各项功能正常实现,电话语音清晰稳定
测试结论	□符合　　　　　　　　□不符合

操作人:　　　　　　　　　记录人:　　　　　　　　　旁站专家:

四、FAS 系统内模块箱单体调试

项目名称	FAS 系统内模块箱测试
测试目的	1. 模块箱内各模块通信信息能正确上传至 FAS 主机。 2. 模块箱内各控制、监视模块相应功能能实现
测试前提条件	1. FAS 系统设备主机正常带电,外部 电源能够持续稳定。 2. FAS 系统各模块箱及终端设备安装线缆接续完成

测试内容	1. 在模块箱内任意短接监视模块的信号端子,主机能正常显示该模块需要监控设备的状态。 2. 在 FAS 主机激活相应模块箱内模块,对应模块动作指示灯应长亮,同时该模块控制设备的线缆有信号输出至被控设备
测试方法	在主机带电情况下按照需要实现的功能逐一测试
测试工具(如有)	万用表、短接线
管理与协调	1. 系统调试过程中应注意设备用电安全,调试前做好相关接地、电缆绝缘测试等工作。 2. 系统调试过程中应注意对设备的成品保护,短接模块测试时应注意模块类型,避免误操作对模块实现损害。 3. 系统调试过程中应控制模块激活后需测试线缆末端信号是否有输出,同时做好信号检测,确定信号源是否符合接口协议
测试结果要求	各项功能正常实现
测试结论	□符合　　　　　　□不符合

操作人:　　　　　　　　　记录人:　　　　　　　　　旁站专家:

五、FAS 系统事件打印机调试

项目名称	FAS 系统事件打印机调试
测试目的	1. 事件打印机与 FAS 消防主机通信正常。 2. 事件打印机打印内容与 FAS 主机显示信息一致
测试前提条件	1. FAS 系统设备主机正常带电,外部 电源能够持续稳定。 2. FAS 主机与时间打印机通信线缆端接敷设完成
测试内容	1. 在 FAS 主机上任意动作一个按钮,事件打印机能显示对应按钮实现的功能。 2. 在现场模拟触发报警类设备,设备动作后时间打印机能打印出相应火警信息,且显示的内容应与 FAS 主机内显示一致
测试方法	在主机带电情况下按照需要实现的功能逐一测试
测试工具(如有)	
管理与协调	1. 系统调试过程中应注意设备用电安全,调试前做好相关接地、电缆绝缘测试等工作。 2. 测试过程应检测打印机打印出来的汉字是否清晰准确,打印机显示时间与时钟系统是否吻合,误差在合理范围内
测试结果要求	各项功能正常实现
测试结论	□符合　　　　　　□不符合

操作人:　　　　　　　　　记录人:　　　　　　　　　旁站专家:

11.2　气体灭火系统

气体灭火系统(gax extinguishing systems)是以一种或多种气体作为灭火介质,通过这些气体在整个防护区内或保护对象周围的局部区域建立起灭火浓度实现灭火。

气体灭火系统一般由灭火剂储存装置、启动分配装置、输送释放装置、监控装置等组成。

1. 气体灭火主机功能测试

气体灭火系统主机功能测试内容见表 11-2。

気体灭火主机功能测试 表 11-2

项目名称	气体灭火主机功能测试
测试目的	1. 校验主机的操作、时钟及运行状态与时钟系统一致。 2. 测试主机主备电源能正常切换。 3. 测试蓄电池放电能够实现 30min 持续供电。 4. 测试各气体防护区内设备能在主机正常显示火警信息及故障状态反馈。 5. 测试 FAS 主机与气体灭火主机通信能够正常稳定通信
测试前提条件	1. 气体灭火主机正常供电。 2. 气体防火区内各种探测器安装线缆接续完成。 3. 气体灭火主机内联动程序按照设计原则编辑完成。 4. 气体灭火主机内蓄电池安装完成
测试内容	1. 测试主机在接收到火警信息时报警列表内时间信息与综合监控系统、车控室内时钟时间是否一致。 2. 主机正常供电的主用电源进行断电，测试备用电源能否正常实现切换，对主机进行持续供电。 3. 对 FAS 主机外电源进行全部切除，实现主机内蓄电池对主机运行进行供电，测试持续供电能否达到 30min。 4. 在拆除气体灭火主机与 FAS 主机之间通信线时，观测 FAS 主机是否报串口故障
测试方法	在设备主机带电情况下逐项测试
测试工具（如有）	万用表、计时器
管理与协调	1. 系统调试过程中应注意设备用电安全，调试前做好相关接地、电缆绝缘测试等工作。 2. 系统调试过程中应注意对设备的成品保护，选用合理的探测器触发设备，避免操作有误对设备造成损害。 3. 系统调试过程中应加强对线缆及终端设备接线处的保护，避免造成线缆短路、断路，对设备及系统调试造成不稳定因素
测试结果要求	各项功能正常实现
测试结论	□符合　　　　□不符合

操作人：　　　　　记录人：　　　　　旁站专家：

2. 气体灭火区域防火阀功能测试

气体灭火系统防火阀功能测试内容见表 11-3。

气体灭火防火阀功能测试 表 11-3

项目名称	气体灭火防火阀功能测试
测试目的	测试防火区火灾工况下阀门能按照设计指定模式动作
测试前提条件	1. 气体灭火主机正常供电。 2. 气体防火区内各种探测器安装线缆接续完成。 3. 气体灭火主机内联动程序按照设计原则编辑完成。 4. 防火阀至控制模块箱之间线缆端接完成
测试内容	1. 在气体防火区二次火警信息确认后，送风、排风管道上阀门按照设计制定模式动作关闭。 2. 阀门关闭信息能上传至气体灭火主机。 3. 阀门在火警复位后能够手动或自动开启
测试方法	在设备主机带电情况下逐项测试
测试工具（如有）	烟、温枪；万用表
管理与协调	1. 系统调试过程中应注意设备用电安全，调试前做好相关接地、电缆绝缘测试等工作。 2. 系统调试过程中应注意对设备的成品保护，选用合理的探测器触发设备，避免操作有误对设备造成损害。 3. 系统调试过程中应注意阀门开启状态是否与设计模式一致，同时做好统计、故障处理文字记录

测试结果要求	各项功能正常实现	
测试结论	□符合	□不符合
操作人：	记录人：	旁站专家：

3. 单区气体控制盘功能测试

气体灭火系统单区气体控制盘功能测试内容见表11-4。

气体灭火单区气体控制盘功能测试　　　　　　　　　表 11-4

项目名称	单区气体控制盘功能测试
测试目的	1. 单区气体控制盘在不同火警级别显示相应信息。 2. 单区气体控制盘能实现紧急启动功能。 3. 单区气体控制盘实现手、自动转换功能。 4. 单区气体控制盘实现30s延时功能。 5. 控制盘内蓄电池在外电源切断情况下能持续供电
测试前提条件	1. 气体灭火主机正常供电。 2. 气体防火区内各种探测器安装线缆接续完成。 3. 气体灭火主机内联动程序按照设计原则编辑完成。 4. 控制盘内线缆端接完成，显示无故障
测试内容	1. 在控制盘上将手/自动转换开关进行切换，控制盘能显示信息与开关对应方向一致。 2. 在触发对应防护区内烟感、温感时控制盘主机能正确依次显示一次火警、二次火警信息。 3. 在二次火警信息显示完成后，控制盘能够开始进行30s喷气延时。 4. 在控制盘未接收到火警信息时，按紧急启动按钮，检测气瓶间对应区域电磁阀是否动作
测试方法	按照设计相应的联动逻辑逐一测试
测试工具（如有）	烟、温枪；万用表、计时器、防护带等
管理与协调	1. 系统调试过程中应注意设备用电安全，调试前做好相关接地、电缆绝缘测试等工作。 2. 系统调试过程中应注意对设备的成品保护，选用合理的探测器触发设备，避免操作有误对设备造成损害。 3. 系统调试过程中应注意阀门开启状态是否与设计模式一致，同时做好统计、故障处理文字记录。 4. 系统调试过程中应注意各区域探测器设备测试过程中人身安全防护，避免登高、大型孔洞对测试人员造成伤害。 5. 系统调试过程中应注意相应气体防护区内设备及人员安全，避免误喷气对设备及人员造成伤害
测试结果要求	各项功能正常实现
测试结论	□符合　　　　　　□不符合
操作人：	记录人：　　　　　　旁站专家：

4. 声光报警器、警铃、放气指示灯功能测试

气体灭火系统声光报警器、警铃、放气指示灯功能测试内容见表11-5。

气体灭火声光报警器、警铃、放气指示灯功能测试　　　　　表 11-5

项目名称	声光报警器、警铃、放气指示灯功能测试
测试目的	1. 气体防护区一次火警动作后警铃、声光报警器正常联动。 2. 气瓶间压力开关动作后，放气指示灯长亮
测试前提条件	1. 气体灭火主机正常供电。 2. 气体防火区内各种探测器安装线缆接续完成。 3. 气体灭火主机内联动程序按照设计原则编辑完成。 4. 控制盘内线缆端接完成，显示无故障，逻辑程序编写完成。 5. 控制盘至声光报警器、警铃、放气指示灯线缆端接完成

测试内容	1. 气体防护区触发烟感,相应防护区内声光报警器、警铃动作。 2. 对应防护区二次火警出现,且在气瓶间压力开关动作后,相应防火区气体释放指示灯动作
测试方法	按照设计相应的联动逻辑逐一测试
测试工具(如有)	烟、温枪;万用表等
管理与协调	1. 系统调试过程中应注意设备用电安全,调试前做好相关接地、电缆绝缘测试等工作。 2. 系统调试过程中应注意对设备的成品保护,选用合理的探测器触发设备,避免操作有误对设备造成损害。 3. 系统调试过程中应注意阀门开启状态是否与设计模式一致,同时做好统计、故障处理文字记录。 4. 系统调试过程中应注意各区域探测器设备测试过程中人身安全防护,避免登高、大型孔洞对测试人员造成伤害。 5. 系统调试过程中应注意相应气体防护区内设备及人员安全,避免误喷气对设备及人员造成伤害
测试结果要求	声光报警器响、警铃正常振铃、放气指示灯能点亮
测试结论	□符合　　　　　　　　　□不符合
操作人:　　　　　　　　记录人:　　　　　　　　旁站专家:	

第 12 章　站台门系统

站台门安装在站台边缘，是乘客进出列车的必经通道和站台公共区与轨行区的分隔屏障，为乘客和列车运行提供安全防护。站台门系统主要由机械部分和电气部分组成，机械部分主要由包括门体结构和门机系统，电气部分主要包括监控系统、电源系统等，其中，监控系统由中央控制盘、就地控制盘、门控器、局域网和接口模块组成，并设置系统级、车站级、就地操作三级控制模式。

1. 站台门设备室设备调试

站台门系统设备室设备调试内容见表 12-1。

站台门系统设备室设备调试 表 12-1

项目名称	站台门设备室设备调试	
测试目的	1. 设备机柜上电正常。 2. 双切电源能够正常切换	
测试前提条件	站台门设备房机柜安装接线完成，AC380V 双切电源供电	
测试内容	1. 检查电源电缆、控制电缆等有无短路现象。 2. 启动电源系统，检查指示灯、空开有无异常情况。 3. 检查各输出口是否有输出电压。 4. 检查 1 路、2 路电源能否正常切换	
测试方法	采用万用表进行测量	
测试工具(如有)	一字螺丝刀、十字螺丝刀、万用表	
管理与协调	1. 调试环境 (1)应保证设备的电源稳定。 (2)应将调试过程进行拍照或摄影，形成有效影像资料。 (3)应对测试内容进行详细的记录，形成文字资料。 2. 安全生产 (1)应注意设备用电安全，调试前做好相关接地、电缆绝缘测试等工作。 (2)应加强对线缆及终端设备接线处的保护，避免造成线缆短路、断路，对设备及系统调试造成不稳定因素。 (3)应注意对设备的成品保护，避免操作有误对设备造成损害。 3. 环境卫生 应保证各线缆回路及设备处于干燥环境，防止水雾、灰尘等对系统及设备造成损害	
测试结果要求	1. 设备机柜上电正常，各输出口均有正常电压输出。 2. 双切电源能够正常切换	
测试结论	□符合	□不符合
操作人：	记录人：	旁站专家：

2. 外观检测

站台门系统外观检测内容见表 12-2。

项目名称	外观检测
测试目的	确认站台门系统的外观不存在影响美观的缺陷
测试前提条件	所有门体结构安装完毕
测试内容	检查门体结构是否存在影响美观的缺陷
测试方法	目测
测试工具(如有)	
管理与协调	1. 调试环境 (1)应将调试过程进行拍照或摄影,形成有效影像资料。 (2)应对测试内容进行详细的记录,形成文字资料。 2. 安全生产 应注意对设备的成品保护。 3. 环境卫生 应保证设备处于干燥环境,防止水雾、灰尘等对系统及设备造成损害
测试结果要求	确认滑动门、固定门、应急门、门槛等不存在影响美观的缺陷
测试结论	□符合　　　　　　　　□不符合

操作人：　　　　　　　　记录人：　　　　　　　　旁站专家：

3. 尺寸检测

站台门系统尺寸检测内容见表 12-3。

站台门系统尺寸检测　　　　　　表 12-3

项目名称	尺寸检测
测试目的	确认站台门系统中的滑动门、应急门开度等尺寸符合要求
测试前提条件	所有门体结构安装完毕
测试内容	测量滑动门、应急门开度等尺寸
测试方法	使用卷尺、测量尺、水平尺等测量
测试工具(如有)	卷尺、测量尺、水平尺
管理与协调	1. 调试环境 (1)应将调试过程进行拍照或摄影,形成有效影像资料。 (2)应对测试内容进行详细的记录,形成文字资料。 2. 安全生产 应注意对设备的成品保护。 3. 环境卫生 应保证设备处于干燥环境,防止水雾、灰尘等对系统及设备造成损害
测试结果要求	滑动门、应急门开度符合设计要求
测试结论	□符合　　　　　　　　□不符合

操作人：　　　　　　　　记录人：　　　　　　　　旁站专家：

4. 绝缘检测

站台门系统绝缘检测内容见表 12-4。

项目名称	绝缘检测
测试目的	确认站台门系统的对地绝缘电阻是否符合绝缘要求
测试前提条件	所有门体结构安装完毕
测试内容	运用兆欧表测量站台门门体与站台土建结构的绝缘情况
测试方法	对每侧站台门任意 3 处,运用兆欧表测量
测试工具(如有)	500V 兆欧表
管理与协调	1. 调试环境 (1)应将调试过程进行拍照或摄影,形成有效影像资料。 (2)应对测试内容进行详细的记录,形成文字资料。 2. 安全生产 应注意对设备的成品保护。 3. 环境卫生 应保证设备处于干燥环境,防止水雾、灰尘等对系统及设备造成损害
测试结果要求	要求在 DC500V 直流测试电压下,绝缘电阻≥0.5MΩ
测试结论	□符合　　　　　　　　□不符合
操作人:	记录人:　　　　　　　　旁站专家:

5. 等电位检测

站台门系统等电位检测内容见表 12-5。

项目名称	等电位检测
测试目的	确认站台门系统是否符合等电位要求
测试前提条件	与钢轨等电位线连接完成
测试内容	1. 站台门系统门体与钢轨可靠连接,保持等电位。任意选择一对点检测。 2. 安装在门体上的设备其金属外壳,与门体等电位。任意选择一对点检测。 3. 确认滑动门与固定侧盒保持等电位。任意选择 3 组检测
测试方法	运用接地电阻测试仪,测量各测试点等电位情况
测试工具(如有)	接地电阻测试仪
管理与协调	1. 调试环境 (1)应将调试过程进行拍照或摄影,形成有效影像资料。 (2)应对测试内容进行详细的记录,形成文字资料。 2. 安全生产 应注意对设备的成品保护。 3. 环境卫生 应保证设备处于干燥环境,防止水雾、灰尘等对系统及设备造成损害
测试结果要求	1. 站台门系统门体与钢轨之间的接地电阻≤1Ω。 2. 安装在门体上的设备的金属外壳与门体之间的电阻≤1Ω。 3. 滑动门与固定侧盒之间的电阻≤1Ω
测试结论	□符合　　　　　　　　□不符合
操作人:	记录人:　　　　　　　　旁站专家:

6. 滑动门性能测试

站台门系统滑动门性能测试内容见表 12-6。

项目名称	滑动门性能测试
测试目的	1. 确认最大关门力不超过 150N。 2. 确认最大手动开门力不超过 133N
测试前提条件	所有门体结构安装完毕
测试内容	采用数显推拉力计在滑动门运行至 1/3 行程后,进行测定最大力、最大手动开门力
测试方法	采用数显推拉力计进行测量
测试工具(如有)	数显推拉力计
管理与协调	1. 调试环境 (1)应将调试过程进行拍照或摄影,形成有效影像资料。 (2)应对测试内容进行详细的记录,形成文字资料。 2. 安全生产 应注意对设备的成品保护。 3. 环境卫生 应保证设备处于干燥环境,防止水雾、灰尘等对系统及设备造成损害
测试结果要求	1. 最大关门力不超过 150N。 2. 最大手动开门力不超过 133N
测试结论	□符合　　　　　　　　　□不符合
操作人:　　　　　　　　　记录人:　　　　　　　　　旁站专家:	

7. 手动解锁力测试

站台门系统手动解锁力测试内容见表 12-7。

项目名称	手动解锁力测试
测试目的	检测滑动门、应急门手动解锁及解锁后手动开门需要的操作力
测试前提条件	所有门体结构安装完毕
测试内容	1. 滑动门使用手动解锁手柄(轨道侧)和手动解锁钥匙(站台侧)手动解锁开门。 2. 应急门使用手动解锁手柄(轨道侧)和手动解锁钥匙(站台侧)手动解锁开门
测试方法	用推拉力计从轨道侧、站台侧测量滑动门、应急门手动解锁力
测试工具(如有)	数显推拉力计、站台门手动解锁钥匙
管理与协调	1. 调试环境 (1)应将调试过程进行拍照或摄影,形成有效影像资料。 (2)应对测试内容进行详细的记录,形成文字资料。 2. 安全生产 应注意对设备的成品保护。 3. 环境卫生 应保证设备处于干燥环境,防止水雾、灰尘等对系统及设备造成损害
测试结果要求	1. 滑动门手动解锁力测试 (1)用推拉力计测量从轨道侧通过解锁把手将门解锁所需的力应≤67N。 (2)用推拉力计测量从站台侧通过手动解锁钥匙将门解锁所需的力应≤67N。 2. 应急门手动解锁力的测试 (1)用推拉力计测量从轨道侧通过解锁推杆将门解锁所需的力应≤67N。 (2)用推拉力计测量从站台侧通过手动解锁钥匙将门解锁所需的力应≤67N
测试结论	□符合　　　　　　　　　□不符合
操作人:　　　　　　　　　记录人:　　　　　　　　　旁站专家:	

8. 滑动门手动解锁测试

站台门系统手动解锁测试内容见表12-8。

站台门系统手动解锁测试 表 12-8

项目名称	滑动门手动解锁测试
测试目的	确认滑动门使用手动解锁手柄(轨道侧)和钥匙(站台侧)在没有开门命令的情况下也可以手动解锁开门
测试前提条件	所有门体结构安装完毕
测试内容	通过轨道侧的手动解锁手柄或旋转站台侧的手动解锁钥匙可以使解锁装置解锁,然后滑动门可以手动打开
测试方法	通过轨道侧的手动解锁手柄或旋转站台侧的手动解锁钥匙可以使解锁装置解锁
测试工具(如有)	手动解锁钥匙
管理与协调	1. 调试环境 (1)应将调试过程进行拍照或摄影,形成有效影像资料。 (2)应对测试内容进行详细的记录,形成文字资料。 2. 安全生产 应注意对设备的成品保护。 3. 环境卫生 应保证设备处于干燥环境,防止水雾、灰尘等对系统及设备造成损害
测试结果要求	滑动门手动解锁的操作及状态如下: (1)通过操作滑动门上的手动解锁手柄或旋转手动解锁钥匙,锁紧装置解锁。 (2)蜂鸣器报警。 (3)滑动门可以手动打开。 (4)在手动解锁操作短时间后,滑动门通过缓慢关门力重新关闭,并自动锁闭。 (5)蜂鸣器报警停止
测试结论	□符合　　　　　　　□不符合
操作人:	记录人:　　　　　　　　　旁站专家:

9. 应急门手动解锁测试

站台门系统应急门手动解锁测试内容见表12-9。

站台门系统应急门手动解锁测试 表 12-9

项目名称	应急门手动解锁测试
测试目的	确认当推动轨道侧的应急推杆或旋转站台侧的EED手柄钥匙时,应急门可以向站台侧旋转90°平开,能定位保持在90°开度,不自动复位,且应急门与站台板不发生碰擦
测试前提条件	所有门体结构安装完毕
测试内容	1. 当推动轨道侧的应急推杆时,检查应急门的状态,检查EED锁紧装置的状态及所有ASD/EED关闭指示灯的状态。 2. 当旋转站台侧的EED手柄钥匙时,检查应急门的状态,检查EED锁紧装置的状态及所有ASD/EED关闭指示灯的状态。 3. 当手动关闭应急门后,检查所有ASD/EED关闭指示灯的状态
测试方法	通过轨道侧或站台侧打开应急门,检查应急门锁紧装置及指示灯状态
测试工具(如有)	手动解锁钥匙
管理与协调	1. 调试环境 (1)应将调试过程进行拍照或摄影,形成有效影像资料。 (2)应对测试内容进行详细的记录,形成文字资料。 2. 安全生产 应注意对设备的成品保护。 3. 环境卫生 应保证设备处于干燥环境,防止水雾、灰尘等对系统及设备造成损害

测试结果要求	1. 当推动轨道侧的应急推杆或旋转站台侧的 EED 手柄钥匙时，EED 可以向站台侧旋转 90°平开，能定位保持在 90°开度，不自动复位，不与站台板发生碰擦。 2. 当推动轨道侧的应急推杆或旋转站台侧的 EED 手柄钥匙时，EED 锁紧装置的闭锁器进行解锁；此时 PSC 面板上的 ASD/EED 关闭且锁紧指示灯点亮，PSL 的 ASD/EED 关闭指示灯熄灭。 3. 当手动将应急门 EED 关闭后，PSC 面板上的 ASD/EED 关闭且锁紧指示灯熄灭，PSL 的 ASD/EED 关闭指示灯点亮
测试结论	□符合　　　　　　　□不符合
操作人：	记录人：　　　　　　　旁站专家：

10. 障碍物探测和自动重开/关门测试

站台门系统障碍物探测和自动重开/关门测试内容见表 12-10。

站台门系统障碍物探测和自动重开/关门测试　　　　　　　表 12-10

项目名称	障碍物探测和自动重开/关门测试
测试目的	确认在 ASD 关闭过程中 DCU 检测到 5mm 厚的障碍物时，ASD 是否能停止关闭，并能进行障碍物检测
测试前提条件	所有门体结构安装完毕
测试内容	在 ASD 关闭过程中，两扇门扇间放置 5mm 厚的障碍物，观察 ASD 动作
测试方法	在 ASD 关闭过程中，两扇门扇间放置 5mm 厚的障碍物
测试工具（如有）	
管理与协调	1. 调试环境 (1)应保证设备的电源稳定。 (2)应将调试过程进行拍照或摄影，形成有效影像资料。 (3)应对测试内容进行详细的记录，形成文字资料。 2. 安全生产 (1)应注意设备用电安全，调试前做好相关接地、电缆绝缘测试等工作。 (2)应加强对线缆及终端设备接线处的保护，避免造成线缆短路、断路，对设备及系统调试造成不稳定因素。 (3)应注意对设备的成品保护，避免操作有误对设备造成损害。 (4)设置专人进行防护，防止施工人员从开门处进入轨行区。 3. 环境卫生 应保证各线缆回路及设备处于干燥环境，防止水雾、灰尘等对系统及设备造成损害
测试结果要求	在 ASD 关闭过程中，两扇门扇夹住 5mm 的障碍物检测块时： (1)门保持关门力停顿后，门后退一段距离，再重关门。 (2)重复关门数次(1~5次)，门仍不能关闭，滑动门全开并进行报警，指示灯闪烁。 (3)将障碍物移开，发出开门命令后再发出关门命令，滑动门低速关闭且锁定，门头状态指示灯熄灭
测试结论	□符合　　　　　　　□不符合
操作人：	记录人：　　　　　　　旁站专家：

11. 单门控制调试

站台门系统单门控制调试内容见表 12-11。

项目名称	单门控制调试
测试目的	滑动门、应急门、端门功能正常
测试前提条件	单门接线完成,单门电源供电后
测试内容	1. 滑动门调试 (1)电源系统供电前,用万用表检测站台各单元内 DC110V 电源接线端子是否有短路现象。 (2)启动电源系统,闭合驱动电源输出空开,向站台门供电。 (3)在没有外部控制信号的情况下,将模式开关旋至"自动"位置,闭合门机内 LCB 盒空开,滑动门开始上电初始化,上电初始化时,滑动门缓慢关闭,门头指示灯以一定频率闪烁,蜂鸣器以一定频率鸣响。 (4)滑动门初始化完成后,将模式开关旋至"手动开门"位置,滑动门执行开门动作,门头指示灯以 1Hz 频率闪烁,蜂鸣器不鸣响;滑动门能正常关闭,门头指示灯闪烁,关门时蜂鸣器鸣响。 (5)滑动门完全打开后,将模式开关钥匙旋至"手动关门"位置,滑动门执行关门动作,门头指示灯以一定频率闪烁,蜂鸣器以一定频率鸣响。 (6)手动关门后,操作紧急解锁扳手将滑动门打开,门头指示灯常亮,且蜂鸣器持续鸣响;过后滑动门将自动关闭。 (7)手动关门时,将厚度为 5mm 的防夹挡块放在滑动门中间,滑动门关闭时夹到挡块后自动弹开,防夹数次(1～5 次)后,门体自动打开至开到位位置。 (8)将模式开关旋至"隔离"位置,隔离信号有效时,滑动门停止运动,不响应任何开关门指令及手动解锁指令;门头指示灯短亮熄灭,蜂鸣器停止鸣叫。 (9)单机调试完成后,关闭滑动门,切断电源。 2. 应急门报警调试 (1)将带 EED 单元的滑动门系统上电调试完成后,关闭滑动门。 (2)打开应急门,该侧安全回路断开,滑动门门头指示灯常亮。 (3)关闭应急门,该侧安全回路正常导通,滑动门门头指示灯熄灭。 3. 端门报警调试 (1)将非标单元滑动门上电调试完成后,关闭滑动门。 (2)打开 MSD,端门指示灯常亮;将 MSD 关闭后,端门指示灯熄灭
测试方法	门体上电后,对滑动门、应急门、端门进行单体调试
测试工具(如有)	一字小螺丝刀,十字中螺丝刀,万用表
管理与协调	1. 调试环境 (1)应保证设备的电源稳定。 (2)应将调试过程进行拍照或摄影,形成有效影像资料。 (3)应对测试内容进行详细的记录,形成文字资料。 2. 安全生产 (1)应注意设备用电安全,调试前做好相关接地、电缆绝缘测试等工作。 (2)应加强对线缆及终端设备接线处的保护,避免造成线缆短路、断路,对设备及系统调试造成不稳定因素。 (3)应注意对设备的成品保护,避免操作有误对设备造成损害。 (4)设置专人进行防护,防止施工人员从开门处进入轨行区。 3. 环境卫生 应保证各线缆回路及设备处于干燥环境,防止水雾、灰尘等对系统及设备造成损害
测试结果要求	滑动门、应急门、端门功能正常
测试结论	□符合　　　　　　　　　　　□不符合
操作人:	记录人:　　　　　　　　　　旁站专家:

12. DCU 总线通信功能调试

站台门系统 DCU 总线通信功能调试内容见表 12-12。

项目名称	DCU 总线通信功能调试
测试目的	DCU 总线通信功能正常
测试前提条件	站台门设备房机柜及站台门安装接线完成，AC380V 双切电源供电后
测试内容	1. 设置门控器地址编码。 2. 将每侧站台的 CAN 通信电缆接入 PSC 机柜，将所有滑动门上电后，启动 PSC 上位软件，PSC 上位软件能够监测站台所有 ASD、EED 及 MSD 的实时状态
测试方法	通过 PSC 监测站台所有 ASD、EED 及 MSD 的实时状态
测试工具（如有）	一字小螺丝刀，十字中螺丝刀，万用表
管理与协调	1. 调试环境 (1)应保证设备的电源稳定。 (2)应将调试过程进行拍照或摄影，形成有效影像资料。 (3)应对测试内容进行详细的记录，形成文字资料。 2. 安全生产 (1)应注意设备用电安全，调试前做好相关接地、电缆绝缘测试等工作。 (2)应加强对线缆及终端设备接线处的保护，避免造成线缆短路、断路，对设备及系统调试造成不稳定因素。 (3)应注意对设备的成品保护，避免操作有误对设备造成损害。 (4)设置专人进行防护，防止施工人员从开门处进入轨行区。 3. 环境卫生 应保证各线缆回路及设备处于干燥环境，防止水雾、灰尘等对系统及设备造成损害
测试结果要求	DCU 总线通信功能正常
测试结论	□符合　　　　　　　　□不符合

操作人：　　　　　　　　记录人：　　　　　　　　旁站专家：

13. 安全回路调试

站台门系统安全回路调试内容见表 12-13。

站台门系统安全回路调试　　　　　　　　表 12-13

项目名称	安全回路调试
测试目的	安全回路功能正常
测试前提条件	站台门设备房机柜及站台门安装接线完成，AC380V 双切电源供电后
测试内容	1. PSC 机柜上电后，将站台 ASD 控制电缆接入对应的 LCU 插座中。 2. 将上行所有滑动门及 EED 关闭，PSC 机柜上行控制单元中"ASD/EED 关闭锁紧"指示灯点亮，打开任意单元或 EED 时，"ASD/EED 关闭锁紧"指示灯熄灭。 3. 将模式开关旋至"手动开门"位置，ASD 执行开门动作，安全回路仍然能够正常导通，即"ASD/EED 关闭锁紧"指示灯正常点亮。 4. 下行调试步骤同上行
测试方法	通过转换模式开关检查安全回路的断开和导通
测试工具（如有）	一字小螺丝刀，十字中螺丝刀，万用表
管理与协调	1. 调试环境 (1)应保证设备的电源稳定。 (2)应将调试过程进行拍照或摄影，形成有效影像资料。 (3)应对测试内容进行详细的记录，形成文字资料。 2. 安全生产 (1)应注意设备用电安全，调试前做好相关接地、电缆绝缘测试等工作。

管理与协调	(2)应加强对线缆及终端设备接线处的保护,避免造成线缆短路、断路,对设备及系统调试造成不稳定因素。 (3)应注意对设备的成品保护,避免操作有误对设备造成损害。 (4)设置专人进行防护,防止施工人员从开门处进入轨行区。 3. 环境卫生 应保证各线缆回路及设备处于干燥环境,防止水雾、灰尘等对系统及设备造成损害
测试结果要求	安全回路功能正常
测试结论	□符合　　　　　　　　□不符合
操作人:　　　　　　　　记录人:　　　　　　　　旁站专家:	

14. PSL 控制功能测试

站台门系统 PSL 控制功能测试内容见表 12-14。

站台门系统 PSL 控制功能测试　　　　　　　　　表 12-14

项目名称	PSL 控制功能测试
测试目的	PSL 控制功能正常
测试前提条件	站台门设备房机柜及站台门安装接线完成,AC380V 双切电源供电后
测试内容	1. 将上行 PSL 控制电缆接入上行 LCU 对应的插座中。 2. 用万用表测试 PSL 内 24V 电源是否有短路现象。 3. 闭合 PSL 供电空开后,将 PSL 开关门钥匙开关旋至"短编组开门"位置,PSL 开门指示灯及 PSC 面板上"ASD 状态指示灯"开始闪烁,上行短编组中所有 ASD 进行开门动作;此时 PSC 及 PSL 面板上"ASD/EED 关闭锁紧"指示灯熄灭,门体完全开到位后,PSL 开门指示灯及 PSC 面板上"ASD 状态指示灯"常亮。 4. 闭合 PSL 供电空开后,将 PSL 开关门钥匙开关旋至"长编组开门"位置,PSL 开门指示灯及 PSC 面板上"ASD 状态指示灯"开始闪烁,上行中所有 ASD 进行开门动作;此时 PSC 及 PSL 面板上"ASD/EED 关闭锁紧"指示灯熄灭,门体完全开到位后,PSL 开门指示灯及 PSC 面板上"ASD 状态指示灯"常亮。 5. 将 PSL 开关门钥匙旋钮至"关门"位置,PSL 开门指示灯及 PSC 面板上"ASD 状态指示灯"开始闪烁,上行所有 ASD 进行关门动作,当 ASD 关闭且锁紧时,PSC 及 PSL 面板上"ASD/EED 关闭锁紧"指示灯点亮,且 PSL 开门指示灯及 PSC 面板上"ASD 状态指示灯"熄灭。 6. 将 PSL 开关门钥匙旋钮至"OFF"位置,PSL 退出操作,在无其他外部信号控制的情况下,上行所有 ASD 保持原来状态,不动作。 7. 将 PSL"ASD/EED 互锁解除"钥匙开关旋至"互锁解除"位置时,PSL 及 PSC 面板的"ASD/EED 互锁解除"指示灯被点亮,且 PSC 报警指示单元上行"互锁解除"指示灯被点亮。 8. 按下 PSL 指示灯测试按钮,PSL 面板上所有指示灯全部点亮,2S 后指示灯熄灭。 9. 下行 PSL 调试步骤同上行
测试方法	通过 PSL 控制门单元,实现 PSL 的控制功能
测试工具(如有)	一字小螺丝刀,十字中螺丝刀,万用表
管理与协调	1. 调试环境 (1)应保证设备的电源稳定。 (2)应将调试过程进行拍照或摄影,形成有效影像资料。 (3)应对测试内容进行详细的记录,形成文字资料。 2. 安全生产 (1)应注意设备用电安全,调试前做好相关接地、电缆绝缘测试等工作。 (2)应加强对线缆及终端设备接线处的保护,避免造成线缆短路、断路,对设备及系统调试造成不稳定因素。 (3)应注意对设备的成品保护,避免操作有误对设备造成损害。

管理与协调	(4)设置专人进行防护,防止施工人员从开门处进入轨行区。 3. 环境卫生 应保证各线缆回路及设备处于干燥环境,防止水雾、灰尘等对系统及设备造成损害		
测试结果要求	PSL 控制功能正常		
测试结论	□符合	□不符合	
操作人:	记录人:		旁站专家:

15. 循环功能测试（跑合试验）

站台门系统循环功能测试内容见表 12-15。

站台门系统循环功能测试   表 12-15

项目名称	循环功能测试(跑合试验)
测试目的	循环测试结束之后,PSD 无影响运行的故障
测试前提条件	站台门设备房机柜及站台门安装接线完成,AC380V 双切电源供电,单机调试后
测试内容	1. 断开电源系统,停止设备供电。 2. 将上下行循环工装,安装在对应站台侧的 LCU 内。 3. 工装上电后,测试工装是否能够正常运行,测试完成后,将计数器清零。 4. 将电源系统及 PSD 系统上电后,复位 PSL、IBP,将所有 ASD 模式开关旋至"自动"位置。 5. 启动跑合工装,调整工装至合理的开关门延时时间。 6. 循环试验中,只要有一个单元安全回路断开时,工装即停止运行,计数器保持原来的跑合次数。待故障处理完毕,安全回路正常导通后,工装自动恢复运行,继续进行测试。直至计数器计数满时,测试结束
测试方法	安装工装后进行循环测试
测试工具(如有)	一字小螺丝刀,十字中螺丝刀,万用表、循环工装
管理与协调	1. 调试环境 (1)应保证设备的电源稳定。 (2)应将调试过程进行拍照或摄影,形成有效影像资料。 (3)应对测试内容进行详细的记录,形成文字资料。 2. 安全生产 (1)应注意设备用电安全,调试前做好相关接地、电缆绝缘测试等工作。 (2)应加强对线缆及终端设备接线处的保护,避免造成线缆短路、断路,对设备及系统调试造成不稳定因素。 (3)应注意对设备的成品保护,避免操作有误对设备造成损害。 (4)设置专人进行防护,防止施工人员从开门处进入轨行区。 3. 环境卫生 应保证各线缆回路及设备处于干燥环境,防止水雾、灰尘等对系统及设备造成损害
测试结果要求	滑动门按预计的周期进行开关门循环动作
测试结论	□符合 □不符合
操作人: 记录人: 旁站专家:

第13章 乘客信息系统（PIS）

PIS 的主要功能定位是主播运营、安防反恐信息，适当插播城市轨道交通公益广告、天气预报、新闻、交通信息，实现列车视频监控，在紧急情况下运营紧急救灾信息优先使用。PIS 系统需实现编播中心功能、车站功能、车辆段功能、车载显示及视频监视功能、车地移动宽带传输功能及培训演示功能等。

乘客信息系统功能测试内容见表 13-1。

乘客信息系统功能测试　　　　　　　　　　　　　　　　　　　　表 13-1

项目名称	乘客信息系统
测试目的	检验合同项系统设备安装是否符合验收标准、设计、工厂安装规范等要求
测试前提条件	1. 确定调试人员、调试所需设备材料已到位。 2. 确认相关设备之间已按照施工图纸进行了正确安装和接线（目测）。 3. 确认系统电源电压（记录直流电压，检查接地状况）。 4. 系统设备通电。 5. 进行系统设备单机配置
测试内容	1. 系统单机调试。 2. 车站级联动调试。 3. 全线级联网调试
测试方法	一、系统单机调试 　　中心设置四路视频播出信号，车站从中心四路信号中可以任选一路信号来作为车站终端设备的显示内容。 　　中心级系统在控制中心，与时钟系统、ATS 系统、IMS 系统具有通信接口，从时钟系统采集时钟信号，PIS 系统将所采集的时钟信号与整条线的设备进行时钟同步；从 ATS 系统采集列车到站信息，发布与各个车站的端口，各个车站统一从该端口采集该数据显示在相应的终端显示设备上；PIS 系统以 IMS 系统网络为网络平台，进行 PIS 系统中心级与车站级系统进行通信，并在中心将 PIS 系统的主要设备的设备运行状态通过 OPC 接口发送给 IMS 系统进行统一监控。 　　在完成中心级系统设备单机调试，检查系统设备连线正常的基础上，进行中心级系统功能调试，进行以下功能测试： 　　（1）用户账号管理功能。 　　（2）设备管理功能。 　　（3）日志管理和查询功能。 　　（4）时钟同步功能。 　　（5）网络管理和监控功能。 　　（6）播表发布和显示。 　　（7）系统监控。 　　（8）紧急预案。 　　（9）紧急预案编辑功能。 　　（10）紧急预案发布功能。 二、车站级调试 　　全线各站设立一个 PIS 系统机柜，将 PIS 系统车站级管理设备安装在该机柜内，通过该机柜内的设备对该站台终端设备进行统一的控制和管理。该机柜内的设备与中心级系统进行通信，将中心发送过来的信息处理后，显示在车站终端显示设备上。当中心与车站网络中断时，站台终

测试方法	端显示设备依然可以继续显示车站液晶电视播出控制器中存储的内容。车站与 IMS 系统的 IBP 盘有干结点接口,当发生紧急情况时,手动控制 IBP 盘上的按钮,车站级系统自动将预先编辑的紧急信息显示在车站终端显示设备上,来帮助人员的疏导。 在完成车站级系统设备单机调试,检查系统设备线路连接正确的基础上,然后进行车站级系统功能调试,进行以下功能测试: (1)播表下载功能。 (2)播表启动播出功能。 (3)远程开/关机功能。 (4)远程开/关屏幕功能。 (5)远程切换版式功能。 (6)远程发布紧急信息功能。 (7)紧急预案编辑功能。 (8)紧急预案发布功能。 (9)取消紧急状态功能。 三、全线级联网调试 (1)与 FAS 系统联调 当车站出现火灾等灾情时,FAS 向 PIS 提供确认的火灾分区报警信号。 PIS 接收到 FAS 提供的分区报警信号后,在相应分区或整个车站的显示终端上发布预设的报警信息或车站编辑的临时报警信息。 (2)与通信广播子系统联调 当广播系统播音时,广播系统将向 PIS 系统发出播音信号;PIS 系统接收到广播系统提供的信号后,自动关闭掉终端设备播放声音。 当播音结束,广播系统向 PIS 系统发出播音完毕的信号,PIS 系统恢复终端设备的正常声音。 (3)与 IMS 专业的联调 在综合信息专业提供的接线端子上测试输入电源电压,确保电缆的电气连通性及电压满足要求。 (4)与 ATS 系统联调 ATS 系统需给出每个站台最近三列列车的到站时间信息。 ATS 系统需给出列车到站消息。 ATS 系统需给出列车跳停信息。 ATS 系统需给出列车入库信息。 传输系统需给出时钟信息。 PIS 系统在相应站台侧的 PDP 屏上显示上述信息
测试工具(如有)	无
管理与协调	1. 调试环境:机房温度适中、空调系统正常运行、无粉尘。 2. 安全生产:做好安全技术交底。 3. 人员防护:专人进行安全防护。 4. 警示标志:带电设备做好警示标识。 5. 供电条件:电压稳定。 6. 环境卫生:机房打扫干净、整洁
测试结果要求	1. 系统单机性能满足技术规格书指标。 2. 车站级系统性能满足技术规格书指标。 3. 全线级系统性能满足技术规格书指标
测试结论	□符合　　　　　　　□不符合
操作人:	记录人:　　　　　　　　　　旁站专家:

第14章 自动售检票系统（AFC）

自动售检票系统通常由清分系统、线路中央计算机系统、车站计算机系统、车站终端设备、传输通道和车票构成。

1. AFC系统组成

（1）AFC系统主要由线路中心计算机系统、票务中心系统（含编码分拣系统）、维修中心系统、培训及模拟中心系统、车站计算机系统、维修工区系统、车站售检票终端设备和车票等构成。

（2）票务中心系统由线路中心票务中心和车站票务分中心构成，票务中心系统接受ACC票务总中心的调度和管理。

（3）线路中心系统主要由服务器、存储设备、工作站、网络设备、配电设备、打印设备等构成。

（4）票务中心系统主要由服务器、工作站、车票分拣机、车票打包机等构成。

（5）维修中心系统主要由服务器、工作站、网络设备、电源设备、维修设备等构成。

（6）培训及模拟中心系统主要包括：模拟中央、车站计算机系统和培训用的车站售检票终端设备等。

（7）车站计算机系统主要包括：服务器、监控工作站、票务工作站、打印机、紧急按钮控制装置、交换机（3层、2层）、电源配电设备等。

（8）维修工区系统主要包括：维修工作站、打印机和维修工器具等。

（9）车站售检票终端设备主要包括：自动售票机、半自动售票机、自动检票机、自动查询机和便携式检验票机等。

2. AFC系统功能

（1）线路中心系统

线路中心计系统为线路AFC系统的核心，收集、处理系统内数据，制定、维护系统参数，接收、下达系统指令，同时为系统提供高度的安全机制和严格的操作规程；通过ACC能实现本线路与轨道交通网络其他线路以及公共交通一卡通之间的结算。

1）运营管理

主要是对设备进行设置，下发设备运行时间表，设定车站和设备运行模式；对设备网络通信、运行状态、故障情况、客流情况进行监控；既能对所有车站也能对单个车站进行命令下发并控制。

2）收益管理

可根据售票、充值、找零、钱箱更换、钱箱清点等数据进行现金核算；对每日的收益情况和车站收益情况进行核算形成报告。

3）维修管理

能详细记录AFC设备的分布情况、运行状态、故障维修记录、部件更换记录等，并能形成相应的统计报告；能对所辖所有车站的设备或指定的单个设备进行软件更新。

4）数据及参数管理

能采集设备上传的数据，并有防止数据重复、丢失及冲突的功能；在通信中断时，能通过存储介质将数据导入或导出；具有检查及处理异常、遗漏、重复、延迟数据的能力；能对数据进行相关处理；能将参数下载到全线所有车站设备或单个指定的车站的某台设备；能对参数的属性进行分类和维护管理等。

5）安全管理

主要包括对本工程的密钥系统和对操作人员的权限管理等。

6）报表

可以根据要求生成不同类别、不同时段的报表。

7）后台监控

主要包括运作日志管理、网络监控及数据库监控等。

8）后台维护

具有数据在线恢复及备份功能；能对过期数据进行归档；对系统软、硬件功能的使用和配置进行检查；能提供对系统灾难的恢复功能等。

（2）票务中心系统

1）接受 ACC 系统配发的车票及 ACC 的车票调配指令，向 ACC 系统申请车票调配；

2）对线路内的车票实现动态库存管理，完成线路内车票的配发及调配；

3）向车站系统下达车票调配指令，接受车站系统的车票调配申请；

4）接受车站系统的车票库存数据，向 ACC 上传线路车票库存数据；

5）向 ACC 系统提交预赋值车票、个人化车票的申请。

（3）编码及分拣系统

1）能将不同种类的车票分拣到不同的票箱中，废票可分拣到废票箱中；

2）在对车票进行处理的过程中，能对车票的有效性进行检查；

3）能对本线路内发行的车票进行初始化、编码、预赋值、再编码、回收等。

（4）维修中心系统

1）对系统设备的故障及运行状态进行监控；

2）跟踪设备内具有电子编号部件的安装情况；跟踪设备部件的添加及替换等记录；跟踪设备关键部件的使用情况及安装位置；

3）根据所收集的设备状态、故障记录及维修记录等信息，生成相应的维修报告、报表；

4）对库内的所有设备、部件、配件、损耗件、报废品等进行管理；

5）制定及执行设备保养及维修计划；

6）处理设备故障；

7）进行维修调度；

8）设备模拟测试。

（5）培训及模拟中心系统

1）用于对系统管理人员、操作人员及维修人员进行业务培训；

2）对系统对接、软件更新、重要系统参数的修改、新增设备的模拟测试和维修后设备的模拟测试。

（6）车站计算机系统

1）运营管理

能实时监控设备的运行状态，接收线路中心下发的数据并下传至各终端设备；能对单台、一组、一类设备或全部设备进行下达控制指令和管理；接受线路中心下发的运行时刻表；能监视客流和车票处理情况。

2）票务管理

对车票的出入库、发售、回收等流程进行处理，实现车站动态库存的管理；收集车票交易数据并上传，发现异常能及时处理；能接受并保存线路中心下发的黑名单数据；可查询车票的历史使用记录等。

3）收益管理

能对车站现金和班次进行统计管理；实时监控车站设备内现金量，在现金存量不足、空、将满及满的状态下自动给出提示信息供工作人员及时处理；能监控半自动售票机的登陆和注销状态，符合级别的管理员应能查询各班次报告。

4）维修管理

能监控车站设备的通信状态、运行状态及故障情况；能查询单台、一组、一类或全部设备的本日内所发生的状态及故障信息；能根据设备状态、故障情况生成相应的设备故障及维修统计报告；能接收 LC 下载的设备更新软件。

5）数据及参数管理

将数据实时或批量上传，同时接收线路中心系统下达的各类指令和参数并下达到相应设备；具备离线工作模式。

6）权限管理

对操作员的权限进行管理。

7）日志管理

能记录用户登录操作信息等。

8）报表

能根据要求生成各种运营报表。

（7）维修中心系统

1）接受维修中心的维修调度；

2）可对所辖系统设备的故障及运行状态进行监控；可根据所收集的设备状态、故障记录及维修记录等信息，生成相应的维修报告，并上传维修中心。

（8）车站终端设备

1）接受车站计算机系统下发的系统运行参数、运行模式及黑名单等；

2）向车站计算机系统上传原始交易数据和设备状态信息；

3）具有正常服务、关闭、维修、故障、离线、降级、紧急疏散等运行模式；

4）当与车站计算机系统通信中断时，车站售检票终端设备应具有单机工作和数据保存能力，数据保存期不少于 7 天；

5）同类模块及部件应可实现互换，包括工控机、读写器、I/O 板、电源模块、车票发售模块、票箱、钱箱、回收箱等。其中票箱、钱箱、回收箱等。

3. AFC 系统功能调试

（1）单台设备功能调试

自动售检票系统单台设备功能调试内容见表 14-1。

自动售检票系统单台设备功能调试　　　　　　　　　　表 14-1

项目名称	单台设备功能调试
测试目的	1. 检验每台设备各个部件是否正常、是否能正常开机等。 2. 验证设备软件系统的安装是否正确。 3. 检验设备安装过程中是否对设备结构、机械部件造成损坏。 4. 验证设备在单机运行时的功能是否正确
测试前提条件	1. 电源柜、弱电机柜安装完成配线。 2. 公共区装修完成，终端设备安装配线完成。 3. 正式电源送电
测试内容	1. 单台设备带电，检验每台设备的带电与正常开关机。 2. 设备开机启动，验证设备软件系统。 3. 测试单台设备运行时的每一项功能
测试方法	在设备带电的情况下进行验证调试
测试工具（如有）	万用表
管理与协调	调试环境、供电条件、环境卫生、安全生产
测试结果要求	单台设备供电正常、系统软件安装正确、单机运行功能正确
测试结论	□符合　　　　　　□不符合
操作人：　　　　　　　　　记录人：　　　　　　　　　旁站专家：	

（2）LC 客流压力测试

自动售检票系统 LC 客流压力测试内容见表 14-2。

自动售检票系统 LC 客流压力测试　　　　　　　　　　表 14-2

项目名称	LC 客流压力测试
测试目的	检验 LC 数据处理能力能否满足远期超高峰小时客流规模及全日客流规模
测试前提条件	1. LC 服务器正常启动。 2. 使用设备模拟器，用模拟器来模拟生成交易数据。 3. 预先清除 LC 数据处理程序的 LOG 日志
测试内容	测试 LC 客流处理能力
测试方法	1. 用模拟器模拟出交易数据文件统一放到 LC 数据处理的监控目录。 2. 启动 LC 数据处理程序，等 LC 数据处理完成后在 LC 数据处理程序 LOG 日志查看开始处理文件时间 T1 和处理完文件时间 T2。 3. 增大模拟交易数据文件重复上述步骤
测试工具（如有）	
管理与协调	调试环境、供电条件、环境卫生、安全生产
测试结果要求	T1 与 T2 时间差满足设计要求
测试结论	□符合　　　　　　　□不符合
操作人：　　　　　　　　　记录人：　　　　　　　　　旁站专家：	

（3）LC 监控设备响应时间测试

自动售检票系统 LC 监控设备响应时间测试内容见表 14-3。

自动售检票系统 LC 监控设备响应时间测试　　　　　　　　　　　表 14-3

项目名称	LC 监控设备响应时间测试		
测试目的	检验 LC 的设备监视功能能否在 5s 内显示车站终端设备状态		
测试前提条件	1. LC 服务器、SC 服务器、设备之间网络通信正常。 2. 能够登录到 LC 工作站		
测试内容	测试 LC 监控设备响应时间		
测试方法	登录 LC 工作站监控模块，打开线路监控界面		
测试工具（如有）			
管理与协调	调试环境、供电条件、环境卫生、安全生产		
测试结果要求	5s 内显示车站终端设备状态		
测试结论	□符合	□不符合	
操作人：	记录人：		旁站专家：

（4）LC 对 SC 命令响应时间测试

自动售检票系统 LC 对 SC 命令响应时间测试内容见表 14-4。

自动售检票系统 LC 对 SC 命令响应时间测试　　　　　　　　　表 14-4

项目名称	LC 对 SC 命令响应时间测试		
测试目的	检验 LC 能否在 5s 内返回车站系统的数据请求		
测试前提条件	1. LC 服务器、SC 服务器之间网络通信正常。 2. 能够登录到 LC/SC 工作站。 3. SC 服务器、LC 服务器时间一致		
测试内容	测试 LC 对 SC 命令响应时间		
测试方法	1. TVM 打开维修门，TVM 上传设备状态报文给 SC，SC 收到报文后再发送给 LC，查看 LC 服务器 LOG 日志检查接收到报文时间 T_1，查看 SC 服务器 LOG 日志检查收到 LC 返回应答报文时间 T_2。 2. 在 SC 工作站监控模块监控界面对本车站做模式切换，在 LC 工作站查询测试车站的模式状态		
测试工具（如有）			
管理与协调	调试环境、供电条件、环境卫生、安全生产		
测试结果要求	1. $T_2 - T_1 \leqslant 5s$ 2. 从 SC 工作站操作模式切换到 LC 工作站查询到切换后的模式在 5s 内完成		
测试结论	□符合	□不符合	
操作人：	记录人：		旁站专家：

（5）LC 参数下发时间测试

自动售检票系统 LC 参数下发时间测试内容见表 14-5。

自动售检票系统 LC 参数下发时间测试　　　　　　　　　　　表 14-5

项目名称	LC 参数下发时间测试
测试目的	检验 LC 下达的系统参数能否在 1min 内下达到所有车站设备
测试前提条件	1. LC、SC、设备网络通信正常 2. 测试设备包括一台 TVM、一台 GATE、一台 POST，并且这几台设备都处于正常服务状态 3. 测试设备都已经在 SC 注册成功，并在监控界面看到都已连接 4. 测试设备和 SC 上 LC 级 EOD 参数文件版本为 $T+1$

测试内容	测试 LC 参数下发时间
测试方法	1. 在 LC 工作站参数管理模块新建 LC 级将来参数文件并发布 LC 级参数文件给测试车站,对测试车站进行参数版本同步,记录参数同步时间 T_1,测试车站成功接收到参数文件后下发令给设备,测试设备收到命令后自动下载参数文件。 2. 在测试设备 LOG 日志上查看参数文件下载完成时间 T_2。 3. 在 LC 工作站参数管理模块设备版本查询界面选择测试设备,查询测试设备的参数版本。 4. 在 LC 工作站参数管理模块导入最新版本黑名单版本,对测试车站进行参数同步,记录操作时间 T_3,测试车站成功接收到黑名单文件后下发命令给设备,测试设备收到命令后自动下载黑名单文件。 5. 在测试设备 LOG 日志上查看黑名单文件下载完成时间 T_4
测试工具(如有)	
管理与协调	调试环境、供电条件、环境卫生、安全生产
测试结果要求	1. 参数下载成功 2. $T_2 - T_1 \leqslant 1\text{min}$ 3. 测试设备版本号为 $T+1$ 4. 黑名单下发成功 5. $T_4 - T_3 \leqslant 1\text{min}$
测试结论	□符合　　　　　　□不符合
操作人:　　　　　　　　记录人:　　　　　　　　旁站专家:	

（6）双向通信测试

自动售检票系统双向通信测试内容见表 14-6。

自动售检票系统双向通信测试　　　　　　　　　　表 14-6

项目名称	双向通信测试
测试目的	测试车站计算机与中央计算机、车站所有终端设备间双向通信是否正常
测试前提条件	1. 设备正常上电。 2. 车站、中心服务器、通信设备安装调试完成。 3. 车站所有终端设备通信模块工作正常
测试内容	测试双向通信
测试方法	1. 通过车站计算机测试车站计算机与中央计算机系统间通信情况。 2. 通过车站计算机测试车站计算机系统与本站所有终端设备间通信情况
测试工具(如有)	
管理与协调	调试环境、供电条件、环境卫生、安全生产
测试结果要求	1. 车站计算机与中央计算机系统间双向通信正常。 2. 车站计算机系统与本车站所有终端设备间双向通信正常
测试结论	□符合　　　　　　□不符合
操作人:　　　　　　　　记录人:　　　　　　　　旁站专家:	

（7）运营模式与控制命令功能测试

自动售检票系统运营模式与控制命令功能测试内容见表 14-7。

项目名称	运营模式与控制命令功能测试
测试目的	测试运营模式与控制命令功能是否满足设计要求
测试前提条件	1. 单台设备上电并调试完成。 2. 通信正常
测试内容	测试运营模式与控制命令功能
测试方法	1. 检查设备状态显示和监控功能。 2. 检查运营模式设置功能。 3. 车站计算机下达运行控制命令的。 4. 在车站监控界面,触发设备上传各类数据。 5. 查询设备状态、寄存器数据和参数管理等信息
测试工具(如有)	
管理与协调	调试环境、供电条件、环境卫生、安全生产
测试结果要求	1. 设备状态显示和监控功能正常 (1)监视显示器上显示车站终端设备基本布局、数量与实际相一致,且收费区和非收费区明确显示。 (2)监视显示屏上显示的车站终端设备图标,能明确区分设备种类和设备号。 (3)能监视车站设备的运行状态,有变化或异常时能声光提示,能用颜色的不同显示来区分事件或故障类别,并能记录形成报表,符合设计要求。 (4)在系统、网络、设备等状态发生变化后,能自动接收其状态数据,监视器在 5s 时间内有声光告警。 (5)按照系统参数设置的查询频率能查询车站设备的状态数据。 (6)能保存所有接收的设备状态数据。 2. 运营模式设置功能正常 (1)设置车站的运营模式:正常模式、降级运行模式、紧急模式等符合设计要求。 (2)设置车站的运营模式的实时性,响应时间符合设计要求。 3. 车站计算机下达运行控制命令的功能正常 (1)可选择控制单台、一组、一类或车站全部设备的运行模式。如:正常服务、关闭、暂停服务、维修测试、故障、离线、双向自动检票机的单向进出或双向模式、紧急模式等。 (2)对于双向自动检票机,可设置为仅进站、仅出站或双向模式。 4. 在车站监控界面,触发设备上传各类数据各功能正常 (1)触发设备的各类数据上传,符合设计要求。 (2)上传寄存器数据、设备状态等数据信息正常。 5. 查询设备状态、寄存器数据和参数管理等信息功能正常 (1)可查询车站设备状态、寄存器数据和参数管理等信息,符合设计要求。 (2)数据显示正常。 (3)监控界面反应的设备状态正确
测试结论	□符合　　　　　　□不符合
操作人:	记录人:　　　　　　　　　旁站专家:

(8) 参数管理测试

自动售检票系统参数管理测试内容见表 14-8。

自动售检票系统参数管理测试 表 14-8

项目名称	参数管理测试
测试目的	测试参数管理功能是否满足设计要求
测试前提条件	1. 单台设备上电并调试完成。 2. 通信正常

测试内容	测试参数管理功能
测试方法	1. 通过线路中央系统向车站下发或在车站导入参数文件,并将该参数同步给设备(LC参数包含终端设备软件)。 2. 在SC查询车站系统、终端设备各类参数版本。 3. 在SC查询车站系统以及终端设备当前使用的软件版本
测试工具(如有)	
管理与协调	调试环境、供电条件、环境卫生、安全生产
测试结果要求	1. 参数文件下发或导入正常 (1)参数同步功能正常。 (2)下发软件功能正常及时,符合设计要求。 (3)车站系统能及时将各种参数接收、保存并准确下发到终端设备。 2. 查询功能正常 (1)可查看系统当前使用的各类参数版本。 (2)可查看终端设备当前使用的各类参数版本。 (3)参数版本信息显示正确。 (4)查询参数版本的实时性、响应时间符合设计要求。 3. 查询功能正常 (1)显示车站系统当前使用的各类设备软件版本。 (2)可查询终端设备当前使用的软件版本。 (3)软件版本信息正确。 (4)软件版本查询的实时性、响应时间符合设计要求
测试结论	□符合　　　　□不符合
操作人:　　　　　　　记录人:　　　　　　　旁站专家:	

（9）SC-LC 时间同步测试

自动售检票系统 SC-LC 时间同步测试内容见表 14-9。

自动售检票系统 SC-LC 时间同步测试　　　　表 14-9

项目名称	SC-LC 时间同步测试
测试目的	测试 SC-LC 时间同步功能是否满足设计要求
测试前提条件	1. 单台设备上电并调试完成。 2. 通信正常
测试内容	测试参数管理功能
测试方法	1. 断开与 LC 网络连接,手工修改 SC 时间(时间偏差在时钟同步范围内)。 2. 恢复与 LC 的网络连接。 3. 手工修改 SC 时间,并重启系统
测试工具(如有)	
管理与协调	调试环境、供电条件、环境卫生、安全生产
测试结果要求	1. 断开与 LC 网络连接,手工修改 SC 时间 (1)车站计算机系统能在规定时间间隔向车站设备下发时间同步指令。 (2)车站终端设备与 SC 时间保持一致。 2. 恢复与 LC 的网络连接 (1)车站计算机系统的时间能与线路中央计算机系统的时间同步。 (2)车站设备与车站服务器时间同步。 3. 手工修改 SC 时间,并重启系统 (1)车站计算机系统能在启动时与线路中央计算机系统进行时间同步。 (2)车站计算机系统能在启动时向车站设备下发时间同步指令

测试结论	□符合　　　　□不符合		
操作人：	记录人：		旁站专家：

（10）紧急按钮控制功能测试

自动售检票系统紧急按钮控制功能测试内容见表14-10。

自动售检票系统紧急按钮控制功能测试　　　　　　　　表 14-10

项目名称	紧急按钮控制功能测试
测试目的	测试紧急按钮控制功能是否满足设计要求
测试前提条件	1. 单台设备上电并调试完成。 2. 通信正常。 3. 紧急模块安装配线完成
测试内容	测试紧急按钮控制功能
测试方法	1. 触发车站的紧急按钮。 2. 恢复车站的紧急按钮
测试工具（如有）	
管理与协调	调试环境、供电条件、环境卫生、安全生产
测试结果要求	1. 触发车站的紧急按钮 (1)能向车站设备发出紧急放行命令，模式站的 POST、TVM 状态不变，进出站 GATE 扇门全部打开。 (2)在车站计算机和中央计算机上显示模式车站变成紧急放行模式。 2. 恢复车站的紧急按钮 (1)模式车站所有设备能自动恢复正常运行。 (2)在车站计算机和中央计算机记录模式车站恢复为正常服务模式
测试结论	□符合　　　　□不符合
操作人：	记录人：　　　　　　　　　　旁站专家：

第 15 章　综合监控系统

综合监控系统通过与城市轨道交通各相关机电系统接口，实现城市轨道交通各机电系统间信息互通、资源共享，达到提升系统整体自动化水平和运营管理水平，提高城市轨道交通整体安全性、可靠性和响应性要求的目的。从技术角度来说，可以纳入集成系统的专业很多，本指南的综合监控系统所包含的主要是电力监控系统、环境与设备监控系统、门禁与安防系统。

15.1　电力监控系统

电力监控系统（PSCADA）在车站集成于综合监控系统，中心级功能、站级功能及传输通道由综合监控系统统一实施并配置相应的设备，电力监控系统的现场控制层由供电系统实施，就近接入车站、车辆段的综合监控系统中。

电力监控系统的现场控制层由通信控制单元、现场总线及 35kV 开关柜、DC1500V 开关柜、400V 开关柜、牵引变压器、配电变压器、交直流电源屏、主所内的有载调压变压器及 110kV 成套开关柜等现场设备的保护测控单元组成，通信控制单元按冗余配置，为提高系统的抗干扰性能，现场总线采用光纤介质进行组网，保护控制单元按分布式方式就近设置于一次设备中，通过光电转换器将各类设备的保护控制单元接入到通信控制器，再通过通信控制器的冗余以太网口接入车站级或车辆段的综合监控系统，以实现车站级的集成。

电力监控系统功能调试内容见表 15-1。

电力监控系统调试　　　　　　　　　　　　　　　表 15-1

项目名称	电力监控系统调试
测试目的	1. 检查变电所设备保护测控装置的功能是否满足设计要求。 2. 检查车站级对供电系统主要设备的"三遥"功能是否满足设计要求。 3. 检测供电设备工作状态、实时数据上传控制中心，接收控制中心下发远动指令等是否满足要求。 4. 测试主备通道通信状况，手动切换主备通道，看系统前置模块是否可以正确进行通道切换。 5. 检测调度指挥中心对车站变电所内设备的"四遥"操作，满足日常调度和无人值班要求同时满足正常运营要求
测试前提条件	1. 现场控制层的 35kV 开关柜、DC1500V 开关柜、400V 开关柜、牵引变压器、配电变压器、交直流电源屏等现场设备的单体调试完成，各设备配套的保护测控单元调试完成。 2. 现场控制层的自动化后台调试完成，包括：后台软件调试完成。 3. 设备的保护测控单元与自动化后台的通信调试完成。 4. 现场级自动化后台与车站及综合监控后台的通信调试完成。 5. 设备资料、系统工艺图、系统调试手册及调试表格等已准备完成

测试内容	变电站综合自动化子系统内部功能调试主要包括与间隔层设备的通信接口调试,后台功能调试以及控制信号盘功能调试。与间隔单元设备的通信接口主要包括以下几个部分: 1. 高压开关柜综合保护测控单元。 2. 1500V 直流开关柜综合保护测控单元。 3. 0.4kV 开关柜监控单元。 4. 交直流电源装置监控单元。 5. 钢轨电位限制装置。 6. 排流柜监控单元以及杂散电流监控单元。 7. 整流变压器温控器。 8. 配电变压器温控器。 9. 整流器监控单元。 10. 电动隔离开关。 11. 主所内的有载调压变压器。 12. 主所内 110kV 成套开关柜等。 子系统与控制中心的调试主要是指与控制中心的通信功能调试。调试主要包括以下项目且不仅限于以下项目: 1. 保护测控单元的性能试验。 2. 电气联锁试验。 3. 时钟同步系统对时精度试验。 4. 事件顺序记录分辨率试验。 5. 与上级调度通信联调试验。 6. 所内通信联调试验。 7. 人机界面完备性检查,响应时间和刷新周期测试。 8. 告警系统测试。 9. 系统自诊断测试
测试方法	数字量动作到每一个点,模拟量校对到每一个值,控制量操作到每一个设备。对正确的操作及可能出现的误操作验证,使操作控制的正确率为 100%
测试工具(如有)	对讲机、电工组合工具、网络跳线、便携式电脑、万用表
管理与协调	调试环境、安全生产、人员防护、警示标志、供电条件、环境卫生
测试结果要求	各项功能满足设计要求
测试结论	□符合　　　　　□不符合
操作人:	记录人:　　　　　旁站专家:

15.2　环境与设备监控系统（BAS）

　　轨道交通全线所有车站一般均设环境监控系统（BAS），监控车站设备系统的运行。其中高架站（地面站）主要监控照明、电梯、扶梯等设备,地下站还需要监控车站通风与空调系统、冷水机组群控系统、隧道通风系统、排污泵系统等。

　　环境与设备监控系统功能调试内容见表 15-2。

环境与设备监控系统调试　　　　　　　　　　　　　　　　表 15-2

项目名称	BAS 系统调试
测试目的	1. 检查 BAS 系统的设备状态及报警是否满足设计要求。 2. 检查温度/湿度/流量/压力/压差/液位状态和报警监视等是否满足设计要求。 3. 检查 BAS 与风水电设备设备点控是否正常,通信接口、模式监控功能等是否一致。 4. 检查 ISCS HMI 提供权限管理功能、时间表测试、对时及报表功能是否满足设计要求

测试前提条件	1. 车站控制室、环控电控室施工已完成,可投入使用。 2. 各类设备、设备电控箱,BAS 系统电控箱均已安装完毕,具备稳定可靠的电源。 3. BAS 与各类被控设备接口测试、BAS 至被控设备的接线、校线已完成。 4. 控制器、远程 I/O 箱、传感器、操作站、不间断电源等设备安装到位并完成接线。 5. 系统局域网及现场网络组建完成,控制器、操作站等设备已完成软件安装。 6. 设备资料、系统工艺图、系统调试手册及调试表格等已准备完成
测试内容	单机调试内容主要包括: 1. 控制器及局域网运行调试 主要包括 CPU、网络模块、I/O 模块的运行状态检查,控制器软件功能测试及冗余切换功能测试,局域网运行调试。 2. 远程 I/O 及现场网络运行调试 主要包括网络模块、I/O 模块的运行状态检查,远程监控功能测试及现场网络运行测试。 3. 操作站及软件功能调试:包括操作站软件授权检查、监控功能测试。 4. 传感器调试等:包括温度、湿度、CO_2 浓度等环境参数监视
测试方法	综合监控平台上模拟操作测试
测试工具(如有)	对讲机、电工组合工具、加热工具、网络跳线、便携式电脑、万用表、OTDR 测试仪、网络测试仪、串行链路测试仪等
管理与协调	调试环境、安全生产、人员防护、警示标志、供电条件、环境卫生
测试结果要求	各项功能满足设计要求
测试结论	□符合　　　　　　　　□不符合
操作人:　　　　　　　　记录人:　　　　　　　　旁站专家:	

15.3　门禁与安防系统

门禁系统在车站设置在由非付费区通往付费区的门、通往设备及管理用房区的走廊大门、车站控制室、综合监控设备室、AFC 票务室。车辆段的门禁监控区域包括综合楼大门、消防控制室、综合监控控制室、综合监控设备室、行车控制室。主变电所/牵引降压混合变电所/跟随变电所的门禁监控点包括变电所通道门。

安防系统一般包含电子围栏、激光对射系统、视频监控平台等。

门禁与安防系统功能调试内容见表 15-3。

门禁与安防系统调试　　　　　　　　　　　　表 15-3

项目名称	门禁与安防系统调试
测试目的	1. 检查门禁与安防系统设备的安装设置是否满足设计要求。 2. 检查门禁与安防系统的各项功能指标是否满足设计要求
测试前提条件	1. 车站工作站、授权读卡器、打印机、网络设备、不间断电源、车站控制器、本地控制器、读卡器、锁具、开门按钮、紧急开门按钮等设备安装到位并完成接线。 2. 门禁与安防系统传输网络组建完成,所有设备及线缆已完成挂牌。 3. 门禁与安防系统设备具备受电条件,车站控制器、工作站等设备已完成软件安装。 4. 设备资料、系统调试手册及调试表格准备完成
测试内容	门禁系统测试: 主要包括车站控制器、本地控制器、读卡器、电子锁、紧急开门按钮、出门按钮、门禁卡、网络设备、授权工作站、系统软件。 安防系统调试包括: 1. 电子围栏系统。 2. 激光对射系统。 3. 视频监控系统等

测试方法	门禁系统测试,对各前端设备(读卡器、出门按钮、电锁、门磁等)逐个进行测试,并调整定义它们之间的联动关系。并对各种系统功能,如电子巡更、门禁级别、操作员级别等,进行逐个的设定和运行。 安防系统进行模拟测试,检查报警或视频显示情况
测试工具(如有)	对讲机、电工组合工具、网络线缆、测试专用卡、测试软件、防静电手套、刷子等。万用表、网络测试仪、接地电阻测试仪等
管理与协调	调试环境、安全生产、人员防护、警示标志、供电条件、环境卫生
测试结果要求	各项功能满足设计要求
测试结论	□符合　　　　　　　　□不符合

操作人:　　　　　　　　记录人:　　　　　　　　旁站专家:

第4篇 系统联调

系统联调是指城市轨道交通新线建设过程中，为满足试运营需要而进行的行车相关类设备、车站相关类设备等各设备系统间的验证、调整及优化工作。城市轨道交通设备安装完成后，应进行单系统调试。单系统调试完成后方可进入系统联调。系统联调包括与综合监控系统相关的系统联调、与火灾报警系统相关的系统联调和与列车有关的系统联调。在试运行结束后，政府主管部门组织评估，确认具备基本运营条件，方可进行试运营。其目的是：

1. 实现城市轨道交通设备系统的综合集成

城市轨道交通设备系统是一个多系统、多目标的复杂大系统，各系统设备间相互联系、相互作用，同时也相互干扰、相互制约。每个目标都同时达到最优状态的多目标函数几乎是不存在的。各系统设备受专业、经验和其他因素的影响，最终往往局限于各系统目标的满足，需在联调中对各系统接口关系进行动态联调，经由整体设备系统到各系统的多次反馈与调整，对单项目标进行有条件的变换和调整，而在整个系统上谋求最优，使各个系统间相互匹配、相互协调和相互保护，方可认定各设备系统功能结构的完整性与合理性，才能实现城市轨道交通设备系统的综合集成。

2. 实现设备系统之间的最佳整体匹配

（1）实现移动设备与固定设备的最佳整体匹配。

城市轨道交通设备系统，从动态观点上来看，它们是移动设备与固定设备之间的有机结合，联调就是在系统目标协调下寻求移动设备与固定设备之间的最佳整体匹配。

（2）系统之间的接口功能及其界面兼容性的最佳匹配。

任何庞大而复杂的系统都需要在设计、制定技术规范、制造、安装（或施工）及测试的各个阶段，特别注意各系统之间的界面。因为各系统不是单独运行，所以各系统与其他系统之间的界面必须检查和验证，以证实具备所需的功能及其兼容性。

（3）旅客乘坐城市轨道交通列车的安全性、舒适性及平稳性是通过城市轨道交通线路与列车的最佳匹配来取得。

如果列车运行中有比较大的垂向、横向作用力，将会明显的影响轨道及路基的稳定性与通过曲线的安全性，严重时将导致轨道变形、线路不平顺性加剧直至出现严重磨损与破坏。现实中，没有不产生动载荷作用的列车，也没有不产生变形的线路，系统联调的任务就是寻求二者之间的匹配，达到线路的高平顺性及曲线半径的合理配置，减少列车的振动和轮轨间的动力作用，使列车的安全和平稳舒适性都得到保证，轨道和车辆部件的寿命和维修周期也随之延长。

（4）实现弓网的最佳匹配。

通过联调实现弓网的最佳匹配，尽可能地降低离线率，延长维修周期。

3. 通过安全分析提高系统安全性

城市轨道交通作为输送旅客的大运量运载工具，不允许发生危及行车安全的事故，因此对系统的可靠性、安全性有很高的要求。但从客观上说，无论按什么方案实施的系统，在实际运行时又都必然会出现故障，因此首先要通过联调判别可能出现的故障类别及波及范围，其次则是确定系统出现故障时能否导向安全，以及系统经维修后恢复规定功能的能力，也就是说，要确定系统是否具有高可靠性、可维修性和安全性。

4. 为运营提供成熟的技术系统

调试、测试和系统验证贯穿工程建设全过程，系统联调是其中的一个重要部分。诸如信号系统和列车的运行特性是否满足列车控制和运行间隔的要求，以及地面——车上信息传输，移动及差错控制，连锁、轨道电路及列车位置检测性能，列车运行间隔与列车加速、制动特性，微电子化信号设备的安全冗余，以及电磁兼容等，必须进行严格的考核和调整，形成成熟、可靠的技术系统。它是为运营提供成熟可靠技术系统的重要保证。

系统联调的最后过程是系统试运行，包括可维修性的试运行测试，采取所要求的日常和紧急维修措施的试运行，以及系统可用性和稳定性的试运行。通过上述系统试运行，验证系统的技术成熟性与技术可靠性。

5. 培训运营队伍，提供解决合同争议的技术依据

（1）运营部门的管理和技术人员也参与联调，通过与各专业技术人员合作进行联调测试、试验和设备调整，了解各系统的性能、各系统之间的技术接口、系统达到使用功能的工作过程、系统易于出现的故障和解决故障的途径，并由此得到宝贵的实践培训。

（2）通过联调可验证各设备系统或设备是否达到设备承包合同约定的各项性能指标，检验在大系统工作条件下，各系统是否满足与相应承包合同规定的要求。通过客观、中立的检测记录和试验报告，为业主进行验收及索赔提供各项技术依据。

（3）通过系统联调，也可以充分暴露出各设备系统及各设备系统接口关系中遗留的问题，便于设计和供货商进行整改，把问题在运营前解决掉。

由此可见，设备系统联调是城市轨道交通建设进程中的一个十分重要而不可缺少的环节，应当认真规划和安排，以便使其发挥应有的作用。其主要内容是：

（1）对系统设备进行技术修正和完善，实现最佳整体匹配和整体性能。

（2）对各设备系统的预期功能及技术要求，进行验证和确认。

城市轨道交通设备系统依据设备各系统之间的关联程度与接口复杂程度，可将城市轨道交通设备系统划分为行车相关设备类系统和车站相关设备类系统两部分。

行车相关设备类系统包括：车辆、信号、通信、站台门、供电、接触网、轨道、车辆段设备等系统。

车站相关设备类系统（车站系统）包括：自动售检票、综合监控、火灾自动报警与气体灭火、乘客信息、电扶梯、给水排水及消防水、通风空调、动力照明等系统。

系统联调的内容之一是验证和确认各系统设备是否达到合同技术规格要求，是否能形成一个和谐的整体设备系统，是否满足城市轨道交通运营的需要。

（3）对各设备系统的可靠性、可用性、可维护性及安全性进行验证和确认。

（4）通过联调验证和确认城市轨道交通系统的运输能力、服务质量和社会经济效益。

1）验证和确认城市轨道交通系统的运输能力（包括系统最大输送能力、列车的最高运行速度、最短的运行时间和列车最小运行时间间隔等）；

2）验证和确认系统的服务质量（包括乘车环境的舒适性、售检票的便捷、列车运行安全性和平稳性、车站环境的协调性等）；

3）验证和确认系统的社会经济效益，以使投入产出目标合理，社会和经济效益明显。

（5）实现某些子系统的特殊调试试验要求。

1）有一些试验必须在城市轨道交通大系统联调时才具备调试试验条件；

2）在有列车运行的条件下，测定区间隧道及活塞风的风速；

在列车投入运行后，供电系统高压开关的操作过电压、列车受电弓拉弧和牵引主变频器工作时产生高压谐波，都可能对设备监控系统（BAS）产生电磁干扰而影响正常工作。因此，必须在此条件下，测试系统的抗干扰能力。

（6）为行车相关类设备调试提供管理及服务，搭建整个车辆运行指挥平台，管理轨行区施工；组织协调相关单位进行车站相关设备类调试。

第 16 章　系统联调与工程项目各阶段之间的关系

建设工程项目的过程可分为不同的阶段，按照《城市轨道交通建设工程验收管理暂行办法》（简称 42 号文）的规定，预验收及单位工程验收前，宜完成单系统调试；项目工程验收前，宜完成系统联调的接口调试及模式联动；试运行期间进行模式验证及运营演练。每个阶段（层次）就成了开展下一个层次工作的前提条件。只有在上一层次的所有工作和试验成功完成之后，才可以进行下一个层次工作。系统联调与工程项目各阶段之间的关系如图 16-1 所示。

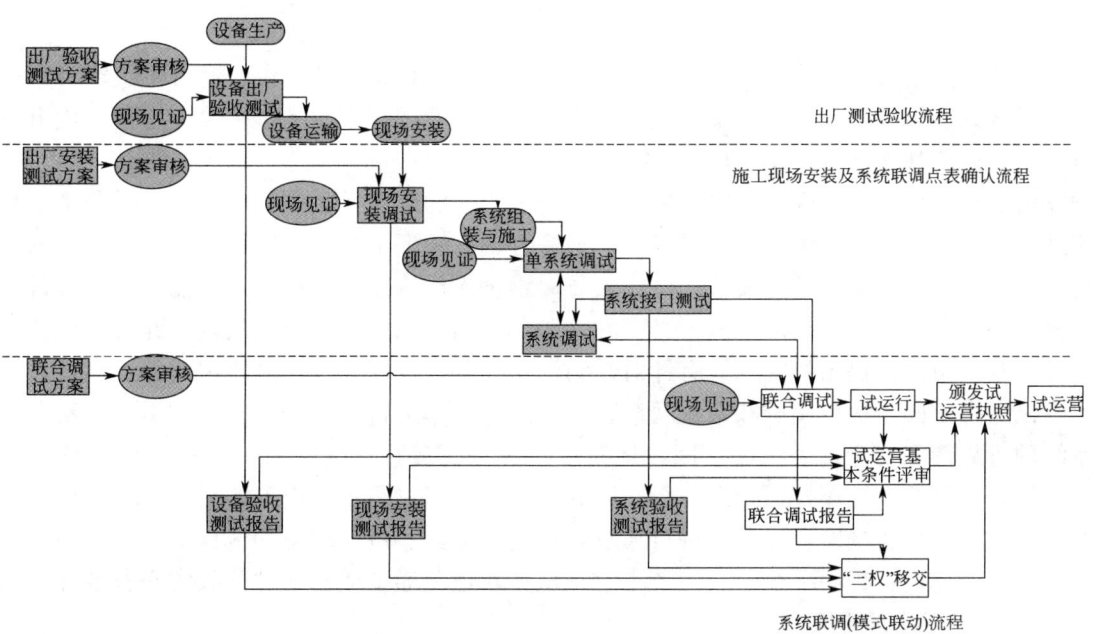

图 16-1　城市轨道交通系统工程各阶段之间的关系

单系统调试、系统联调各阶段的工作内容及职责分工见表 16-1。

单系统调试、系统联调各阶段的工作内容及职责分工表　　　　表 16-1

工作内容	建设单位	监理	设计单位	系统供货商	总承包/施工
施工		△	○		★
单系统调试	○	△	○	★	○
系统联调	★	○	○	○	○
试运行	★	○	○	○	○

注："★"表示负责组织实施，"○"表示参与配合实施；"△"表示见证。

16.1　系统联调与各系统单位工程验收的关系

城市轨道交通建设工程项目由若干个单位工程组成，其中系统工程有 14 个。即便各个系统调试合格，但由于各系统之间还存在大量的接口，因此合格的单系统不一定能构成一个合格的轨道交通大系统，各系统相互之间的关系如图 16-2 所示。

城市轨道交通系统的工程验收一般分为检验批、分项、分部、子单位或单位工程验收。城市轨道交通建设工程验收除应遵循《地下铁道工程施工及验收规范》GB 50299 外，同时各系统验收还必须遵循相关的行业标准或规范。各系统单位工程施工完毕后，由系统集成商或供应商组织单系统调试，调试合格后形成单位工程或单系统验收报告。如图 16-3 所示。

16.2　系统联调与试运行的关系

试运行是指城市轨道交通工程冷、热滑试验成功，系统联调结束，通过不载客列车运行，对运营组织管理和设备设施系统的可用性、安全性和可靠性进行检验。参见《城市轨道交通试运营基本条件》GB/T 30013。

由试运行的定义和内容可以看出，城市轨道交通的试运行是在行车相关类设备系统和车站相关类设备系统调试完成后进行的，与联合调试验证工作有一定关联性。在工程试运行阶段，运营单位的各部门人员、操作人员、维护人员均已到岗就位，他们对系统设备的可操作性、安全性和可靠性也进行必要的检验，提出一系列问题或建议，因此联合调试需结合运营单位人员提出的问题，有针对性组织相关部门进行修改和修改后的验证测试。

试运行不同于接口调试和系统联调，它是围绕列车进行的一个试验和调试，考察设备系统的可靠性和安全性。在此期间，运营单位参与试运行，配备人员，熟悉设备操作维修、故障处理等。列车按运行图运行，因此，试运行不仅是系统设备的功能验证，也是运营人员与系统设备的磨合过程，进行演练，最终完成人、机、环境的最佳配合。目前试运行逐步成为建设过程中一个独立环节，它是城市轨道交通试运营条件验收的必备条件。

1. 试运行的必要性

城市轨道交通系统是一个庞大复杂的系统，由一系列子系统构成，即便各个子系统调试合格，但由于子系统之间还存在大量的接口，因此各合格的子系统不一定能构成一个合格的大系统。

城市轨道交通建设的目标中运输能力、服务质量、社会和经济效益无不与城市轨道交通的设备系统相关联。例如运输能力是由车辆、通信、信号设备系统的相互配合实现的。服务质量是由自动售检票系统、自动扶梯、电梯系统、通风空调系统、站台门、消防系统、乘客信息系统等为旅客提供舒适、便捷、安全的候车、乘车环境。社会效益和经济效益则由整个城市轨道交通系统共同实现。要很好地实现城市轨道交通建设目标就需要整个城市轨道交通设备系统能很好地运转。各子系统安装完成后系统内部和子系统间均需要磨合，在此过程中发现问题、解决问题才能使整个系统设备达到一个稳定的工作状态，这是试运营前必不可少的环节。

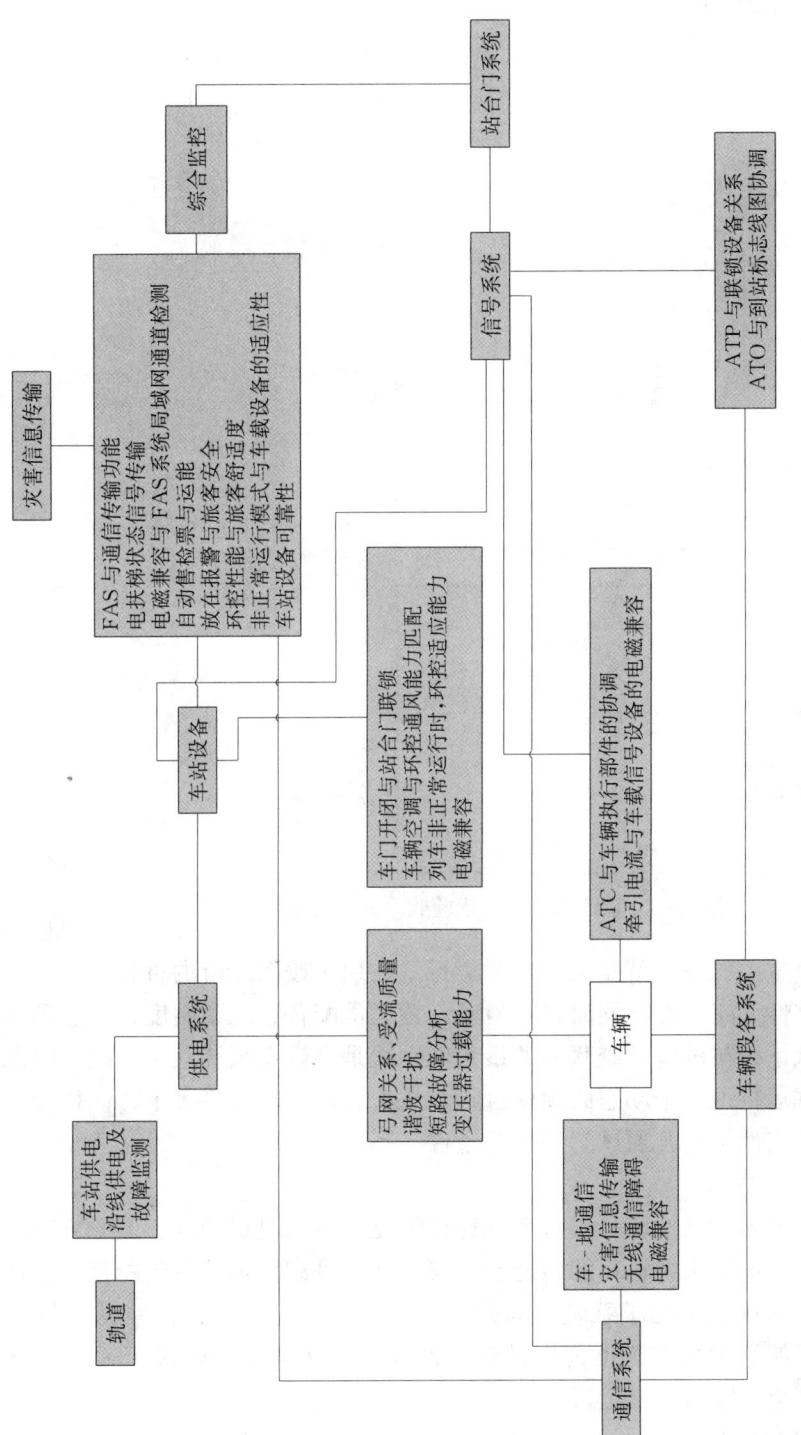

图 16-2　城市轨道交通系统中各系统相互之间的关系示意图

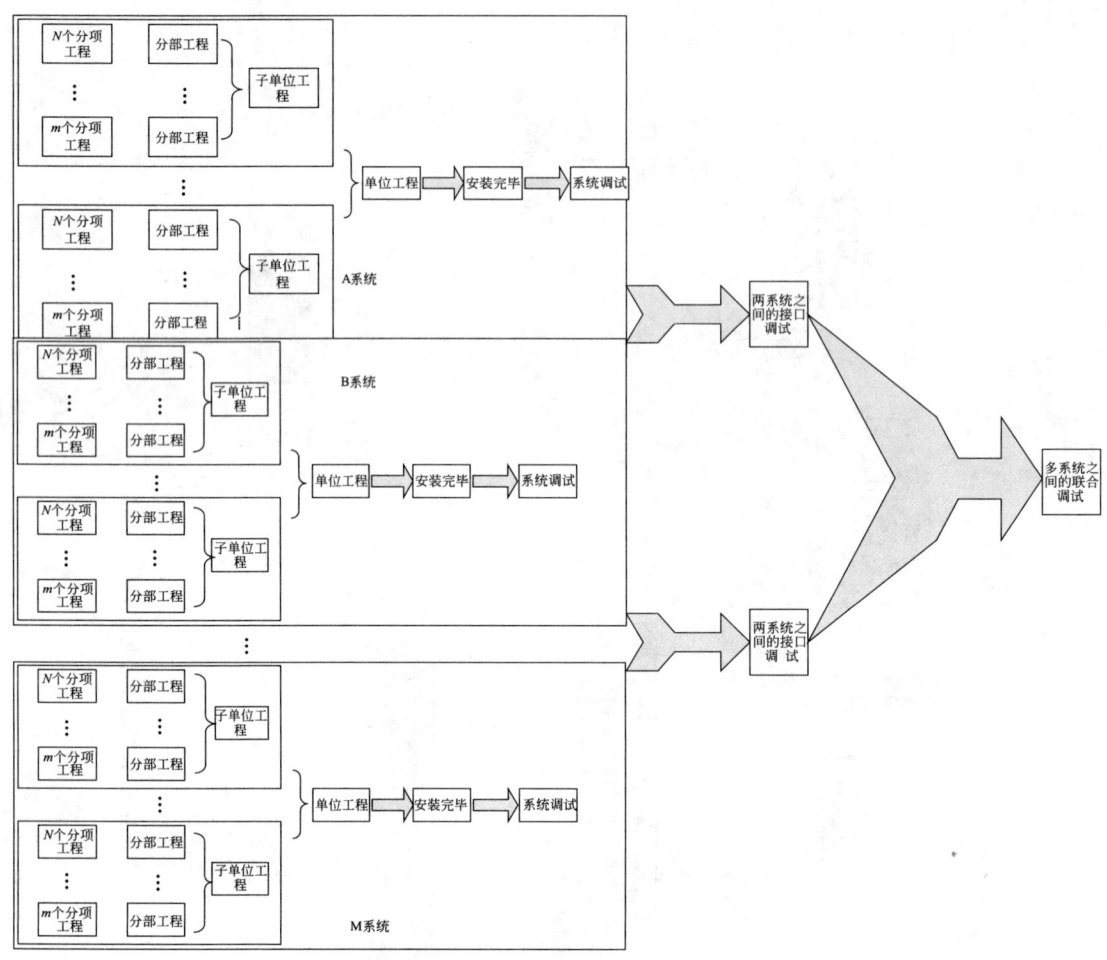

图 16-3　系统联调与工程验收之间的关系示意图

试运行中一个重要的环节就是列车按图运行。在列车按图运行的过程中，可以考察系统的稳定性、可靠性、安全性，同时也可检验运营人员配备、规章制度、应急预案等的完备性和有效性。试运行与设备系统联调的最大区别就是：设备系统联调解决了静态设备间的接口问题，而试运行是一个动态的检验过程，从人、机、环境等多个方面检验系统的可靠性、安全性和稳定性，为开通试运营创造条件。

2. 试运行的主要内容

试运行的主要内容包括检验各设备系统运行情况、运营组织管理、应急方案、各种设备故障模式处理等。设备系统运行的稳定性、安全性、可靠性是关系到能否开通试运营的关键，尤其与乘客密切相关的子系统。运营组织管理、应急方案、各种设备故障模式处理、非正常情况下的行车组织等也将在试运行期间进行演练以检验是否适用新开通的线路，是否在特殊环境下能够正常运行。

3. 试运行的考核指标

目前国内轨道交通试运行的考核指标主要反应系统的综合性能，有三方面的要求：服务水平、设备稳定性、系统安全性。

126

（1）服务水平

服务水平主要包括：

1）运行图兑现率≥98.5%；

2）列车正点率≥98%；

3）服务可靠度（万列千米/次）≥2.5；

4）退出正线运营（次/万列千米）≤0.5。

由于试运行过程是一个系统逐渐完善的过程，是一个发现问题—测试—解决问题的过程，且试运行服务水平是由低到高分阶段完成的，当低水平运行达到较高的正确率后进入高水平阶段运行，又会发现问题，解决问题后再逐渐达到一个较稳定的状态，系统的正确率会形成规律波动，最终达到100%的稳定。试运行的初期很难达到一个较高的水平，在后期才能逐渐接近试运营阶段的要求。

（2）设备可靠性

设备可靠性主要由设备故障率指标如下：

1）车辆系统故障率（次/万列千米）≤5；

2）信号系统故障率（次/万列千米）≤1；

3）供电系统故障率（次/万列千米）≤0.2；

4）站台门故障率（次/万次）≤1。

产品的无故障工作时间不能作为系统设备可靠性的考核指标，而是由设备系统的故障率来体现设备可靠性。在试运行的过程中设备系统的可靠性逐渐趋于稳定，由于在不同的阶段会发现不同的问题，因此设备系统的故障率也呈现分段波动变化的规律。根据不同的轨道交通线路水平，可以找到一个比较稳定的低值，可以规定在试运行后期低于这个限值就可认为设备的可靠性满足要求。

（3）系统安全性

系统安全性则主要考核列车自动保护系统（ATP）系统功能正确率。

这三方面的指标实际上综合反映了人、机、环境的磨合情况，因为只有各部分实现最佳配合才能保证较高的服务水平，很好的稳定性和安全性。实际上关系到系统安全性的系统有很多，例如消防系统、消防通道等。考虑到这些系统在验收的时候都有专项验收，因此在试运行考核的安全方面只考虑 ATP 系统功能的正确率是否能保证系统运行的安全。从保证安全的角度考虑，ATP 系统功能的正确率通常要达到100%。

作为试运行合格的判定依据仍需要在实际应用中进行检验，不断完善。

4. 试运行管理要求

根据《城市轨道交通建设项目管理规范》GB 50722—2011 第 18 章的规定，对试运行管理有如下要求：

（1）试运行前，应建立相应管理体制、机构及各项规章制度。

（2）试运行期间可由建设管理单位和运营单位共同组成试运行管理领导机构。

（3）试运行期间，建设管理单位、施工单位和供货（含集成）单位应建立必要的保障、抢修体系。

（4）试运行期间，试运行管理领导机构应负责保障列车运行调试的环境、试运行调试计划和施工计划的统筹安排，对多专业交叉工作进行组织、协调，对突发事件的处理进行调度、指挥，保证行车安全。

（5）试运行列车按照计划运行图运行前，建设管理单位应将指挥权、管理权、使用权向运营单位进行移交。运营单位接收设备后，调度指挥、综控员、列车司机、专业维护和客运人员应按正式运营规定到岗，负责设备操控及值守。

（6）运营单位应负责编制计划运行图。

（7）试运行期间，当与列车相关的系统联调趋于稳定后，列车宜按照计划运行图运行。行车运行时间宜由短到长，间隔由疏到密，最终达到试运营要求。

（8）试运行结束后，试运行单位应编制试运行总结报告，包括试运行工作组织、方案、试运行情况等内容。

16.3　系统联调与运营演练的关系

综合运营演练在系统联调中占据非常重要的地位，其重要性如下：

（1）综合运营演练可以有效地检验系统联调成果；

（2）综合运营演练是全员参与；

（3）综合运营演练是最好的运营培训方式；

（4）通过综合运营演练，可以有效地提高一线人员应急反应和处理能力；

（5）可以对正式运营难以实现的故障模式甚至破坏性试验，进行假想故障试验演练；

（6）通过综合运营演练可以有效地验证和完善运营文本。

1. 运营演练项目

运营演练项目可以分为三大类：系统验证测试项目、综合运营演练项目、单项实作训练项目。

（1）综合运营演练项目

综合运营演练项目主要包括（包含但不限于）：

1）列车时刻表演练（三列车）；

2）车站站台火灾演练；

3）列车区间火灾疏散救灾演练；

4）车站发现可疑物应急处理演练；

5）大客流人潮控制演练；

6）列车相撞、脱轨救援处理演练；

7）列车压人处理演练；

8）列车区间故障、阻塞救援综合演练；

9）牵引供电故障演练；

10）BAS 与 FAS 系统联动试验；

11）消防报警、气体灭火试验。

（2）单项实作训练项目

根据运营需要，可按照部门或中心级别进行演练，例如：调度票务部演练、车辆中心演练、设备维修部演练、站务中心演练。具体项目与系统功能设置、客流量、组织机构设定、人员安排等因素有关，不同线路根据自身情况自行确定。

2. 模拟载客

模拟载客主要完成遗留的调试内容，进行综合运营演练、空载运行、观光运行和试运行，最终检验各系统设备在城市轨道交通正常运营和事故应急情况下是否协调工作，各系统设备的技术参数能否满足运营的实际需要，并对运营维护人员进行现场实地培训，确保城市轨道交通顺利开通运营。

系统联调模拟载客主要工作任务有：

（1）完善相关规章制度；

（2）制定及列出未完成的联调工作文件及完善计划；

（3）联调技术参数的提交；

（4）完善运营前的全系统可靠性、安全性和功能性评估论证报告；

（5）完成试验条件成熟时的补充试验工作；

（6）联调、全系统模拟运行补充试验；

（7）区间观光试运行；

（8）全线载客商业试运行。

3. 注意事项

（1）试验应严格按试验方案进行，如遇特殊情况须变更试验方案时，应立即上报系统联调指挥部研究决定。

（2）为确保试验正常进行，视试验情况适时召开协调会，解决试验过程中发生的各类问题。

（3）试验中各单位应根据试验方案认真检查、确认试验路径、进路排列及信号开放情况，遇特殊情况时报调度，根据其指示进行处理。

（4）遇有设备发生故障，影响试验正常进行时，各厂家及时提出处理方案，并负责组织人员进行处理。

（5）车站保安组负责试验沿线车站、地面线路的安全保卫工作，确保试验正常、顺利地进行。

（6）各单位须根据试验方案及所承担的任务明确各成员分工，并应指定专人负责联系工作，确保试验正常进行。

（7）参试人员由现场指挥统一指挥，不得随意离岗，离开试验车。

（8）发生了必须赴现场处理的情况时，由现场指挥长指定专人前往处理。

（9）参试人员须佩戴颁发的统一标志。

（10）各单位、各专业指定专人随车或在指定地点及时记录试验中发现的问题，并于总结会上汇报，提出解决办法或要求期限完成。

（11）试验车上由车厂配备维修人员，维修人员应携带必要的工具及配件，及时处理车辆故障。

（12）系统联调各专业厂家、集成商在每个项目试验前提交详细的调试计划，调试计划经系统联调指挥部批准后方可实施。

（13）进行系统联调时，必须登记要点作业，批准后可依据调试计划进行列车指挥，调试完毕后消点，并报调度。

（14）系统联调期间，当明确试验范围和影响范围后，严禁超范围试验。

（15）系统联调时的供电管理由运营调度室负责，确保试验期间人身安全。

（16）各专业制定调试计划时必须有专人负责组织协调，交叉作业时服从统一指挥调度。

（17）系统联调内容需要调整时，必须提前2～3天通知调度室，批准后方可试验。

（18）制定系统联调期间各系统的应急预案，保障紧急事件的处理。

4. 系统联调管理要求

（1）系统联调应由建设管理单位牵头组织，设计单位、监理单位、施工单位、供货单位（包括集成单位）等共同参加。

（2）系统联调宜委托有轨道交通系统联调管理经验的单位承担与列车有关的系统联调工作，负责指挥调度、现场安全管理和计划管理。

（3）与列车有关的系统联调区段接触网或三轨送电前，应提前书面通知相关部门及人员，并在相应送电区段的各车站出入口、车辆基地带电场区入口处张贴送电通知，做好防护隔离措施。

（4）在与列车运行有关的系统联调开始前，必须完成行车相关区段轨道系统、供电系统初验、冷滑试验和热滑试验。试验合格后，方可进行与列车运行有关的系统联调。

（5）列车运行有关的系统联调与区间施工交替进行时，在区间施工结束后宜对区间重新进行限界检查，行车前应对轨行区进行巡查。

其中，第（4）款规定是强制性要求。

第17章 系统联调项目管理

系统联调项目管理是依据系统联调合同的规定，在合同周期内完成对系统联调各个阶段工作的进度控制、质量控制和安全控制，从而确保系统联调合同项目下的工作能够圆满完成。关于系统联调的基本要求，根据《城市轨道交通建设项目管理规范》GB 50722—2011 第18章的规定，其基本要求如下：

（1）系统联调应由建设管理单位牵头组织，设计单位、监理单位、施工单位、供货单位（包括集成单位）等共同参加。

（2）系统联调宜委托有轨道交通系统联调管理经验的单位承担与列车有关的系统联调工作，负责指挥调度、现场安全管理和计划管理。

（3）与列车有关的系统联调区段接触网或三轨送电前，应提前书面通知相关部门及人员，并在相应送电区段的各车站出入口、车辆基地带电场区入口处张贴送电通知，做好防护隔离措施。

（4）在与列车运行有关的系统联调开始前，必须完成行车相关区段轨道系统、供电系统初验、冷滑试验和热滑试验。试验合格后，方可进行与列车运行有关的系统联调。

（5）列车运行有关的系统联调与区间施工交替进行时，在区间施工结束后宜对区间重新进行限界检查，行车前应对轨行区进行巡查。

17.1 系统联调组织管理

系统联调组织管理是从系统联调阶段的组织结构模式、组织分工及工作流程组织等方面阐述了为实现系统联调的目标，系统联调期间工作之间的逻辑关系。

1. 组织机构

系统联调贯穿工程的不同阶段，前期需要土建结构施工单位提供条件或配合整改，中期需要精装修施工单位配合，后期需要运营接管单位配合，因此应建立由建设单位、运营接管单位、监理和设计单位、集成和施工单位共同组成的层次分明的工作机制。

系统联调组织机构成立的原则应包含以下内容：

（1）城市轨道交通建设单位和运营单位的高层管理者应纳入组织机构，体现组织机构的权威性，便于重大问题的协调。

（2）系统联调组织机构应做到层次分明、责权清晰，层次不宜太多。

（3）系统联调组织机构应做到运转有序、执行坚决、监督有力。

系统联调组织机构按照管理层次可分为决策指挥层、管理协调层和执行层。

决策指挥层宜由负责建设和运营的副总经理、建设和运营单位的主要管理联合联调部门的负责人组成，负责联合联调过程中重大问题的决策，重大事项的指挥协调。

管理协调层宜由建设和运营单位负责系统联调的主管负责人或主管工程师、系统联调承包商负责人（或咨询机构负责人）、监理单位总监等组成，负责系统联调过程中问题的协调，组织联调会议，把握联调进度，评价联调效果。

执行层宜由建设和运营单位的工作人员、监理工程师、设计人员、施工单位、集成单位、设备供货单位等组成，负责联合联调工作的具体实施。

2. 责任矩阵

系统联调参与方及工作任务分工见表17-1。

系统联调参与方及工作任务分工　　　　　　　　　　　　　　表 17-1

序号	工作职能	重要工作事项	运营	建设	设计	监理	集成	供货	施工
1	前期准备	单体调试合格	☆	☆	☆	☆	★	☆	☆
		图纸、点表、接口文件提供，梳理	☆	☆	★	☆	☆	☆	☆
		调试大纲、方案编写、工期筹划	☆	★	☆	☆	☆	☆	☆
		联系机制建立	☆	★	☆	☆	☆	☆	☆
		三权接管	☆	★	☆	☆	☆	☆	☆
		垃圾清理、隧道冲洗	☆	★	☆	☆	☆	☆	☆
		限界检测、冷滑、热滑	☆	★	☆	☆	☆	☆	☆
2	调试管理	调试过程中技术支持	☆	☆	☆	☆	★	☆	☆
		组织管理	☆	★	☆	☆	☆	☆	☆
		后勤保障	☆	★	☆	☆	☆	☆	☆
		进度控制	☆	★	☆	☆	☆	☆	☆
		监督调试计划	☆	☆	☆	★	☆	☆	☆
		系统功能进行复核	☆	☆	★	☆	☆	☆	☆
		测试流程与计划完成测试	☆	★	☆	☆	☆	☆	☆
		系统功能的实现并提供测试报告	☆	☆	☆	☆	★	☆	☆
		系统功能进行确认，验收	☆	☆	☆	★	☆	☆	☆
		调试过程中问题汇总、整改	☆	☆	☆	☆	★	☆	☆
3	安全质量管理	安保体系建立	☆	★	☆	☆	☆	☆	☆
		安全协议签订	☆	☆	☆	★	☆	☆	☆
		管理办法宣贯	☆	★	☆	☆	☆	☆	☆
		轨行区封闭	☆	★	☆	☆	☆	☆	☆
4	消防验收	消电检测	☆	★	☆	☆	☆	☆	☆
		风量检测	☆	★	☆	☆	☆	☆	☆
		现场验收	☆	★	☆	☆	☆	☆	☆
5	试运行	三权移交	☆	★	☆	☆	☆	☆	☆
		按图试运行	★	☆	☆	☆	☆	☆	☆
6	联调报告	联调报告汇总及编制	☆	★	☆	☆	☆	☆	☆

注：★表示主责；☆表示协助。

3. 工作机制

为使系统联调工作的有序开展，系统联调机构建立相关的保障机制来保障系统联调工作的实施。

（1）会议机制

①首次启动会议

系统联调首次启动会议由业主组织召开，参与工程建设的业主单位、运营部门、设计、监理、施工、集成、供货等单位派代表参加会议。

会议应介绍系统联调的工作机制、各家单位应注意的事项、各阶段的工作目标、建立联系机制等内容，使参建的各方统一思想、统一认识，并了解系统联调如何开展工作。

②工程例会

系统联调的工程例会应每周举行一次。每次工程例会列明会议主题，至少包括系统联调的进展情况、系统联调中发现的问题、下一步工作计划等内容，其中需要解决的问题需落实责任单位。

③专题会议

系统联调期间，根据现场调试及施工存在问题情况，必要时召开针对某一设备系统的专题会议，解决调试过程中出现的重大问题。

④业主组织的会议

建设单位根据系统联调的进展情况、关键的时间节点计划安排、重大问题的协调等情况，适时组织会议，明确系统联调整体工作的部署。

（2）检查机制

对调试完成工作进行检查、评估；对参与调试各施工单位、监理单位、供货商进行调试考评通报；系统联调结束后进行总结评估。

17.2　系统联调项目现场管理

系统联调需要多部门多区域多系统的联动。组织与协调工作是系统联调阶段管理的重点内容之一。现场管理质量控制直接影响系统联调的进程。

1. 典型的组织机构

图 17-1 是典型的组织机构图，其中系统联调领导组是决策指挥层、系统联调工作组是管理协调层，成立的 6 个实施小组为执行层。

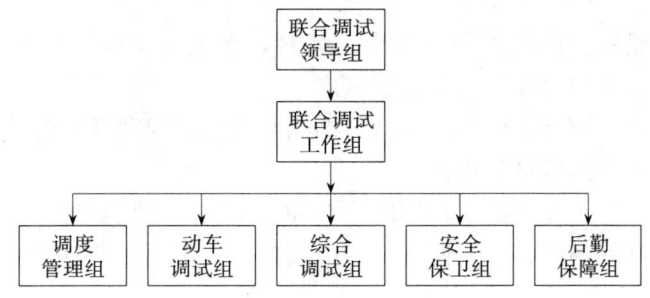

图 17-1　系统联调典型组织机构

城市轨道交通的各工程项目情况不同，可以根据自己城市的特点设置系统联调组织机构。组织机构中应确保调度体系、安保体系和车站设备综合调试体系的建立，同时应由权威部门监督执行。

2. 职责

下面以典型组织机构，分别描述各层次的职责供参考。如果采用不同的组织机构形式，也需对此做出清晰的责任分工。

（1）联调领导组职责

1）指导系统联调工作开展。

2）就系统联调及运营中发现/发生的重大问题予以决策。

3）审定系统联调咨询服务及实施单位提交的联调总体方案和各联调项目实施方案。

4）协调各方关系及资源。

（2）联调工作组职责

1）在联调领导小组的领导下开展各项联调工作。

2）负责系统联调的实施。

3）负责系统联调中较大问题的技术决策。

4）协调系统联调各参与单位间的工作事宜。

5）组织相关单位对发现的各类问题进行整改。

6）负责安全和后勤保障相关工作。

7）负责与城市轨道交通接口各单位联络。如公安消防部门、交通管理部门、公交公司、交通电台等单位。

8）组织召开联调周工作例会，就本周联调组织工作进行总结，做好下周联调工作安排，梳理需要联调领导组协调解决的问题，提报联调领导组。

（3）联调各执行组职责

1）调度管理组职责

①负责轨行区轨行车辆（轨道车、电客车、大型平板作业车等）的调度指挥和组织协调。

②负责轨行区的停送电调度指挥，负责变电所内施工、调试计划的审批。

③负责轨行区施工、调试计划申请的审批，负责相关施工及作业令的批准。负责收集施工调试单位的周、日计划；签发施工、调试的周计划和临时作业计划。

④负责轨行区封闭安保值班人员的实时管理。实时掌握安保人员汇报的正线轨行区作业人员进出登记信息，确保人身安全。

⑤负责统计正线轨行区施工单位剩余工作量，合理安排施工与调试作业的时间、空间。组织施工和调试计划会议，协调计划进度。

⑥负责系统联调/动车调试/空载试运行期间与已运营线路调度的协调。

⑦负责车站综控室值班员管理。

⑧负责车辆段、停车场内的车辆调度指挥和施工调试计划管理。

⑨管理、指导计划调度、行车调度、供电调度、安保调度的日常工作。

2）动车调试组职责

①负责行车类（信号、车辆、供电、站台门）综合系统联调方案的编制和优化完善。

②负责按预定计划组织相应系统联调科目。

③负责系统联调过程中的指挥和组织协调。

④负责调试所需前置条件的检查确认，调试前的清场压道工作。

⑤负责系统联调中需要的调车作业和停送电手续的办理申请。

⑥负责本组系统联调的安全管理工作。

⑦负责本组调试中所有人员的落实和培训，核查人员上岗资格要求。

⑧负责组织相应承包商完成相应的配合和保驾工作，对未交付运营的设备，需要落实承包商配合系统联调人员进行操作和处置。

⑨负责组织实施系统联调设备设施发生故障时的抢修工作。

⑩负责本组调试过程中的现场数据记录和整理，形成调试报告。

⑪负责提供行车系统联调所需要的技术状态良好的电客车。

⑫负责电客车运行中发生的故障应急处理。

⑬负责应急备用电客车的管理及运行。

⑭负责救援设备运行和发生救援时的救援作业。

⑮负责本组系统联调中缺陷的落实和跟踪工作。

⑯对本组系统联调过程中的部门和人员进行考评，并报系统联调指挥机构。

⑰配合项目组长完成车辆、信号系统系统联调评估报告工作。

3）综合调试组职责

①负责新线车站、区间非行车相关设备、车站设备系统联调方案及 AFC 走票测试方案的编制和优化完善。

②负责按预定计划组织相应系统联调科目，负责系统联调过程中的指挥和组织协调，负责调试所需的作业令的申请和注销。

③负责本组系统联调的安全管理工作。

④负责本组调试中所有人员的落实和培训，核查人员上岗资格要求。

⑤负责组织相应承包商完成相应的调试工作，完成消防联动及各种模式测试，配合完成消防验收。

⑥负责组织实施系统联调设备设施发生故障时的抢修工作。

⑦负责本组调试过程中的现场数据记录和整理，形成调试报告。

⑧负责本组系统联调缺陷的落实和跟踪工作。

⑨对本组调试过程中的部门和人员进行考评，并报系统联调指挥机构。

⑩配合项目组长完成车站设备系统系统联调评估报告工作。

4）安全保卫组职责

①负责与轨行区参建的施工单位、调试单位签订安全协议。

②负责轨行区的封闭。做好线路的防护工作，严禁非工作人员进入线路，以免发生危险。

③负责轨行区出入口的安全保卫工作。做好现场防护工作，严禁无证件者进入动车调试现场。

④负责检查、监督施工和系统联调人员的安全执行情况，发现问题及时给予制止及通报。

⑤负责紧急情况下的救援和应急管理、协调。突发事件发生时，要及时保护现场，并听从现场应急处理小组的指挥，正确、及时地做好事故处理工作。

⑥负责对相关违章及存在安全隐患责任部门进行通报，并报系统联调指挥机构按相关规章制度进行处罚。

⑦负责系统联调/动车调试期间的区间、车站、停车场全封闭管理的落实与监督，并负责上述封闭区域及周边环境的安全检查和安全监督工作。

⑧负责全线安保人员的调配指挥及监管工作，严格确保轨行区安全。

5）后勤保障组职责

（4）联调各相关单位职责

①负责联调指挥部行政文书的处理及行政档案的管理工作。

②负责联调大事记及所辖项目宣传资料（含声像资料）的归档管理工作。

③负责联调相关会议会务工作。

④负责提供调试现场后勤、生活、交通等方面的服务。

1）监理职责

①负责协助业主监督调试计划。

②负责监控系统联调的整个过程，对联调的质量及安全起监管作用。

③负责组织对已调试完成的系统功能进行确认，验收。

2）设计职责

①负责系统联调过程中的技术支持。

②负责对调试项目的系统功能进行复核。

3）承包商等配合单位职责

①负责按照测试流程与计划完成测试工作。

②负责在测试前及时提供测试所需平台以及终端使用说明等相关测试资料，动车调试前各项试验准备。

③负责各系统功能的实现并提供测试报告。

④负责及时反馈在程序调试过程中需要协调解决的问题。

3. 管理办法及规章制度

（1）管理办法

管理办法是系统联调管理的基础性文件，它规定了系统联调期间，各单位之间、各工序之间如何有效联络和操作，一个系统联调项目至少应包括下列管理办法。

1）行车调度管理办法

《行车调度管理办法》是系统联调期间行车调度管理的准则，《行车调度管理办法》规定了行车指挥的标准化作业程序，整个工作流程呈闭环状，各环节之间相互监督，以此确保动车调试行车管理工作安全有序进行。

行车调度管理办法规定了行车调度人员应规范填写的命令和表格、规范的行车指挥命令、工作机制、人员素质要求等。

①行车调度人员标准

a. 从事行车调度工作的人员应具备下列基本条件：

b. 爱岗敬业，遵章守纪，有严肃认真的工作态度。

c. 熟知行车业务及与行车有关的专业知识。

d. 熟练掌握并运用《技规》、《行调办法》及其他相关行车规章制度。

e. 熟练掌握中心调度室内各种行车设备的性能和特点，并能熟练使用。

f. 掌握系统联调时间安排方案、信号显示等知识，了解与行车相关的其他专业知识。

g. 具备正确发布调度命令和妥善处置运转中发生的一般性问题的能力。

②工作制度

a. 安全生产制度

行车调度人员应严格执行规章制度，严禁违章指挥，臆测行车。

按时上岗，精力集中，密切配合，工作中严格执行"一看、二办、三复查"的操作程序和"三盯、四及时"的工作制度，防止错发、漏发调度命令，错办、漏办进路。

室内严禁大声喧哗，在岗时间不得看书、看报，不做与行车无关的事情，非当班人员严禁使用调度电话、列车无线电话、不得长时间占用自动电话谈论与行车无关的事情。严禁将行车指挥设备挪作他用。

班前 4h 及当班中严禁饮酒。

出现行车事故、差错、调整不当及违章违纪现象，要本着"四不放过"的原则（四不放过：事故原因分析不清不放过，事故责任人未受到处理不放过，责任者和群众没有受到教育不放过，没有防范措施不放过），认真组织分析，找出原因，制定改进措施并严格进行考核。

b. 交接班制度

为保证行车指挥工作的连续进行，确保行车安全，交接班工作应按下列规定执行：

中心调度室实行 24h 四班三轮换工作制度，由四班倒替，每日××时××分为交接班时间。

交班前 20min，由当班行车调度员将本班当班情况填写交班日志，应包括：交班时间、调度员姓名、设备运转状态、当班车辆运行情况、本班遗留工作或正在进行中的工作、安全重点、备品备件、卫生状况等内容，做好交班前各项准备工作。

接班调度员应提前 10min 到达中心调度室，并尽快了解当时运行情况。

接班调度员应对列车、设备现状及命令执行情况等了解清楚后，方准进行交接班。有困难时，可推迟交接班时间。

c. 分析工作制度

分析工作是提高工作效率，保证工作质量，提高调度指挥水平，保证试验行车安全的必要手段。做好试验行车指挥分析工作，有利于调度员总结经验，互相取长补短，共同提高业务能力，具体要求如下：

在日常工作中，中心调度室主任须组织调度人员，对工作从调度命令的发布、试验车运行时间的统计、表报的填写等方面进行总结分析，不断总结行车工作中的经验，查找不足，做到事事总结分析。

当行车工作中出现特殊事例、发生行车事故、违反行车规章及影响试验车运行的情况时，须进行专题分析，并按以下要求进行：

当班人员从调度命令的发布、行车方案、各种行车规章的应用、列车实际运行时间统计、各种情况的记载及人员分工配合等方面进行分析，总结成绩，找出不足，制定改进措施，并组织每个调度人员学习。提出工作中遇到的疑难问题，以书面形式上报中心调度室主任。

对其他单位发生的事故及行车工作中出现的问题，行车调度员亦应进行讨论分析，找出自己工作中类似的薄弱环节，从中吸取教训，防止类似问题的发生。

d. 调度工作

为加强行车指挥工作的标准化管理，规范行车调度工作的程序，明确行车调度的工作范围、工作内容，各调度专业间相互协调，在日常工作中须按如下规定执行：

（a）每日工作流程

每日××时××分，收集各站统计的当日行车联调及施工的准备情况。

每日××时××分，应检查、试验中心调度室各种行车设备是否运转正常，发现故障，及时通知有关单位进行维修，并将当日试验运行计划所需图表准备齐全，发现问题时通知有关人员更正。

每日××时××分，清障巡道工作开始进行。

每日××时××分，当得到各项准备工作已完成，线路、信号、接触网状态良好的报告后，巡行清障工作结束后，按计划书面通知电力调度进行送电。因特殊情况全线不能按时送电或部分区段不能按时送电时，应及时查明原因报告行调及中心调度室主任。当部分区段不能按时送电时，可先将具备送电条件的区段送电，当全线不能按时送电时，须按中心调度室主任指示办理。必要时，推迟试验时间，并通知相关单位。

每日××时××分，需要上线调试的电客车从车辆停放处进入正线。

每日××时××分，行调交接班。

每日××时××分前，接受各单位次日联调、施工计划。

每日××时××分行调交接班。

每日××时××分行调交接班。

每日××时××分前，核对次日联调、施工计划方案。

每日及时发布各种联调、施工命令。每日试验工作结束后，将调度工作日志中的内容，上报中心调度室主任。

（b）各调度专业间的工作协调办法

a）行车调度员与电力调度员之间工作协调：

联调或施工需要停/送电时，行车调度员根据与电调共同制定的计划，以书面方式向电调申请停/送电。电调根据行调下达的停/送电书面通知对相应的接触网进行停/送电作业，作业完成后以书面形式回复行车调度员。

接触网在调试时间内突然失电，电调要及时汇报行调。行调立即查明在线列车分布情况，并配合电调处理故障。

列车在运行中发生故障需停电处理时，电调应根据行调的停电书面命令（紧急停电时可先发布口头命令）对相应供电区段进行停电并书面回复。书面回复要明确具体停电时间、地点、范围。列车故障处理后，电调根据行调的送电书面通知对相应区段进行送电并书面回复。书面回复要明确具体送电时间、地点、范围。

电调应随时观察供电系统的运行状况，出现设备异常和不稳定现象及时汇报行调，以便做好应对准备。

b）行车调度员与安保调度员之间的工作协调

行调将调度组长批准的下周计划书面通知安保调度员。

根据当日计划情况行调安排清障巡道，安保调度员配合完成清障工作，并将清障巡道结束报告行调。

施工当日，行调发出施工命令后书面通知调度室值班安保调度员。

安保调度员通知现场安保人员，调度命令已经下达，准许联调、施工人员按规定进入。

系统联调结束停电后，行调以书面形式通知安保调度员停电情况。

③行车组织方法

行车组织工作必须贯彻安全第一的方针，坚持高度集中，统一指挥，有关行车人员必须执行调度命令，服从调度指挥。

a. 列车分类及开行级别

列车分类为：救援列车、调试列车、施工列车、其他列车。

开行级别：担当救援、抢险任务的列车优先开行，其次是调试列车，最后是施工列车及其他列车。

b. 开行列车的规定

所有开行列车必须有调度命令方可开行，列车开行超越调度命令范围必须重新申请调度命令，由行调批准，通知相关车站及单位后方可开行。

除遇突发事件外，列车一律不得变更进路。遇特殊情况需要变更进路时，须行调批准，通知车站、司机、联调（施工）负责人，并确认列车尚未启动后，方可变更进路。

c. 调度命令的发布

行车调度命令是调度人员在工作中对有关行车人员发出的指示或指令，只能由值班调度员发布。在发布命令之前，应详细了解现场情况。命令内容应简明扼要，术语标准，不得任意简化。

（a）调度命令包括书面命令和口头命令。

一个完整书面命令包括命令时间、命令号码、受令处所、命令内容、复诵人姓名或接受命令人姓名及发令人姓名（代号）。

命令号码应从001～100号循环使用，当日命令不得重号。

（b）在行车组织工作中，遇下列情况须发布书面调度命令：

封锁、开通区间；

向封锁区间开行救援列车、调试、施工列车；

向有停留车的线路上接车时；

发生行车设备故障或灾害，需使列车限速运行时；

临时加开或停运列车；

控制权转换；

封站或解除封站；

行车调度员认为有必要记录的上述以外的命令。

d. 行车调度术语

行车调度术语规定了随车调度人员、行车调度、车站值班员、施工单位轨行车辆司机等与行车相关人员的规范用语，如：

××次车请求办理××站××（信号机名称）至××（信号机名称）进路。

××站××（信号机名称）至××（信号机名称）进路正在办理。

××站××（信号机名称）至××（信号机名称）进路办理完毕，可以发车。

××站××（信号机名称）至××（信号机名称）进路办理完毕，可以发车，××次明白。

××次车请求办理××站××（信号机名称）经××道岔定位（反位）至××站××（信号机名称）进路。

××次车请求越过××站××信号机。

××次车可以越过××站××信号机，注意瞭望。

××次车请求由××站经上（下）行线经××道岔定（反）位，运行至××站××信号机。

××次车请求由××站经上（下）行线经××道岔定（反）位，退行至××站××信号机。

××次车请求停电，下车处理××问题。

××次车待命。

××次车，现在已经停电完毕，可以下车处理××问题。

××次车在××站至××站区间下（上）行线K××＋K××发现××问题，需要××处理。

××站至××站区间下（上）行线K××＋K××发现××问题，需要××处理，中心收到。

××次车运行至××（信号机名称）停车。

运行至××（信号机名称）停车，××次明白。

××次车，在××站至××站区间下（上）行线K××＋K××有××情况，注意减速瞭望。

××次车，在××站至××站区间下（上）行线K××＋K××有××情况，注意减速瞭望。××次明白。

××次今日试验任务完成，可以停电。

××次，现在接触网停电完毕，可以下车做防溜措施。

××次车防溜完毕，请求撤离。

××次可以撤离。

××站：单操××道岔至定（反）位并单独锁闭。

××站已单操××道岔至定（反）位并单独锁闭。

××站：办理××信号机至××信号机进路。

××站××信号机至××信号机进路办理完毕。

广播术语：全体人员注意，××站至××站上（下）行线计划于××点××分接触网送电，所有人员马上撤离轨行区。

广播术语：全体人员注意，××站至××站上（下）行线接触网已经带电，所有人员注意安全。

e. 车次编号

在系统联调期间正线实行右侧行车制，车次采用字母和数字编号；

字母表示列车性质。"T"表示调试列车;"G"表示施工列车或轨道车;"Y"表示救援列车;"Q"表示其他列车。

采用4位数字编号方式,第一位表示运行方向。即"1"表示下行列车;"2"表示上行列车。

第二位数字重复列车性质。即"6"表示调试列车;"7"表示施工列车或轨道车;"8"表示救援列车;"9"表示其他列车

第三、四位表示列车运行的次序。

特别说明:如调试列车在某一固定区域上下行线运行测试,测试时可不用频换车次,试验结束后按照编号原则给定车次。

f. 设备故障情况下的行车办法

电台故障:当电台故障,调度员无法通过电台与随车调度员联系时,立即电话通知距离调试车最近的车站综控室值班员,让车站综控室值班员利用手台与调试车联系,先按照原定调试计划线路运行至此车站待命,等待电台故障修复。如短时内故障不能修复,调度员按照调试计划交路通知相应车站准备进路并道岔单锁,调试车按照原定调试交路继续进行调试,运行速度小于5km/h,注意确认道岔位置,每到车站通过手台与该站值班员联系,确定下步交路计划,听值班员命令发车。

调度员中心台、值班员手台均无法与调试车联系时,调试车运行前方车站综控室值班员到站台人工拦停调试车,在该站停车至故障处理完毕。

调度电话故障:调度电话故障时,改用公务电话与各站值班员联系。

调度电话与公务电话故障:立即通知调试车辆减速运行,运行速度小于10km/h,并通知随车调度员电话故障,注意每过一个站至少与中心联系一次;与车站综控室值班员联系方式改为电台联系。

ATS系统故障:当ATS系统故障时,中心调度室不能显示现场情况,通知调试车以小于10km/h的速度运行,注意确认道岔位置,车站综控室值班员根据进路单锁相应道岔,并通过电话向调度员详细汇报进路准备情况,调度员对道岔位置要做书面记录,核对无误后再通知随车调度员进路情况。

车站联锁设备故障:车站联锁设备故障时,立即通知随车调度员停车,如运行前方为无岔站,则以小于5km/h运行至前方车站停车待命;如运行前方为有岔站,故障车站综控室值班员现场核对道岔位置后,调试车以小于5km/h速度运行至前方车站停车待命,行车时注意道岔位置。如前方道岔位置四开或不能确认时,则要求调试车按规定退行至后方第一个无岔站停车待命。

供电系统故障导致调试车停车,如车在车站,调试人员可在站台待命,如车在区间,所有调试人员及司乘人员未经调度员同意,严禁下车。

2)电力调度管理办法

《电力调度管理办法》规定了电力调度人员与变电所值班人员的操作关系、进出变电所施工的管理程序。

①电力调度管理范围

车辆段和正线牵引降压混合变电所内的10kV开关柜、整流变压器、整流器、1500V直流开关设备、轨电位限制装置、上网隔离开关、中压能馈装置、配电变压器、低压

400V 开关柜、交直流屏、控制信号屏、排流柜、环网电缆、1500V 直流电缆及降压所内的负荷开关柜、配电变压器、低压 400V 开关柜等设备。

②电力调度的职责

a. 负责对供电系统运行进行组织、指挥、指导和协调，对调度范围内有权接受调度命令的人员发布调度命令，对所发布命令的正确性负责。

b. 负责与行调共同协商安排动车调试、施工停送电方案。

c. 按行调停/送电通知单进行停/送电作业，向变电所值班员下达停/送电命令。

d. 施工作业计划的审批、管理。

e. 负责供电系统的事故处理和突发事件应急处理的调度指挥工作。

f. 做好事故预案和应急方案的制定与实施。

g. 正确详实地填写事故异常记录，并根据要求写出事故报告，分析事故发生的原因，制定提高系统安全运行的措施。

③变电所值班员岗位职责

a. 变电所值班员由供电系统承包商提供，要完全服从联调指电力调度的管理工作。

b. 在电力调度指挥下，负责接受、执行调度命令，并审核和监护。

c. 负责做好各项运行原始记录，填写好各种运行日志。

d. 负责做好交接班工作和设备巡视检查工作，及时发现和处理缺陷，发现问题及时上报。

e. 严格执行安全规程和变电所运行规程，防止人身和设备事故。

f. 负责本变电所的设备维护工作，安全工作，劳动纪律和文明生产。

g. 保管好设备、工具、仪表、资料等。

④供电系统运行方式、电压及负荷管理

城市轨道交通供电系统的运行方式有三种为：正常运行方式、非正常运行方式、应急运行方式。

a. 正常运行方式

（a）10kV 系统正常运行方式

两路进线同时受电，分别带两段母线负荷，母线分段开关工作位分断，备自投装置投入运行。

（b）直流牵引系统正常运行方式

正线：牵引供电系统双机组双边供电，两个总闸带全部分闸，联跳保护投入。

车辆段、停车场：牵引供电系统双机组单边供电，两个总闸带分闸运行。

（c）400V 系统正常运行方式

两路进线同时受电，母线分段开关工作位分断，转换开关置远方自投自复位，三级负荷置远方位。

b. 非正常运行方式

（a）10kV 系统非正常运行方式

单路电源供电，一路进线合，母线分段开关合，带两段母线负荷。

一路进线开关合闸，另一路进线开关分断，母线分段开关分断，单段母线运行。

（b）直流牵引系统非正常运行方式

正线：单机组双边供电，联跳保护投入。双机组大双边供电，联跳保护投入。

车辆段、停车场：单机组运行。

（c）400V 系统非正常运行方式

一台动力变压器投入带 400V 一段或两段母线负荷，保证负荷正常运行。

通信、信号电源，一路供电或虽有两路电源但来自 10kV 同一路电源。

c. 应急运行方式

（a）10kV 系统应急运行方式

变电站两路进线电源均退出运行时，由相邻变电站供电。

（b）直流牵引系统应急运行方式

正线：单边供电；单机组大双边供电方式；越区单边供电；越区供电，联跳保护投入。

车辆段、停车场：正线向车辆段、停车场供电或车辆段、停车场向正线供电。

（c）400V 系统应急运行方式

400V 系统无正常电源，只有应急照明。

通信、信号电源采用自备电源供电。

（d）运行方式的选用原则

保证城市轨道交通供电系统及其各个组成部分的安全运行。

保证与行车有关的设备供电的可靠性、连续性。

考虑系统继电保护与自动装置的协调配合，达到在城市轨道交通供电系统发生故障时能迅速切除故障，限制事故范围，避免事故扩大。

短路容量不超过系统内设备所允许的数值。

供电电压质量应满足规定标准。

d. 电压管理

供电系统电压应保持在正常水平，超出规定范围时，当值电力调度应组织供电系统施工单位进行调整。

（a）城市轨道交通供电电压标准：

a）根据国家标准《电能质量 供电电压偏差》GB/T 12325—2008 规定的供电电压：

ⓐ10kV 及以下三相供电电压允许偏差为：额定电压的±7%；

ⓑ220V 单相供电电压允许偏差为额定电压−10%～7%。

b）直流牵引供电系统标称电压为 1500V，牵引网电压偏差为额定电压的−33%～20%，1500V 牵引网电压偏差允许最高值为 1800V、最低值为 1000V。

（b）变压器运行规定

ⓐ变压器运行电压一般不超过运行分接开关额定电压的±5%。

ⓑ新变压器投入前应按系统电压调整分接开关位置。

调整变压器分接开关达到电压调整的目的。电力调度通过电力监控系统监视系统电压，当发现系统电压超出允许范围时，电力调度进行核实后组织供电系统施工单位进行调整，供电系统施工单位调整完毕应检查二次电压是否符合要求并报告电力调度。

⑤变电所倒闸制度

a. 电调命令

在设备上进行倒闸作业应有电调命令，电调命令应由值班员受令复诵，双方均应认真写倒闸操作命令记录，无命令编号和批准时间的命令无效，有疑问时须经双方问清后方可执行。

b. 倒闸操作要求

一个命令只允许执行一个倒闸任务。

倒闸操作时，值班员必须手持操作卡片或倒闸表唱票同时进行操作。

在进行倒闸操作过程中，遇有危及人身设备安全的紧急情况下应立即停止操作，并断开有关电源，然后向电调汇报事故情况、时间、地点并做好记录，再合闸时必须查明事故的原因，并有电调的重新命令方可执行。

变电所值班员倒闸作业必须执行"三准、两清、一稳"的操作制度，即"三准"：操作作业票看得准；设备编号看得准；操作位置站的准。"二清"：唱票指位清；复诵回示清。"一稳"：操作开关稳。

c. 倒闸结束

倒闸作业完毕后，值班员应立即向电调报告，电调及时发布完成时间，倒闸作业方告结束。

d. 特殊情况处理

遇有下列情况，变电所值班员可先进行操作，然后向电力调度汇报和要令：

发生危及人身和设备安全的事故时，所采取的必要倒闸；

设备损坏或失火以及危及行车安全时的倒闸；

对所内发生的故障，应记入相关的记录中。

3）工程调度管理办法

①工程调度设置及职责

为加强系统联调期间的工程调度管理，在中心调度室设立工程调度组，实行24h四班三轮换制度，负责施工计划的收集、制定、审批、下达及管理工作。工程调度组长负责制定施工计划，由中心调度室主任负责审批。

工程调度负责收集、汇总各施工单位申报的周（日）计划，负责协调和审批周、日计划及临时补充计划，组织并监督有关单位执行审批的周、日计划和临时补充计划；合理安排、协调、指挥各参建单位对线路、机车/轨道车等车辆的使用；负责调查、分析、处理、上报与轨行区相关的事故及违反施工计划的行为；制定轨行区的实施细则、安全制度及组织措施，并监督执行。

②工程调度管理流程

行车、工程调度计划以每周为单位申报、批准和下达。涉及动车调试的周行车计划按《行车调度管理方案》组织行车。其他占用轨行区的行车和施工，以及侵入轨行区安全界限（含牵引供电接触网），影响行车及人身安全的施工项目，由施工单位提前一周报施工申请计划，待中心调度室批准下达计划后，在计划指定的日期、时间、地点和范围内组织施工。

各施工单位于工程列车运行或施工项目进行前一周星期×××时：××分前将《××线系统联调及施工计划申请表》以递送或传真方式报××线工程系统联调指挥部中

心调度室。

如遇各单位施工申请时间集中，交叉干扰影响较大时，于每周星期××时：××分组织各有关施工单位召开协调会（根据施工计划申报情况确定是否召开会议），共同商定下一周施工计划。施工计划的制定原则是，以主、次；轻、重；缓、急为序排列，提高计划的预见性、准确性和合理性。

中心调度室根据各施工单位的申请，对计划进行统筹安排制定方案，并与行车调度、电力调度、安保调度共同确定下一周计划，报中心调度室主任批准。批准后的《××线工程系统联调及施工周计划表》于星期××时：××分前下达行车、电力、安保调度，各车站以及相关施工单位。

为了做好行车、施工调度计划的管理工作，建立施工计划联系网络，各涉及要点计划的施工单位指派专人担任施工调试计划联络员，负责施工申请计划的报送和施工批准计划的传接。施工调试计划联络员姓名、电话、传真号，并且由项目经理签字后加盖项目部公章，上报××线工程系统联调指挥部中心调度室，全部联系网络信息搜集整理后，发至各有关单位。

为了提高行车、施工调度计划的兑现率和严肃性，施工单位如要取消计划，必须于计划执行前一天××时：××分前通知××线工程系统联调指挥部中心调度室，以便安排其他施工项目。

联调、施工前一天××时：××分前，各联调、施工单位以书面形式与调度室核对次日联调、施工计划，如××时：××分前不向调度室确认，视为取消此计划。调度室下发的施工计划如有临时变化，前一天××时：××分前工程调度员通知各相关单位。

联调、施工当天，联调、施工人员到达现场并准备好后，提前××分钟到车站综控室（或向随车调度员）进行登记，车站综控室值班员（随车调度员）在确认与调度室下发的计划相同后口头报行车调度并记录。施工、调试单位未登记，视为此次计划自行取消。

行调采用电话手抄或传真的方式发布调度命令通知车站综控室值班员（随车调度员）开始联调或施工；并将此命令书面通知安保调度员。车站综控室值班员（随车调度员）将命令以书面形式转达联调或施工单位。安保调度员将命令转达给相应车站安保人员。

联调或施工单位将调度命令交给司机，在调度命令规定的试验区域和调试时间范围内，司机听从联调或施工单位的指挥，司机同时应该遵守行车规则。

联调或施工完成后，联调、施工单位在车站综控室值班员（随车调度员）履行注销手续，车站综控室值班员（随车调度员）口头报调度室销记。

联调、施工不能按计划时间完成，请求延长时间，联调、施工单位提前1h通过车站综控室值班员（随车调度员）与中心调度室联系。经行调批准，最迟在结束点前××分钟下达是否同意延长的命令，同意后方可延长。对执行施工计划不严肃，无故取消施工，或组织混乱随意延点施工的单位，给予通报批评。

系统联调人员的登记、销记可由车站综控室值班员、随车调度员负责管理。所有施工的登记、销记一律在车站进行。

不进入管理区且不影响系统联调或不影响系统联调所使用设备正常运行的施工，可不用报计划，自行安排施工。

4）安全保卫管理办法

①安保岗位的设置

在车辆段内岔区关键出入通道应设置保安亭并设置安保人员负责进出车辆段轨行区登销记。

在停车列检库库前通道两侧应设置安保人员，负责进出停车列检库的车辆和人员管理。

在车辆段与正线结合部供电分界处设置保安亭和安保人员，负责进出正线和车辆段人员车辆的管理。

在出入段线、高架线路与隧道接口处等位置，依据现场封闭情况和工程实际设置安保人员。

车站出入口及站台端头设置安保人员。

依据现场实际设置安保检查人员，负责线路巡逻和安保人员的后勤保障。

②安保人员管理

每个车站和车辆段的安保人员应相对固定，安全保卫组建立花名册并指定一名负责人。

安保人员应配备保安服、头盔、警棍、强光手电等安保器材，标示身份。

严禁安保人员脱岗、监守自盗、擅自放行等违章违规行为。

按照奖惩管理办法，对发现、制止安全隐患或事故的安保人员给予奖励，对违反安保人员管理规定的人员给予处罚。

③安保人员职责

a. 负责进入轨行区施工、调试单位的作业计划登记和销记；

b. 负责向安保调度核实作业令。

c. 负责施工调试单位进出轨行区的管理，检查其证件和进场作业令是否齐全。

d. 负责轨行区入口端门钥匙管理。

e. 负责停电期间电客车的看护工作。

f. 负责对轨行区巡视工作，内容包括有无侵限物体、有无施工人员、有无遗留工机具和施工垃圾等，并及时汇报给安保调度。

④安全标志标识

车辆段封闭护栏上、站台上临时护栏或站台门等带电区域应设置"轨行区带电"等警示标志。

站台端门、防护进入轨行区的隔栅门等处应设置"严禁擅自进入轨行区"等警示标识。

在登销记地点应设置标识。

安保值班地点应张贴登销记流程、交接班制度、出入证样品等业务标识。

5）轨行区管理办法

《轨行区管理办法》是系统联调期间施工单位轨行区施工作业的行为准则，施工单位必须严格按照本方案的要求执行，进出轨行区需带齐证件、工具及防护器具并在申请车站及时办理登记及销记。严禁强行施工，违规作业，确保轨行区施工安全。

本《轨行区管理办法》规定对于轨行区实行24h昼夜管理，凡占用线路的轨行车辆运行，以及进入或接近轨行区的施工，都要按照有关程序办理相关手续。进入轨行区的施工一定要在申请的作业范围内（接触网停电范围内）进行，严禁越区施工，防止触电事故发生。

①轨行区进出管理方案

施工单位和调试单位进出轨行区施工作业或调试，作业负责人均应持工程调度批准的作业命令和准入证在站台端部值班安保人员处登记。

安保人员将作业令内容汇报给安保调度，安保调度向工程调度核实，确认有此项施工内容后方可登记，登记时注明令号、作业负责人、准入证编号、作业人数等信息。

施工单位和调试单位作业完毕后，在车站安保人员处销记。如异地车站销记需由安保人员汇报安保调度，安保调度通知异地车站保安销记。

②轨行区施工安全管理规定

所有联调、施工单位在作业前都要与××线系统联调指挥部签订安全协议，在安全保障室领取"准入证"。没有签订安全协议者，一律不受理施工申请及办理准入证。

联调、施工人员必须按照标准配齐劳保用品，佩戴胸卡。

在联调指已接管的轨行区内联调、施工人员着装不齐，无反光背心，防护人员无防护用品，轨行区防护措施不到位等情况，联调指挥部有权要求立即整改，并通报其单位负责人及其监理处理。

联调、施工人员在完成本单位下发的生产任务时，要认真保护好其他施工单位的成品、半成品。装卸货物和材料时要轻拿轻放，不得野蛮装卸及搬运，做到文明施工。

在车站和轨行区严禁吸烟，严禁涂写乱画及大小便。

系统联调与施工在正线上同时进行时，联调区段与施工区段之间至少留一个供电区段的防护范围。系统联调与施工有冲突时，以系统联调为主。各联调施工单位负责本单位的安全防护工作。

所有联调、施工单位进入管理区作业前都要先到车站登记（动车调试起点没有登记处时可向随车调度员登记）并领调度命令。

系统联调期间，不进入轨行区的施工作业，作业时工具、材料不得侵入线路限界、不得掉入轨行区内。在轨行区上层进行作业，要将两层间孔洞封闭良好，确保不让杂物掉落到轨行区。如要开启孔洞施工，需要在施工申请计划中说明，凭调度命令进行施工。

列车联调所占用的区段及防护区段内，严禁有施工作业。

在一个封锁区段内有多家单位施工时，各施工单位必须分别提报施工计划，施工完成后各自到车站汇报销点（包括维修作业），各单位领取各自调度命令。

有轨道车运行的施工区段内，不允许交叉作业。

带电运行系统联调期间，联调人员需要下车处理故障时，必须与随车调度员联系，随车调度员与调度室联系确认接触网停电后方可下车处理。

联调、施工单位进入轨行区施工时，轨行区入口安保人员根据当日联调、施工调度命令及"准入证"并得到中心调度室通知后，准予进入轨行区。安保人员必须对进入轨行区人员单位、带队负责人姓名、随行人数、携带物品进行登记。

结束施工后，安保人员对离开轨行区的人员数量及携带物品进行销记，异地出入时，要与进口安保人员联系确认。

所有施工单位在当日施工完成后，将剩余材料、机具、施工垃圾全部清理干净，如发现有未清理干净者，将取消其下次施工的资格或找其他单位清理，清理费用由施工单位承担，并进行通报。

安保人员核实联调、施工单位进、出轨行区人数不一致时，不予办理销记手续。相关联调、施工人员不得离开，施工负责人继续查找。若联调、施工人员强行撤离，发生问题该撤离单位负全部责任。出入轨行区人数不一致时而安保人员办理了销记手续，发生问题安保部门负全部责任。

安保人员检查所处轨行区的线路、道岔、道床有无损坏，轨道上有无杂物，及时处理，若超出自身能力立即向指挥部反映。对于破坏轨行区施工成品的行为应及时制止，记录破坏人员的单位、专业、职务、姓名，通报其单位并向上级汇报。

进入轨行区的施工作业，必须二人以上才允许进行。

施工结束后，最终销点地点为车站综控室，异地销点令须经下令车站综控室值班员报行调同意，不在车站综控室销记的单位，下次施工将不予给令。

③安全协议

系统联调期间应与所有进入轨行区施工、调试、检测的单位签订安全协议。

6）突发事件应急管理办法

突发事件是指在正线线路、车场内发生的列车脱轨、钢轨断裂、人员伤亡、火灾等异常状况，或因车辆、设备故障、损坏等其他异常原因影响调试进度、危及人员和设备，甚至造成社会影响的非正常情况。

系统联调期间应建立对突发事件的防范、指挥、处置机制；建立反应灵敏的信息反馈系统；明确系统联调各单位、各级领导承担突发事件处置工作的职责和权力；建立分工明确、责任到人、优势互补的突发事件处置、保障体系。

各单位、各部门处理突发事件应坚持高度集中、统一指挥的原则，迅速、准确地报告事件情况，确保信息渠道畅通，立即积极行动采取有效措施控制事态，防止次生灾害的发生，减少损失，确保安全，积极调动人力、物力投入抢险，加强宣传疏导，妥善发布新闻信息。

①报告程序

a. 突发事件发生后的请示报告工作应遵循的原则

迅速、准确、逐级上报的原则；发生任何突发事件都应第一时间上报，情况不明的先简报，查明原因后续报。

上级领导、各单位及其内部并举的原则。

b. 行车调度及各单位调度的报告

行车调度及各单位调度接到现场情况报告时，要问清现场情况并立即向调度管理组组长（副组长）报告。

在调试时间内发生由于各种原因造成系统联调中断时，行车调度员应立即将具体情况报调度管理组组长（副组长）。

调度管理组组长将情况汇总后报系统联调工作组，并通知相关施工单位，要求各施工单位组织救援。

c. 报告程序的其他相关规定

根据处理事件的需要，涉及报告程序规定以外的单位及有关部门时，由系统联调工作组负责统一协调。

②抢险处置组织工作

a. 抢险处置原则

抢险处置层次遵循下列原则：

突发事件发生后，各单位现场人员自行组织进行前期处置，随后联调工作组视情况出动其余专业、单位抢险队伍。

涉及车辆抢险作业时，由联调工作组协调相关单位支援，现场作业由支援单位负责实施。联调工作组负责向支援单位提供现场详细情况。

突发事件发生后的组织工作必须要贯彻"高度集中、统一指挥、紧密联系、协同动作、逐级负责"的原则，保证抢险救援工作安全有序、顺利开展、控制事态、减少影响。

b. 抢险组织

联调工作组成立应急抢险指挥组，形成快速反应队伍。现场抢险救援组织如图 17-2 所示。

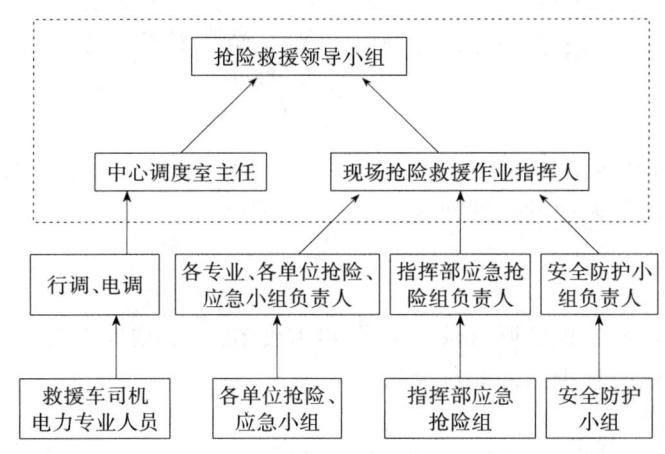

图 17-2 现场抢险救援组织框图

各专业、各单位成立专、兼职抢险救援队伍，加强抢险力量和机动性，同时成立安全防护小组，增强作业安全。

c. 现场抢险救援领导小组

负责全面指挥工作，确定现场抢险救援工作方案，指定现场抢险救援作业指挥人，布置现场抢险救援外围工作。

d. 联调调度组组长

负责安排救援列车的运行，指挥行车调度员、供电调度员按预案或临时应急办法配合抢险救援工作。

e. 抢险小组职责

赶赴现场，对突发事件进行处置。随时将处置情况报告项目部，视情况请求各单位兼、专职抢险小组支援。

f. 主要抢险救援工作分工

各单位根据分工安排提前准备抢险救援工作所需人力、物资、机械设备。

③现场调查

突发事件发生后，抢险救援领导小组派人前往事件现场参与调查。任何现场组织者要负责保护现场，勘察现场，查找事件见证，保存可疑物证，查找事件线索及原因，并做好记录，向现场抢险救援领导小组如实汇报。

突发事件发生后，必须贯彻集中管理、统一发布的原则。未经授权严禁任何人向新闻媒体等发布任何信息。

（2）规章制度

为保证系统联调的顺利进行，应建立一套完整的规章制度，规范参加系统联调的单位及人员行为。

1）会议制度

①首次启动会议

系统联调首次启动会议由业主组织召开，参与工程建设的业主单位、运营部门、设计、监理、施工、集成、供货等单位派代表参加会议。

会议应介绍系统联调的工作机制、各家单位应注意的事项、各阶段的工作目标、建立联系机制等内容，使参建的各方统一思想、统一认识，并了解系统联调如何开展工作。

②工程例会

系统联调的工程例会应每周举行一次。每次工程例会列明会议主题，至少包括系统联调的进展情况、系统联调中发现的问题、下一步工作计划等内容，其中需要解决的问题需落实责任单位。

③专题会议

系统联调期间，根据现场调试及施工存在问题情况，必要时召开针对某一设备系统的专题会议，解决调试过程中出现的重大问题。

④业主组织的会议

建设单位根据系统联调的进展情况、关键的时间节点计划安排、重大问题的协调等情况，适时组织会议，明确系统联调整体工作的部署。

2）奖惩制度

系统联调期间需要制定切实可行的奖惩制度，对于避免行车事故和人身伤亡事故的人员应给予一定的奖励，对于违反管理办法造成安全隐患或后果的、严重滞后调试进度的单位给予处罚。

17.3 系统联调进度管理

系统联调的进度管理最终目标即是根据业主的一级节点计划，通过系统联调单位的合理组织、统筹安排，按时按质的完成系统联调任务，并顺利过渡移交给运营单位，保证城市轨道交通项目的顺利开通。

1. 进度管理

系统联调计划的编制、实施、管理和更新是系统联调进度管理的重要工作之一。

（1）进度管理流程图

系统联调进度管理流程如图 17-3 所示。

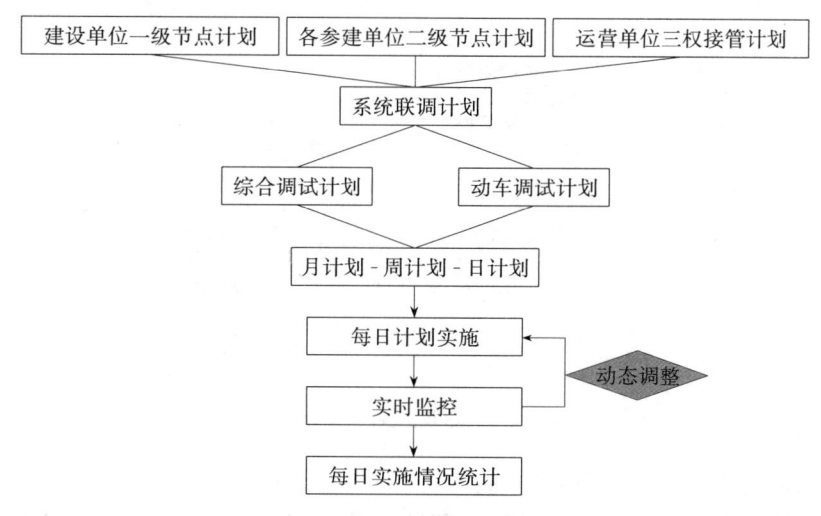

图 17-3　进度管理流程图

（2）管理措施

1）系统功能整合

城市轨道交通设备系统中，各系统设备间接口数量众多，加之工程进度互不相同，增加了系统联调的协调难度。系统联调功能整合工作对于保证关键系统功能按时交付，提高开通运营后系统设备的稳定性、可用性等方面行之有效。此项工作以各系统设备单系统内部调试完成为前提，可以为后续各个调试阶段提供一个能满足运营要求的整体进度计划。以系统功能试验为进度的管理方式，针对关键系统联调功能的进度进行跟踪及监控，有利于保证各关键系统联调功能得以按时实现。

以各系统功能范围、系统接口关系、系统功能试验流程为基础，进行系统联调功能优化整合，形成系统联调功能优化列表，并由此编制系统联调功能试验进度跟踪表，用以指导系统联调进度管理工作。

对进度报告采用流程化管理，实现实时监控和动态调整。

系统联调进度报告管理流程如图 17-4 所示。

2）计划管理软件

以系统联调管理中的计划管理和调度指挥为核心，可以通过具有交互式、网络化的计划管理软件，使系统联调期间的调试与施工计划管理更加可靠、快捷，从而更有力地保证调试工作的顺利完成。

2. 系统联调计划编制原则

系统联调计划是整个系统联调过程的基础，系统联调计划编制应包括冷滑、热滑、首列电客车调试、信号调试、开始试运行、车站调试、开通试运营等主要时间节点。

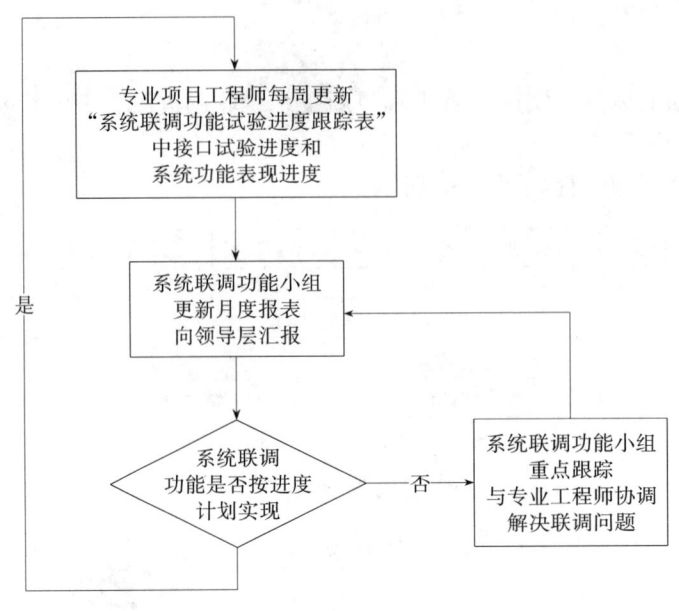

图 17-4　进度报告管理流程

系统联调计划编制应遵循下列原则：

（1）工程节点分级控制原则。系统联调计划按照工程节点重要性的不同，分级管理、分级控制，将开始试运行时间、开通试运营时间等列为一级节点，不可突破。

（2）结合各专业计划的原则。详细的系统联调计划是建立在各系统设备专业计划的基础上，因此应收集各专业的调试计划，结合工程实际，去掉冗余部分，合理统筹安排。

（3）结合工程实际的原则。工程项目实际执行过程中，一条线路的某一段或某些车站的进度可能进度快一些，或者慢一些，系统联调计划编制时应结合这些因素。

（4）确认主线原则。系统联调的计划编制要根据工程情况，分清轻重缓急，把握工程主线。

（5）过程检查更新的原则。系统联调计划受各方面因素影响或制约，可能部分节点会有变化，应每隔一定时间进行计划执行情况检查，有必要时要及时更新下发，但一级节点不能变化，如需变化必须由联调领导组确定。

（6）细化分项调试计划的原则。系统联调整体计划制定后，应根据各专业的工程实际进展情况进行细化，按不同试验项目细化为周执行计划。

表 17-2 是某工程项目系统联调计划的样表，从前提条件具备至开通运营评审，列出了一些主要节点，供各位参考。在此基础上，应细化至周计划和日计划。

××工程项目系统联调计划表　　　　　　　　　　表 17-2

序号	计划内容	计划开始时间	完成时间
1	轨行区垃圾清理完成	—	××年××月××日
2	隧道冲洗完成满足动车条件	—	××年××月××日
3	限界检查、冷滑完成	—	××年××月××日

序号	计划内容	计划开始时间	完成时间
4	轨行区封闭完成,安保体系建立	—	××年××月××日
5	管理办法和规章制度健全	—	××年××月××日
6	接触网送电完成,具备热滑条件	—	××年××月××日
7	通信传输系统、无线系统已投入使用,具备无线通信条件	—	××年××月××日
8	满足动车调试的基本条件	××年××月××日	××年××月××日
9	信号系统联锁功能开通	××年××月××日	××年××月××日
10	电客车车辆车辆段热滑测试	××年××月××日	××年××月××日
11	首列车车辆型式试验	××年××月××日	××年××月××日
12	第二列车及其他列车车辆专业正线动态试验	××年××月××日	××年××月××日
13	信号系统车载 ATP 测试(需要车辆提供一列车)	××年××月××日	××年××月××日
14	信号系统车载 CBTC 测试	××年××月××日	××年××月××日
15	通信无线集群与信号、车辆系统联调	××年××月××日	××年××月××日
16	供电系统能力部分测试	××年××月××日	××年××月××日
17	车门与站台门联动测试	××年××月××日	××年××月××日
18	风水电设备安装及单体调试完成	—	××年××月××日
19	ISCS\BAS\FAS 设备安装及单体调试完成	—	××年××月××日
20	供电系统设备单体调试完成	—	××年××月××日
21	ISCS 互联设备单体调试完成	—	××年××月××日
22	满足车站系统联调的基本条件	××年××月××日	××年××月××日
23	变电所 PSCADA 系统测试	××年××月××日	××年××月××日
24	ISCS 系统与 BAS 系统与风机、风阀等通风被控设备接口测试		
25	ISCS 系统与 BAS 系统与低压配电、给水排水等被控设备接口测试		
26	ISCS 系统与 FAS 系统与气灭接口测试		
27	ISCS 系统与 FAS 系统与被控烟感、手报等接口测试	××年××月××日	××年××月××日
28	ISCS 系统与广播、门禁、电扶梯等专业接口测试	××年××月××日	××年××月××日
29	车站级通风模式、火灾模式、隧道系统模式测试		
30	中心级通风模式、火灾模式、隧道系统模式测试		
31	系统功能验证测试		
32	满足试运行的基本条件	××年××月××日	××年××月××日
33	各系统功能性、可靠性、安全性验证测试	××年××月××日	××年××月××日
34	××线××站消防验收	××年××月××日	××年××月××日
35	AFC 通过及处理能力系统联调	××年××月××日	××年××月××日

序号	计划内容	计划开始时间	完成时间
36	试运行（包含低密度、中密度行车测试）	××年××月××日	××年××月××日
37	运营条件预评估	××年××月××日	××年××月××日
38	××项目运营演练	××年××月××日	××年××月××日
39	满足按图试运行的基本条件	××年××月××日	××年××月××日
40	供电系统满负荷系统联调	××年××月××日	××年××月××日
41	全线列车最大运行能力系统联调	××年××月××日	××年××月××日
42	按图运行能力系统联调（20天运营指标记录）	××年××月××日	××年××月××日
43	试运营条件评审	××年××月××日	××年××月××日
44	开通运营条件问题整改及开通资料上报、备案	××年××月××日	××年××月××日
45	开通试运营	—	××年××月××日

注：1. 计划将依据工程进展和系统联调情况适时调整。

2. 阴影部分为一级节点计划。

17.4 系统联调项目信息管理

信息指的是用口头方式、书面方式或电子方式传达或传递的知识、新闻，或可靠与不可靠的情报。信息管理是对信息传输的合理组织与控制。系统联调信息管理是通过对各个系统、各项工作和各种数据的管理，对系统联调阶段的信息能方便和有效地获取、存储、存档、处理和交流。通过有效的信息传输的组织和控制为轨道交通建设项目提供增值服务。

1. 文档管理

系统联调项目的信息的收集与管理，主要从以下两个方面进行：

（1）系统联调形成的文件

系统联调项目的开展一般有三个较为明显的阶段，分别是前期准备阶段、系统联调阶段、验收评估阶段，根据工程开展的阶段不同，对信息收集和管理的要求也各不相同。

1）前期准备阶段

在系统联调项目的前期准备阶段，项目管理层会根据以往经验、本条线路特点、当前工期制约、外界环境等多种因素进行综合考虑，并汇总编写联调大纲、联调管理组织设计等具有较强指导作用的文档，此类信息的收集目的主要是为了在工作和决策中避免失误，进一步开展调试工作和管理工作，对系统联调项目的整个过程都有着极其重要的意义。

2）系统联调阶段

在系统联调项目中，系统联调是一个统称，它主要包含了综合调试、动车调试、中心调度、安保服务、轨行区管理和其他各类服务，基于此阶段工作的复杂性，本阶段的信息主要涵盖了现场形成的调试记录、各家单位之间形成的协议、调试中形成的规范和规程等。由于此阶段信息来源较多、较杂，因此应建立规范的信息管理系统，确定合理的信息流程，建立必要的信息秩序，规范施工单位和设备厂家的信息管理行为，按照科学的方法，不断完善资料的收集、汇总和归类整理。

3）验收评估阶段

验收评估是系统联调项目的最后阶段，也是信息收集和管理最为重要的阶段，经过项目的持续开展，已收集了大量各类信息，本阶段的主要任务便是将信息加工、整理，利用科学的方法进行选择、汇总后，形成不同形式的信息，如联调总结报告、试运行评估报告等，以供给业主、监理以及评估专家组等。项目部还应根据"调试前预控、调试中监控、调试后可追溯"的思想，使系统联调项目信息能真实地反映项目管理的水平，提高项目管理的深度、力度和速度，为系统联调项目产生更大的管理效益和社会效益。

（2）过程中收集的文件

在系统联调项目开展过程中，除了对不断形成的信息进行收集和管理，还应加强集成商、设备厂商、施工单位的验收及单调记录，各个系统的第三方认证、专项验收（如消防、安评）等资料的收集，并将这些资料进行整理和归档，使得项目的开展过程有据可查、有章可循，这样不但方便管理者了解情况、分析问题，更加有助于管理者及时地控制项目的实施过程。

2. 信息共享平台

为了提高系统联调项目参与人的工作效率，加强信息收集与保存，系统联调项目利用信息网络作为项目信息交流的载体，从而使信息交流速度大大加快，减轻了项目参与人日常管理工作的负担，也加快了项目信息管理系统中的信息反馈速度和系统的反应速度，从而提高了工作效率。

目前系统联调项目信息共享平台主要手段有 QQ 群、微信群、公共邮箱，以及专用管理软件，这些公共的信息管理平台的应用，适应系统联调项目管理对信息量急剧增长的需要，也方便了各参建单位进行信息共享和协同工作，在提高工作效率的同时，还可以提高项目的管理水平以及核心竞争能力，从而相应地提高了系统联调项目的管理、决策和服务水平，是推进系统联调信息化的重要手法。

17.5　系统联调项目安全管理

系统联调处于整个工程的最后阶段，此阶段，各专业的设备安装及单体调试皆已完毕，各专业设备存在频繁的停送电状态，电客车辆也在车辆段和正线大范围内进行调试，因此，系统联调工作的首要任务便是保证施工调试人员的人身安全，同时确保设备的运行安全，否则，一旦发生设备损坏或人身伤亡事故，可能会影响到工程的整体进度计划，因此，系统联调工作的安全管理必须高度重视。

1. 系统联调安全风险分析

系统联调阶段安全管理工作是系统联调管理中的基础保障，特别是动车调试、系统调试期间，三权移交给系统联调方接管，此时全线的人工点施工，轨道车施工，平板车施工，列车清道，电客车调试以及变电所停、送电等，均完全由系统联调中心调度室统一进行管理，加之部分系统设备功能还不稳定，容易出现不按预定指示的操作，安全风险随之增加，主要体现在：①易引发触电、车辆伤害、物体打击等人身伤亡事故；②易造成车辆掉道、剐蹭事故；③易造成设备损坏。所以在系统联调阶段如何避免造成人身安全、设备、车辆损坏是安全管理的关键点。

（1）人身安全风险

由于系统联调工作中涉及的系统与元素较多，联调工作与施工整改可能会同步进行，作业安全要求更高，若施工人员未遵守有关安全注意事项，极易引发安全生产事故。主要原因一是供电系统已送电启动，在带电区域作业触电事故风险增加；二是风水电系统进行打压（水压、气压）试验，供电专业进行短路试验，若防护措施不到位，物体打击风险增加；三是在车辆在行驶过程中，若计划安排有误或临时出入口封闭不到位，人员误入行车区域，车辆伤害风险增加。

（2）车辆安全风险

动车调试作为系统联调工作中的重中之重，其特点为高安全风险调试作业，主要体现在轨行区安全管理问题。动车调试时期主要为城市轨道交通全线电通之后至试运营之前的阶段，主要为了验证列车状况和轨行区车辆运行环境稳定性、可靠性，以保证开通营之后，保障乘客安全。动车调试期间，因信号系统可能还未稳定，若人工排进路有误、道岔复核不准确、通信临时中断，车辆掉道、道岔损坏、列车相撞风险随之增加。

整个系统联调过程中，涉及多种设备、机械，若沿线的设备摆放不规范，站台或区间的设备材料侵限，车辆上方预留孔洞未封堵，也易造成车辆剐蹭或损坏。

（3）调试设备风险

设备调试分单机单系统调试和系统联调，调试前设备厂家或系统集成商必须进行检查确认。调试过程中若调试人员操作不当、风管管道清理不干净、设备内灰尘清扫不干净或设备房间温度过高，这些风险点的存在均会导致设备损坏，严重时也会引起安全事故。若调试人员未按照调试点表调试或有遗漏的现象，会对运营安全产生威胁，进而引发更为重大的安全问题。

综上所述，系统联调阶段由于涉及轨行区、车站等区域的行车、调试及作业活动，其风险等级宜比照既有线施工安全风险等级进行管控。

2. 系统联调危险源识别

系统联调阶段的危险源识别是安全管理的重点，必须将系统联调阶段安全的危险源辨识清晰，制定针对性措施，严格执行，降低事故发生概率，避免事故发生。

系统联调期间的危险源概括为几个主要方面：

（1）人身安全风险。主要指各类作业人员有章不依、疏忽大意造成的风险或后果。

（2）车辆安全风险。主要指轨行车辆运行过程中现场环境、各种作业之间的关联风险。

（3）调试设备风险。主要指调试人员对设备性能、现场条件等条件缺乏足够的了解，错误下达指令或盲目操作设备造成设备损坏的风险。

表 17-3 中是系统联调过程中发现的危险源及预防措施。

系统联调作业活动	安全危险源	风险类型	预防措施
人身安全风险	电力调度未向行车调度复述送电命令导致错发调度命令	人员触电	电力调度命令需经行车调度确认后再下发
	变电所值班人员未按电力调度命令操作或错误操作,超出送电范围	人员触电	1. 变电所值班员上岗前进行培训; 2. 严格按照电力调度命令操作
	轨行区送电前施工调试人员未撤离轨行区	人员触电	1. 严格执行施工单位销令作业; 2. 轨行区送电前需进行清道,行调确认送电区间人员全部撤出后方可下达送电命令
	站控人员进路办理失误	影响调试	1. 加强岗前培训; 2. 司机通过道岔前确认进路
	安保岗位无人值班或值班人员玩忽职守	人员被撞或触电	1. 加强岗前培训; 2. 设置巡逻岗不定期对安保人员进行巡查
	动车调试期间,施工人员闯入轨行区域	人员被撞或触电	1. 各单位加强施工人员安全教育; 2. 行调紧急通知列车停止调试、电调停电
	作业计划、作业令超范围批复	人员被撞或触电	作业令下发前,行调人员审核作业令
	无作业令进场施工	触电	1. 加强施工单位安全培训; 2. 无施工作业令安保人员禁止施工人员进入
车辆安全风险	轨道车未按照信号显示行车	道岔挤岔或掉道	1. 加强对轨道车司机的教育培训; 2. 轨道车上增加一名瞭望人员
	电客车防溜铁鞋动车时未去掉	掉道	检修人员与司机双方确认
	电客司机未按调度命令,超速、超范围进行调试	进入无电区、掉道	1. 加强岗前培训,严格按照操作规定执行; 2. 行车调度进行调试过程监督
	调试前未进行清场、清道、确认限界	车辆剐蹭人员被撞	制定规章制度,严格执行
	经过道岔时,未跟调度确认径路锁闭状态	道岔挤岔	1. 首趟压道时岔前一度停车; 2. 随车调度与司机通过确认路径及道岔状态
	动车调试期间,设备箱门异常打开	车辆剐蹭	1. 调试前要求施工单位锁闭箱门; 2. 送电前清道、首趟车压道
	动车调试期间,施工器材侵入限界	车辆剐蹭或掉道	1. 要求施工单位做到人走料清; 2. 执行送电前清道,电客车首趟压道制度
调试设备风险	操作设备时无防护人员	人员触电或设备损坏	1. 加强调试人员安全培训; 2. 制定调试过程中安全管理规定
	动车调试期间站台门异常打开	人身安全影响调试	1. 安保人员值守,禁止人员进入调试区域; 2. 通知设备厂家抢修
	调试前未组织对单体设备状态检查确认	人员触电或设备损坏	1. 加强调试人员安全培训; 2. 制定调试过程中安全管理规定
	调试过程中擅自操作与调试无关的其他带电设备	人员触电或设备损坏	1. 加强调试人员安全培训; 2. 制定调试过程中安全管理规定
	调试完成后,未对调试设备进行状态确认	人员触电或设备损坏	1. 加强调试人员安全培训; 2. 制定调试过程中安全管理规定

3. 系统联调安全管理相关措施

（1）行车相关类设备调试安全管理

1）行车相关类设备调试应在满足系统联调需要并达到试验目的的前提下，能少动车则少动车、能低速不高速、能范围小不范围大，把风险减到最小，在授权临管期间，应将整个线路管理区域纳入集中、统一管理范畴，负责使用权、调度权、管理权"三权"管理。严禁无计划行车或越级指挥行车，动车前必须确认所有相关设备系统状态、施工清场和限界检查，区间设备绑扎牢固，尤其是进入轨行区、设备区和试验列车的安保管理，按限定速度行车。所有预留洞口尤其轨行区上方设备方预留孔洞应按要求封堵，凡是发现危及行车设备和人身安全的情况，动车调试车辆应立即停车，按应急方案处置，然后按规定程序报告。

2）计划管理：所有进入轨行区施工、调试作业的单位严格遵守相关安全管理规定，实行作业计划审批制度，严禁无计划擅自进入轨行区作业，严禁涂改作业令。严禁超计划范围、时间作业。出入口安保人员核实施工、调试单位进、出轨行区人数不一致时，不予办理销记手续。

3）停送电的安全管理：电力调度的停送电需听从行车调度人员的书面命令。轨行区停送电有变电所值班员操作，电力调度下达停送电指令应采用录音电话方式。变电所值班员应有书面操作记录。车辆段或停车场在库内调试车辆的停送电须执行验电措施。

4）行车指挥的安全管理：行车调度负责轨行区电客车、轨道车等动力车辆的运行指挥。电客车调试时，在电客车上应设置随车调度员。行车调度必须实时了解动力车辆的位置，清晰熟悉线路状况，准确准备行车路径。

5）轨行车辆需按行车调度指定的行车速度、行车径路驾驶车辆。严禁驾驶人员不按信号显示、不听随车调度人员指挥、不确认道岔位置等违章驾驶。

6）轨行区需定期检查封闭情况，严禁任何单位的任何个人在动车调试期间擅自闯入轨行区。

7）列车高速运行测试前，需对轨旁设备箱门、轨旁物品等进行检查，防止高速运行的隧道风刮起物品、刮开箱门侵限，造成行车事故。

8）轨行区动车调试前，须对动车调试的区域进行线路检查，将侵限的施工材料、器具清理好，将未撤离的施工人员清除出场。

9）行车相关类设备调试期间，进入靠近轨行区3m范围内的作业应申请作业令。

10）行车相关类设备调试与施工在正线上同时进行时，联调区段与施工区段之间至少留一个供电区段的防护范围。防护范围内严禁施工作业。

（2）车站相关类设备调试安全管理

1）各调试单位须对参加调试人员进行安全教育培训，对现场人身安全、设备送电、带电操作进行培训。

2）系统设备调试前的上电、操作等调试作业必须严格按照操作规程操作。

3）在变电所给低压设备送电或给终端设备送电前，应检查有无作业人员，保证人身安全。

4）如需进行区间设备系统联调时，必须申请调试作业计划。

5）在进行系统调试过程中，进行水压、气压、消防试验均有审批的方案，试验过程中应确保现场防护到位，加强隔离区域巡查及现场组织管理，相关方做好联动与配合。

6）完整的记录是系统联调验收的重要过程资料，便于各方职责职权的明确及日后的追溯。应严格按照点表逐项进行试验，确保整个城市轨道交通运行线路中可能出现安全问题的部分进行逐项梳理排查。

7）严格按照操作指南、调试流程予以实施，以此为依据强调现场安全监管的规范性，强调施工与调试单位的相互协调与协作，做好施工全过程的监控与管理工作。

（3）其他

根据联调组织管理模式，应明确牵头、组织、指挥、管理、协调的总体单位，确立责任主体，可根据合同约定和界面划分，以协议形式约定参与联调各方的安全管理责任和工作目标，统一组织协调。以系统联调方为基础，明确分工，定岗定责，分别设立行车调度、电力调度、计划调度、安保调度构成调度体系并设置调度主任综合协调管理，各调度之间工作联系皆采用纸质记录方式。

在系统联调工作开展的过程中，员工是重要的执行者，应提高员工的专业性，增强其安全意识，对其系统联调的安全操作行为予以培训，尤其对行调、电调、驾驶员、行车值班员、线路和设备巡视人员等关键岗位人员的培训，对系统联调的具体操作路径、技术标准等予以严格规范。

第18章 系统联调项目实施

系统联调是在建设单位的组织下，在政府主管部门的监督下，在设计、监理单位的协助下，在各系统设备总承包商的支持下，在各系统设备厂家配合下展开的工作，涉及的专业和单位众多，组织协调管理复杂，是一项系统性的工作。

18.1 接 口 调 试

本节接口调试内容主要为车站相关类设备调试，车辆与车站设备之间的接口调试，包含在行车相关类系统联调中。

1. 调试流程图

接口调试流程图如图 18-1 所示。

2. 前置条件

（1）FAS 系统

感烟探测器：FAS 主机收集到每个感烟探测器的状态信息，从感烟探测器触发报警信号，FAS 主机正确显示其报警信息及报警位置。

手动报警按钮：FAS 主机收集到每个手动报警按钮的状态信息，从手动报警按钮触发报警信号，FAS 主机正确显示其报警信息及报警位置。

切除非消防电源：从 FAS 主机单点控制切除每个非消防电源回路，400V 开关柜抽屉可以正常动作，且 FAS 主机正确显示其反馈信息。

声光报警器：从 FAS 主机单点控制每个声光报警器，现场声光报警器可以正常进行声光报警。

手动防烟防火阀：FAS 主机收集到每个手动防烟防火阀的状态信号，人工将手动防烟防火阀关闭，FAS 主机可以正确显示其反馈状态及位置信息。

消防电话及插孔：消防电话主机可以正确接受每个消防电话或插孔电话的通话信息，显示其编号且通话质量清晰、稳定。

消火栓按钮：FAS 主机收集到每个消火栓按钮的状态信息，从消火栓按钮触发报警信号，FAS 主机正确显示其报警信息及位置信息，并正确联动消防泵的启动。

消防泵：FAS 主机正确显示其反馈信息，下发启动或停止命令，消防泵可以正常动作。

消防水管蝶阀：FAS 主机正确显示其反馈信息，下发开阀或关阀命令，消防水管蝶阀可以正常动作。

消防负荷电源监视：FAS 主机收到消防负荷电源状态信息，电源断电后，FAS 主机可以正确显示其反馈信息。

垂直电梯：从 FAS 主机下发控制命令，垂直电梯可以执行动作。

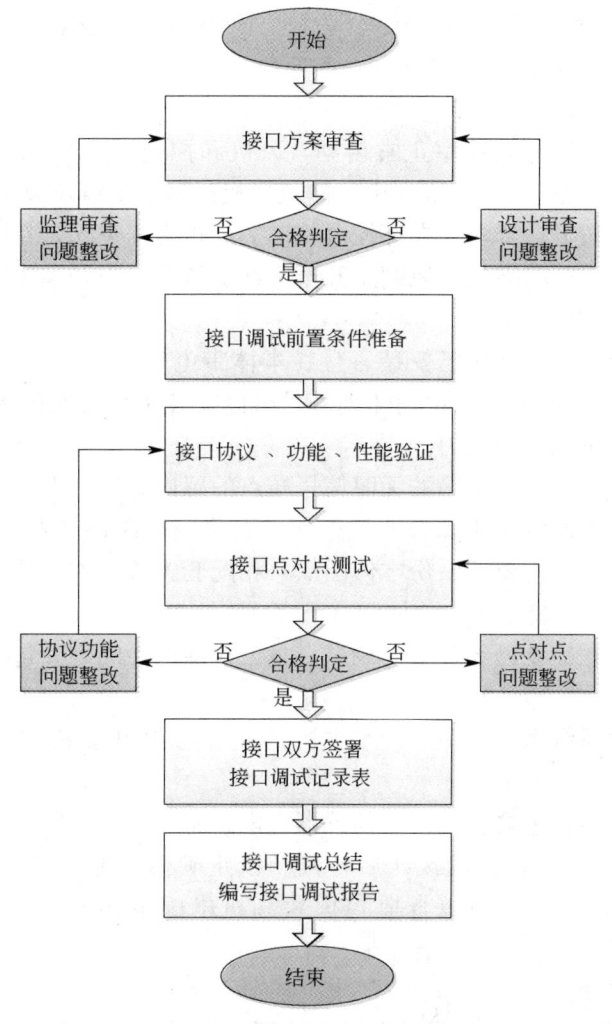

图 18-1　接口调试流程图

感温电缆：FAS 主机收到感温电缆状态信息，模拟感温电缆报警后，FAS 主机可以正确显示其报警信息。

感温光纤：FAS 主机收到感温光纤状态信息，模拟感温光纤报警后，FAS 主机可以正确显示其报警信息。

智能疏散：从 FAS 主机下发控制命令，智能疏散指示可以执行动作。

门禁：FAS 主机收到门禁状态信息，从 FAS 主机下发控制命令，门禁可以正常释放，FAS 主机可以正确收到其反馈信息。

闸机：从 FAS 主机下发控制命令，闸机可以正常释放。

EPS：从 FAS 主机下发控制命令，EPS 可以强启，FAS 主机可以正确收到其反馈信息。

气体灭火：气灭主机可以正常收到就地控制盘的状态信息，触发气灭区烟感或温感后，气灭主机可以正确收到报警信息，可以正确联动声光报警、气体释放、自动防火阀关闭。

FAS 系统内部联动程序完善，与综合监控、BAS 系统的通信完成，具备与通风系统设备、广播、PIS 系统的联动。

（2）BAS 系统

风机：风机应能在环控电控室正常启动，风机和控制抽屉均无杂音。特别是隧道风机，应能正常启动且平稳运行 1min 以上。隧道风机区域已出清垃圾和杂物。

风阀：风阀应能按设计要求，在环控电控室实现正常开关阀，且电控风阀开关，风阀本体能准确到位。有半开状态的，风阀从开至半开、从关至半开和风阀从开至关，半开信号均应能保持 0.5s 以上。

水泵：机电单位水泵本体应已安装，且在本体带电调试完成。BAS 单位，应就水泵控制箱发出的信号在 BAS 模块箱正确体现。且机电安装单位安装的配电箱应具备，该处水泵同时全部启动的励磁保护能力。

照明：机电单位的照明配电箱的无源信号结点的感应电压和 BAS 单位的 BAS 与配电箱的连接线，总感应电压应小于综合监控模块的允许值。BAS 连接线要对照综合监控模块和机电配电箱（配电箱内要留一份本体图纸）相配套连接，勿出现交叉。

EPS、UPS：电池安装完毕，单体调试已完成。

综合监控集成：程序要已经过单体调试，且已排除共性问题。包括控制程序和模式程序等。

冷水系统：冷水系统水质清澈，冷水主机已启动 8h 以上。冷水主机与综合监控，通信已联通且通信正常。

温湿度、二氧化碳传感器：温湿度传感器通电正常，输入、输出的电压电流正常。

二通阀：机电单位安装完成接线后，按图纸正确模拟电动二通阀开关，应能够正确动作。BAS 连接线，要对照综合监控模块和机电配电箱相配套连接，勿出现交叉错位等。

（3）综合监控系统

ISCS-PSD：要求站台门系统能对自己系统下的滑动门、应急门、端门进行状态监测和控制。每个滑动门、应急门、端门都能进行开门和关门。

ISCS-广播：广播系统的扬声器和拾音器均连接到各个设备箱，各设备箱到广播主机已调试完成，各个区域均能听到广播。车控室的广播控制盒也要调试完成，能控制广播系统的各项功能。

ISCS-PIS：要求 PIS 屏到 PIS 主机的调试完成，屏幕能显示主机提供的内容。

ISCS-ACS：要求 ACS 主机能控制所有门的各项功能，门体前端设备（读卡器、玻破紧急按钮、出门按钮）的功能实现且状态在主机上显示正确。各个房间名称和 ACS 主机上显示的名称要一致。

ISCS-BAS（电扶梯）：要求电扶梯厂家不只是能将电梯启动，上行、下行、就地紧急停止、故障、左带速度异常、右带速度异常、踏板被盗报警这些状态均能在就地端控制箱里实现。

ISCS-BAS（电扶梯）：要求电扶梯厂家不只是能将电梯启动，上行、下行、就地紧急停止、故障、左带速度异常、右带速度异常、踏板被盗报警这些状态均能在就地端控制箱里实现。

（4）电力监控系统

变电所内供电设备本身调试完毕，远程监控初步调试完毕。变电所综合自动化系统，含开关柜、控制保护柜中的间隔层设备（综合测控装置、监控装置、保护设备等）调试完毕。

（5）点对点测试

1）相关系统设备之间的通信协议测试完成，满足接口文件要求。

2）现场的系统接口设备已按照施工图纸的要求完成线缆敷设、成端、标识，配线正确无误。

3）软件界面中已按照设计单位提供的有效点表完成软件数据库的配置，并且核实无误。

4）系统软件已经在操作终端上安装完毕，并配置成功。

5）终端设备已单体调试完成并正式带电。

6）点对点测试时，只核对状态点的配置数量、状态显示是否符合要求，终端设备不需动作。

（6）端对端测试

1）系统设备的点对点测试已经完成，测试结果满足接口文件的要求。

2）系统设备单体试运行完成，正式供电。

3）与系统设备相连接管道、风管等施工完毕。

4）车站装修施工基本完毕，施工现场的环境卫生进行了清理，满足设备运行的条件。

5）车控室内系统设备施工完毕，装修工程施工完毕。

6）端对端调试前要对调试的内容进行有效的组织，并且要求变电所的值班人员进行断、送电配合，保持通信畅通。

7）车站内的无线通信系统具备使用功能。

8）端对端调试前需对单体设备的状态进行检查确认，对现场的配线进行核查，确保正确。

9）仔细了解系统设备的操作说明，严禁违规频繁操作设备，以免损坏设备。

10）在对有危险的大型设备端对端调试时，例如隧道风机，需提前做好现场的安全保卫工作，确保安全。

3. 接口关系表

运营相关类设备综合调试首先要收集各系统设备的技术规格书和图纸资料，了解清晰各系统间的接口有多少，接口类型是什么，并整理汇总出接口表格。

其次要收集各系统设备的点表信息，这些点表信息应与工程现场实际一致，如点表信息有变化应及时修订，并用版本控制。

表 18-1～表 18-5 描述了各主要系统设备间的接口，供各位读者参考。

（1）ISCS 系统与其他相关系统之间的接口表

ISCS 系统与其他相关系统之间的接口见表 18-1。

ISCS 系统与其他相关系统之间的接口 表 18-1

序号	接口名称		负责专业	配合专业	备注
1	综合监控系统(ISCS)与站台门(PSD)接口		综合监控系统	站台门	
2	综合监控系统(ISCS)与信号系统(ATS)接口		综合监控系统	信号系统	控制中心,与信号设备和大屏幕之间有接口
3	综合监控系统(ISCS)与自动售检票系统(AFC)接口		综合监控系统	自动售检票系统	
4	综合监控系统(ISCS)与通信系统传输接口	与传输(TS)系统	综合监控系统	传输系统	
5		与闭路电视系统(CCTV)	综合监控系统	闭路电视系统	
6		与广播(PA)	综合监控系统	广播	
7		与时钟(CLK)	综合监控系统	时钟	
8		与通信集中告警(ALM)	综合监控系统	通信集中告警	控制中心
9		与乘客信息系统(PIS)	综合监控系统	乘客信息系统	
10		与电源子系统	综合监控系统	电源子系统	
11		与办公网络系统	综合监控系统	办公网络系统	
12	综合监控系统(ISCS)与低压配电系统		综合监控系统	低压配电系统	
13	综合监控系统(ISCS)与变电所自动化系统(PSCADA)		综合监控系统	变电所自动化系统	
14	综合监控系统(ISCS)与环境与设备监控系统(BAS)	与 BAS 系统车站交换机	综合监控系统	环境与设备监控系统	
15		与 BAS 风机振荡器			
16	综合监控系统(ISCS)与门禁(ACS)系统	与 ACS 车站交换机	综合监控系统	门禁系统	
17		与 ACS 考勤机	综合监控系统	门禁系统	
18	综合监控系统(ISCS)与火灾报警系统(FAS)		综合监控系统	火灾报警系统	
19	综合监控系统(ISCS)与综合信息平台(IISS)		综合监控系统	综合信息平台	控制中心
20	紧急后备盘(IBP 盘)与火灾报警系统(FAS)		综合监控系统	FAS 系统	
21	紧急后备盘(IBP 盘)与信号系统(ATS)接口		综合监控系统	ATS 系统	车站紧急手动控制
22	紧急后备盘(IBP 盘)与站台门(PSD)接口		综合监控系统	PSD 系统	
23	紧急后备盘(IBP 盘)与自动售检票系统(AFC)接口		综合监控系统	AFC 系统	
24	紧急后备盘(IBP 盘)与门禁(ACS)系统		综合监控系统	ACS 系统	
25	紧急后备盘(IBP 盘)与闭路电视系统(CCTV)		综合监控系统	CCTV 系统	

(2) BAS 系统与其他相关系统之间接口表

BAS 系统与其他相关系统之间的接口见表 18-2。

BAS 系统与其他相关系统之间的接口　　　　表 18-2

序号	接口名称		负责专业	配合专业	备注
1	BAS 与低压配电接口	与地下车站环控电控柜(智能控制柜)接口	BAS 系统	低压配电	
2		与高架车站变电所、主变电所风机控制箱接口	BAS 系统	低压配电	
3		与正常照明系统接口	BAS 系统	低压配电	
4		与应急照明系统接口	BAS 系统	低压配电	
5		与广告照明、灯饰照明接口	BAS 系统	低压配电	
6		与智能电表的接口	BAS 系统	低压配电	
7		与双电源切换箱接口	BAS 系统	低压配电	
8	BAS 与电扶梯接口		BAS 系统	电扶梯	
9	BAS 与给排水及消防接口		BAS 系统	给排水及消防	
10	BAS 与环控的接口	与空调系统群控制柜/箱接口	BAS 系统	环控	
11		与风机振动检测装置接口	BAS 系统	环控	
12		与风机轴温测量元件接口	BAS 系统	环控	
13		与电动两通阀设备接口	BAS 系统	环控	
14		与 AC220V 调节阀、组合阀类设备接口	BAS 系统	环控	
15		与 DC24V 阀门类设备接口	BAS 系统	环控	
16		与风道温度湿度、二氧化碳浓度测量元件等接口	BAS 系统	环控	
17	BAS 与综合监控系统(ISCS)接口		BAS 系统	综合监控	
18	BAS 与火灾自动报警系统(FAS)接口		BAS 系统	FAS 系统	

（3）FAS 系统与其他相关系统之间接口表

FAS 系统与其他相关系统之间的接口见表 18-3。

FAS 系统与其他相关系统之间的接口　　　　表 18-3

序号	接口名称		负责专业	配合专业	备注
1	FAS 与通信 TS 接口		FAS 系统	TS 系统	
2	FAS 与 AFC 接口		FAS 系统	AFC 系统	
3	FAS 与给水排水及消防接口	与气体灭火系统接口	FAS 系统	给水排水及消防专业	
4		与消防泵控制柜的接口	FAS 系统	给水排水及消防专业	
5		与消防水管电动蝶阀的接口	FAS 系统	给水排水及消防专业	
6		与喷淋泵的接口	FAS 系统	给水排水及消防专业	
7	FAS 与变电所 400V 开关柜接口		FAS 系统	400V 开关柜	
8	FAS 与低压配电接口	FAS 与双电源箱接口	FAS 系统	低压配电	
9		与应急照明系统接口	FAS 系统	低压配电	
10		与专用排烟风机控制箱的接口	FAS 系统	低压配电	
11		与 DC24V 防火阀类设备接口	FAS 系统	低压配电	
12	FAS 与环控专业电控挡烟垂帘的接口		FAS 系统	环控专业电控挡烟垂帘	

序号	接口名称	负责专业	配合专业	备注
13	FAS 与建筑防火卷帘门的接口	FAS 系统	建筑防火卷帘门	
14	FAS 与换乘站 FAS 接口	FAS 系统	换乘站 FAS	
15	FAS 与轨道交通相邻的商业建筑 FAS 接口	FAS 系统	轨道交通相邻的商业建筑 FAS 接口	
16	FAS 与综合监控系统(ISCS)接口	FAS 系统	综合监控系统	
17	FAS 与环境与设备监控系统(BAS)接口	FAS 系统	环境与设备监控系统	

（4）通信系统、PIS、AFC 系统与其他相关系统之间接口表

通信系统、PIS、AFC 系统与其他相关系统之间的接口见表 18-4。

通信系统、PIS、AFC 系统与其他相关系统之间的接口 表 18-4

序号	接口名称	负责专业	配合专业
1	信号系统与传输系统接口	信号系统	传输系统
2	AFC 系统与传输系统接口	AFC 系统	传输系统
3	机电设备包电扶梯系统与公务电话系统接口	机电设备包电扶梯系统	公务电话系统
4	通信系统与公务电话系统接口	通信系统	公务电话系统
5	信号系统与无线通信系统接口	信号系统	无线通信系统
6	车辆集成、列车广播与无线通信系统接口	车辆集成、列车广播	无线通信系统
7	供配电系统包与闭路电视监视系统接口	供配电系统包	闭路电视监视系统
8	机电设备包电扶梯系统与闭路电视监视系统接口	机电设备包电扶梯系统	闭路电视监视系统
9	AFC 系统与闭路电视监视系统接口	AFC 系统	闭路电视监视系统
10	信号系统与闭路电视监视系统接口	信号系统	闭路电视监视系统
11	信号系统与时钟系统接口	信号系统	时钟系统
12	PSCADA 系统与时钟系统接口	PSCADA 系统	时钟系统
13	FAS 系统与时钟系统接口	FAS 系统	时钟系统
14	AFC 系统与综合电源系统接口	AFC 系统	综合电源系统
15	ISCS 系统与综合电源系统接口	ISCS 系统	综合电源系统
16	FAS 系统与综合电源系统接口	FAS 系统	综合电源系统
17	供配电系统包与综合电源系统接口	供配电系统包	综合电源系统
18	车站装修包与综合电源系统接口	车站装修包	综合电源系统
19	车辆集成包与旅客信息系统	车辆集成包	旅客信息系统
20	PIS、ATS信号和综合监控承建商与旅客信息系统	PIS、ATS信号和综合监控承建商	旅客信息系统
21	车辆集成包与车载视频监视系统	车辆集成包	车载视频监视系统
22	ISCS 系统与集中告警系统接口	ISCS 系统	集中告警系统

（5）其他（表18-5）

其他接口
表18-5

序号	接口名称	负责专业	配合专业
1	信号系统与站台门系统接口	信号系统	站台门系统

4. 调试内容

（1）综合监控系统与其他系统的调试

1）ISCS-PSD系统调试

①调试目的

确保ISCS能正常监视站台门的工作状态和报警信息，实现紧急情况下IBP盘对PSD设备的手动控制功能。IBP盘上设置钥匙开关按钮、指示灯与车站PSD设备连接，实现紧急情况下PSD设备的手动控制功能。

②调试内容

遥控、遥信；数据报警功能；检查系统承包商提供的单体调试记录并根据测试点表对现场设备进行点对点验证。

③调试方法

遥信：根据设计提供的点表对所有DI测点逐一测试。观察HMI上和站台门开、合状态并与现场进行核对。

人机交互界面HMI测试：对与PSD相关的功能菜单逐一测试，查看是否能正确显示。

IBP控制测试：在IBP上进行遥控，与PSD现场核对设备状态是否一致。

通道切换：对PSD双通道进行切换试验，查看通信报文确认通信是否正常。

服务器双机切换：具体方法为将任一服务器的网线拔出，查看另一服务器是否能正常转为主服务器状态。

2）ISCS-ATS系统调试

①调试目的

实现ATS系统的监视功能，所有信号设备运行正常，列车ATS及车辆状态正常，ISCS中心级HMI上所显示的信息都正确。

②调试内容

遥信功能，检查系统承包商提供的单体调试记录并根据测试点表对现场设备进行点对点验证，观察HMI上和ATS设备状态并与现场工程人员进行核对。

③调试方法

遥信：根据设计提供的点表对所有DI测点逐一测试。观察HMI上和ATS设备状态并与现场进行核对。

人机交互界面HMI测试：对与ATS相关的功能菜单逐一测试，查看是否能正确显示。

通道切换：对ATS双通道进行切换试验，查看通信报文确认通信是否正常。

服务器双机切换：具体方法为将任一服务器的网线拔出，查看另一服务器是否能正常转为主服务器状态。

3) ISCS-AFC 系统调试

①调试目的

监视 AFC 系统设备工作状态和报警信息，实现 IBP 盘上紧急情况下对 AFC 设备的手动控制功能。

②调试内容

ISCS 系统监控 AFC 系统状态和故障报警；

IBP 盘上设置钥匙开关、指示灯与车站 AFC 设备连接，实现紧急情况下 AFC 设备的手动控制功能。

③调试方法

遥信：根据设计提供的点表对所有 DI 测点逐一测试。观察 HMI 上 AFC 系统相关设备状态并与现场进行核对。

人机交互界面 HMI 测试：对与 AFC 相关的功能菜单逐一测试，查看是否能正确显示。

IBP 控制测试：在 IBP 上进行遥控，与 AFC 现场核对设备状态是否一致。

通道切换：对 AFC 系统双通道进行切换试验，查看通信报文确认通信是否正常。

服务器双机切换：具体方法为将任一服务器的网线拔出，查看另一服务器是否能正常转为主服务器状态。

4) ISCS-BAS 系统调试

①调试目的

通过正常监视 BAS 系统设备工作状态和报警信息，实现 BAS 系统灾害模式控制、正常模式控制、点动控制的正确性和设备状态显示、报警显示的正确性。

②调试内容

BAS 在车站级实现与 ISCS 的集成，BAS 车站级、中心级各项功能均由 ISCS 实现；

ISCS 集中管理车站机电设施的运行工况；

ISCS 系统确定全线暖通空调系统运行模式、更改运行工况，发布运行工况的调控指令；

ISCS 系统接收 BAS 系统报送的设备运行状态、故障报警信息、环境参数调试数据、机电设备运行计时。完成数据处理，作历史资料存档管理，为设备维修和运营管理部门提供设备检修和主备设备切换报告。

③调试方法

遥测：根据设计提供的点表对所有 AI 测点逐一测试。观察 HMI 上的测量值与现场进行核对。

遥信：根据设计提供的点表对所有 DI 测点逐一测试。观察 HMI 上电动阀门、风机、空调、电梯等其他设备显示的状态与现场工程人员进行核对。

遥控：根据设计提供的点表对所有 DO 板所有测点逐一测试，检查遥控功能是否正常，方法是在 HMI 上进行遥控，与变电所现场工程人员核对设备状态是否一致。

模式控制：根据设计提供的模式表，在 HMI 上进行模式下发，并核对与现场状态是否一致。结合 HMI 界面上的模式概况图，与现场工程人员核对确认 HMI 显示是否正确。

人机交互界面 HMI 测试：对与 BAS 相关的功能菜单逐一测试，查看是否能正确显示。

通道切换：对 BAS 双通道进行切换试验，查看通信报文确认通信是否正常。

服务器双机切换：具体方法为将任一服务器的网线拔出，查看另一服务器是否能正常转为主服务器状态。

5）ISCS-FAS 系统调试

①调试目的

通过正常监视 FAS 系统设备工作状态和报警信息，实现 FAS 系统灾害模式控制、正常模式控制、点动控制的正确性和设备状态显示、报警显示的正确性。

②调试内容

FAS 系统集成于 ISCS 系统；

ISCS 接收车站级 FAS 的报警信号及火灾模式信息，通过车站环境与设备监控系统（BAS）进行对应模式的火灾联动；

火灾时，ISCS 通过闭路电视监视系统、广播系统、乘客信息系统、疏散系统对乘客进行安全疏散引导。

火灾时，ISCS 联动门禁系统（ACS）、站台门系统（PSD）、闸机进行相应的操作，便于人员尽快逃生。ISCS 接收中心级 FAS 的报警信号及区间火灾模式信号，对相关的车站下发区间火灾联动模式指令。

③调试方法

遥信：根据设计提供的点表对所有 DI 测点逐一测试。观察 HMI 上防火分区、气灭区火警状态并与现场进行核对。

联动测试：车站级 FAS 通过现场级设备接口向环境与车站设备监控系统发出救灾模式指令，使环境与车站设备监控系统启动相应的消防联动设备。可让 FAS 现场模拟一信号，验证系统是否能收到出发信号并能发出有联动程序可做信号。

人机交互界面 HMI 测试：对与 FAS 相关的功能菜单逐一测试，查看是否能正确显示。

通道切换：对 FAS 双通道进行切换试验，查看通信报文确认通信是否正常。

服务器双机切换：具体方法为将任一服务器的网线拔出，查看另一服务器是否能正常转为主服务器状态。

6）ISCS-ACS 系统调试

①调试目的

监视 ACS 系统设备工作状态和报警信息。

②调试内容

ACS 向 ISCS 提供其系统设备工作状态和设备故障报警信息等。

③调试方法

遥信：根据设计提供的点表对所有 DI 测点逐一测试。观察 HMI 上和 ACS 设备状态并与现场工程人员进行核对。

人机交互界面 HMI 测试：对与 ACS 相关的功能菜单逐一测试，查看是否能正确显示。

通道切换：对 ACS 双通道进行切换试验，查看通信报文确认通信是否正常。

服务器双机切换：具体方法为将任一服务器的网线拔出，查看另一服务器是否能正常转为主服务器状态。

（2）通信系统与其他系统的调试

1）时钟子系统

实现时钟系统和中央 ISCS 对时、车站级 ISCS 和中央级 ISCS 对时、各 ISCS 关联子系统和车站对时。

时钟子系统与其他调试基本功能为：

时钟子系统为 ISCS、FAS、PSCADA、BAS、PSD、PIS 系统提供 RS422 接口传输通道，通过 CLK 系统跟其他专业系统到达时钟同步功能。

2）传输子系统

TS 子系统与其他接口调试基本功能为：

①为 ISCS 系统在控制中心、车站和车辆基地提供 2 路以太网及 4 芯光纤传输通道。

②为 FAS 系统在控制中心、车站和车辆基地提供 2 芯光纤通道。

③TS 系统为 SIG 系统在控制中心、车站和车辆基地提供 2 芯光纤传输通道。

④TS 系统为 AFC 系统提供 2 个 10/100Mb 的以太网传输通道。

⑤相关接口系统通过传输系统传输业务数据及时钟同步信号。

3）视频监控系统

①调试目的

中心及车站 ISCS 能正常监视 CCTV 设备的工作状态和报警信息，可选择及控制车站或中心大楼闭路电视影像和列车闭路电视影像。

②调试内容：

a. 中心 ISCS 提供人机界面，选择及控制车站或中心大楼闭路电视系统闭路电视影像。

b. 车站 ISCS 提供人机界面，选择及控制本车站闭路电视影像中心。

c. ISCS 提供人机界面，选择及控制车站闭路电视影像和列车闭路电视影像。

d. CCTV 车站级设备状态监视。

e. CCTV 中心级设备状态监视。

f. 连续 PTZ 指令。

g. 控制优先权。

h. 摄像机预设位置。

i. 画面分割。

j. 自动循环监察模式。

k. 系统联动。

③调试方法

遥控：根据设计提供的点表对所有 DO 测点逐一测试。观察 HMI 上闭路电视系统相关设备状态并与现场进行核对。

人机交互界面 HMI 测试：对与 CCTV 相关的功能菜单逐一测试，查看是否能正确显示。

通道切换：对 CCTV 双通道进行切换试验，查看通信报文确认通信是否正常。

服务器双机切换：具体方法为将任一服务器的网线拔出，查看另一服务器是否能正常转为主服务器状态。

4）广播系统

①调试目的

ISCS 系统能监视广播系统设备工作状态和报警信息，根据 ISCS 指令及优先权列表处理信息广播，正确播放广播信息。

②调试内容

在 ISCS 人机界面显示 PA 设备状态，车站广播分区状态。接受广播系统设备故障信息后在人机界面提供报警等。其内容具体如下：

a. 监听广播信息。

b. 广播范围选择。

c. 话筒广播。

d. 线路广播。

e. 录制广播信息。

f. 信息广播记录。

③调试方法

遥信：根据设计提供的点表对所有 DI 测点逐一测试。观察 HMI 上广播系统相关设备状态并与现场进行核对。

遥控：根据设计提供的点表对所有 DO 测点逐一测试。观察 HMI 上广播系统相关设备状态并与现场进行核对。

人机交互界面 HMI 测试：对与 PA 相关的功能菜单逐一测试，查看是否能正确显示。

通道切换：对广播系统双通道进行切换试验，查看通讯报文确认通讯是否正常。

服务器双机切换：具体方法为将任一服务器的网线拔出，查看另一服务器是否能正常转为主服务器状态。

车控室 IBP 盘与各系统之间接口：现场调试时，根据设计提出的图纸要求，对 IBP 盘外观进行检查，并对各系统的紧急按钮等所有紧急后备盘的功能进行调试。

5）集中告警系统

ALM 与 ISCS 系统互联，只监视不控制。返信形式为在操作显示器上设置声光告警信息。

ISCS 通过与集中告警设备互联可监视通信专业：传输系统、公务系统、调度专用电话系统、无线系统、CCTV 系统、PIS 系统、广播系统、时钟系统、电源系统等系统主要设备告警和故障情况。

6）乘客信息系统

①调试目的

ISCS 系统监视 PIS 系统设备工作状态和报警信息，根据 ISCS 指令正确发布列车到站信息、预定义信息、自定义信息、紧急文本信息、火灾报警信息等。

②调试内容

a. 设备状态监视；

b. 预定义正常和紧急文本信息；

c. 发布自定义正常和紧急信息；

d. 列车到站信息；

e. 动态列车位置信息；

f. 首班和末班列车信息。

③调试方法

遥信：根据设计提供的点表对所有 DI 测点逐一测试。观察 HMI 上旅客信息系统相关设备状态并与现场进行核对。

人机交互界面 HMI 测试：对与 PIS 相关的功能菜单逐一测试，查看是否能正确显示。

通道切换：对旅客信息系统双通道进行切换试验，查看通信报文确认通信是否正常。

服务器双机切换：具体方法为将任一服务器的网线拔出，查看另一服务器是否能正常转为主服务器状态。

（3）BAS 系统与其他系统的调试

1）BAS—动照系统调试

①调试设备

BAS 专业与动照专业接口调试设备主要有环控电控柜、风机控制箱、正常照明系统、应急照明系统（EPS）、广告照明、灯饰照明、智能电表、双电源切换箱等设备。

②调试内容

a. BAS 采集和控制通风类设备的运行状态、停止状态、故障报警、手/自动转换开关位置等信号。

b. BAS 采集和控制正常照明的开启状态、关闭状态、手/自动转换开关位置信号

c. BAS 采集和控制 EPS 的开启状态、关闭状态、手/自动转换开关位置信号。

d. BAS 采集和控制广告照明、灯饰照明的开启状态、关闭状态、手/自动转换开关位置信号。

e. BAS 采集用电量、故障状态等信息。

f. BAS 采集和控制双电源设备控制柜/箱的运行状态、停止状态、故障报警等信号。

g. 正常通风模式、火灾模式。

2）BAS—电扶梯系统调试

①调试设备

BAS 专业与电扶梯系统调试设备主要有：自动扶梯，垂梯。

②调试内容

监控电扶梯的工作状态，如自动扶梯上行、下行、停止、急停、故障、检修等工作状态，火灾时 BAS 发给电扶梯停止信号等。

3）BAS—给水排水及消防水系统调试

①调试设备

BAS 专业与给水排水系统调试设备主要有：污水泵、废水泵、潜污泵、局部排水泵，电动二通阀，智能水表等设备。

②调试内容

a. BAS 采集和控制水泵类设备的运行状态、故障报警以及水管压力等。

b. BAS 采集智能水表信号，能够对水量进行计量统计。

（4）FAS 系统与其他系统的调试

1）FAS—BAS 系统调试

BAS 接收到 FAS 的火灾指令后，对于正常工况和火灾工况兼用的设备，正常工况由 BAS 监控管理，火灾时由 FAS 发出指令，BAS 执行联动控制，由正常工况转入火灾模式运行，火灾工况具有优先权。

FAS 通过此接口向 BAS 传送部分 DC24V 防火阀等 BAS 所需要的信息。

2）FAS—PSD 系统调试

FAS 向 ACS 发送确认的火警信号，由 ACS 联动打开所有门禁点，以便于人员疏散逃生。FAS 接收并显示 ACS 提供的门禁打开的信息。

3）FAS—AFC 系统调试

FAS 向 AFC 发送确认的火警信号，由 AFC 联动打开所有检票闸门，以便于人员疏散逃生。FAS 接收并显示 AFC 提供的闸机全部打开的信息。

4）FAS—气体灭火系统调试

FAS 监视车站气体灭火系统设备运行状态、故障等信息，并对设备信息进行及时处理。

气体灭火控制器能够独立完成相应区域的气体灭火系统系列动作，反馈信息准确上传至 FAS 主机。

5）FAS—给水排水及消防系统调试

①调试设备

FAS 专业与给水排水系统调试设备主要有：消防泵、喷淋泵、消防水管电动蝶阀等设备。

②调试内容

FAS 采集和控制主备消防泵的运行状态、消防水管压力信号等。

手动直接控制（IBP 控制）完成对消防泵的运行和停止控制，并采集消防泵的运行信号和停止信号等。

FAS 通过 I/O 模块控制电动蝶阀开启或关闭，并通过输入模块采集电动蝶阀的开启状态、关闭状态、故障报警信号。

FAS 自动控制（I/O 模块控制）采集和控制喷淋泵配套设备的运行信号、停止信号、故障信号、手/自动转换开关位置信号等。

6）FAS—动照系统调试

①调试设备

FAS 专业与低压配电系统调试设备主要有：EPS 应急配电柜，专用排烟风机控制箱，防火阀。

②调试内容

火灾时，FAS 通过通信接口控制应急照明总开关接通，并采集反馈信号。

FAS 能够控制防火阀的开启和关闭，并采集阀门开启信号、关闭信号。

FAS 自动控制采集和控制排烟风机的运行信号、停止信号、故障信号、手/自动转换开关位置信号。

手动直接控制（IBP 控制）完成对排烟风机的运行和停止控制，并采集排烟风机的运行信号和停止信号等。

FAS 能够控制 DC24V 防火阀的开启和关闭，并采集阀门开启信号、关闭信号。

7）FAS—供电设备系统调试

FAS 向牵引供电设备系统中 400V 开关柜中非消防电源抽屉提供切非信号，400V 非消开关接到切非信号后能跳闸并向 FAS 反馈接收信号。

8）FAS—建筑防火卷帘门系统调试

FAS 监视防火卷帘门的工作状态信息。FAS 控制防火卷帘门的下降，接收防火卷帘门提供的下降状态。

（5）信号系统与站台门系统的调试

1）测试目的

与信号系统的接口正常。

2）测试内容

站台门系统应能完全响应信号系统发出的开门、关门信息，验证信号系统发出指令与 PSD 动作一致。

站台门系统应能将门关闭且锁紧信号、滑动门/应急门互锁解除信号发送到信号系统，信号系统接收 PSD "开/关" 门状态信号并 "解锁/锁定"，其显示状态与现场 PSD 状态一致。

3）测试方法

①将信号（SIG）系统电缆接入 PSC 机柜对应的端子中；

②用万用表测试信号 SIG 系统 24V 电源是否有短路现象；

③将 IBP 操作允许钥匙开关及门机上模式开关旋至 "自动" 位置；将 PSL 开关门钥匙开关旋至 "OFF" 位置；信号（SIG）系统发出 "开门" 信号，上行所有 ASD 进行开门动作，此时 PSC 及 PSL 面板上 "ASD/EED 关闭锁紧" 指示灯熄灭；

④将 IBP 操作允许钥匙开关及门机上模式开关旋至 "自动" 位置；将 PSL 开关门钥匙开关旋至 "OFF" 位置；信号（SIG）系统发出 "关门" 信号，上行所有 ASD 进行关门动作，ASD 关闭后，PSC 及 PSL 面板上 "ASD/EED 关闭锁紧" 指示灯点亮。信号系统收到关闭且锁紧信号；

⑤操作上行 PSL 开关门，因 PSL 控制优先级高于信号（SIG）系统，故此时上行滑动门进行开关门动作，受 PSL 控制；

⑥操作 PSL 发出互锁解除信号，信号系统收到互锁解除信号；

⑦操作 IBP 盘上行开关门，因 IBP 盘控制优先级最高，故此时上行滑动门进行开关门动作，受 IBP 控制；

⑧信号（SIG）系统下行侧功能测试同上行。

5. 接口问题诊断

各单体系统调试完成后可进行系统间的联调，系统联调一般采用端对端测试的方式，按照设计点表上的项目名称，在基础设备上进行相应的操作，模拟状态信号，查看监控系统的终端界面上设备状态的变化是否与基础设备状态一致。在监控系统终端界面上下发控制命令，查看基础设备的动作是否正确。

若基础设备的状态能正确显示在监控系统终端上，监控终端下发的控制命令基础设备也能正确执行则该部分的测试通过。否则该接口测试失败。针对不同的现象对接口测试失败的判断方法如下：

现象一：接口间通信不通。

诊断步骤：

（1）查看传输介质是否不通（屏蔽双绞线用万用表或网线测试仪检测通断）；

（2）查看通信介质与端子连接的收、发次序（或正、负）是否有误；

（3）查看通信地址等参数设置是否有误；

（4）用第三方检测软件进行检测。

现象二：接口通信正常，但监控系统状态与基础设备状态不一致或基础设备不正确执行控制命令。

诊断步骤：

（1）查看监控系统界面与数据库关联是否正确；

（2）查看通信报文进行具体的分析判断。

现象三：基础设备状态不能正确显示在监控终端界面上。

诊断步骤：

（1）在监控设备进线端子处用导线短接（或断开）该状态所对应的接线端子用来模拟基础设备的状态变化，查看界面能否正确显示。若显示不正确则机柜内部配线或程序关联需要检查整改，若显示正确则排除监控设备问题，进行下一步检测。

（2）在基础设备的出线端子处用导线短接（或断开）该状态所对应的接线端子用来模拟基础设备的状态变化，查看监控终端的状态变化是否正确，若状态变化正确，则问题出在基础设备控制柜内；若状态变化不正确则问题出在传输介质上，需要重新校线、接续。

6. 注意事项

综合调试主要工作为接口调试，分为硬线接口和通信接口，其中通信接口较为复杂，在测试中必须贯彻以统计为基础的验证确认。以实际的通信距离，实际的负载数量作为标准进行测试。通过长时间大数据量的统计测试，并进行记录。通过对记录下来的数据进行分析确认，看通信的成功率以及错误的具体情况，基于大数据量统计的情况来判断。

如果条件许可在通信接口上挂上监听软件用于监控双方的通信情况。

18.2 行车相关类设备系统联调

城市轨道交通设备系统依据各设备系统之间的关联程度与接口复杂程度，可将系统划分为行车相关类设备和车站相关类设备两部分。行车相关类设备包括车辆、信号、通信、站台门、供电等系统。

1. 牵引负荷能力测试

（1）目的

在多列车在最小行车间隔运行工况下，测量各相关区段车站轨电位电压值，检验轨电位装置是否正常工作。

（2）前提条件

1）正线各牵引变电所全部设备已投入运行，所有功能已满足合同各项条款的要求，且工作状况良好。

2）接触网设备全部投入运行，所有功能已满足合同各项条款的要求，且通过规定速度热滑试验。

3）项目建设单位、监理单位、施工单位已确认相关系统设备符合测试条件。

4）测试用城市轨道交通列车已实现 2min 密度运行状态，且已完成相应调试，具备正线行车能力。

（3）测试内容与步骤

1）列车在牵引系统正常供电情况下于到达指定位置。

2）供电专业各参与测试变电所人员确认变电所内测试仪器接线与设置已准备就绪，通知供电专业负责人。

3）列车到达预定位置后，测试人员确认数据采集正常，准备按设计最小行车密度速度行驶。

4）测试开始，第一列列车从指定位置站台出发，随车人员通过对讲机通知变电所人员，变电所人员通过万用表观察轨电位装置电压变化，并每隔 1min 记录一次最大数值。

5）列车按照既定计划，最小行车间隔逐一通过测试站台。

6）待第一列列车驶出下站站台后，测试结束。

（4）管理与协调

行车相关类设备调试过程中，因牵涉到车辆动车，因此为保证调试安全顺利进行，应注意以下几点：

1）需要搭建行车指挥、设备保障、施工协调、车站管理的指挥平台；

2）应将整个线路管理区域纳入集中、统一管理范畴；

3）设立监管部门，明确监管责任，健全监管制度；

4）严格执行各项管理制度和工作程序，严肃工作纪律、作业流程和操作规程；

5）在满足调试需要并达到试验目的的前提下，能少动车则少动车、能低速不高速、能范围小不范围大，把风险减到最小。

2. 列车在区间隧道/车站隧道发生阻塞时联动

（1）前置条件

1）ISCS 已完成中央级、车站级监控功能单体调试，并已投入正常运行。

2）CCTV 已完成单体调试，设备稳定运行，并工作状况良好。

3）广播系统已完成单体调试，设备投入运行，并工作状况良好。

4）PIS 系统已完成单体调试，设备投入运行，并工作状况良好。

5）列车系统已完成单体调试，设备投入运行，并工作状况良好。

6）ISCS 已完成与 CCTV 接口调试。

7) ISCS 已完成与广播接口调试。

8) ISCS 已完成与 PIS 接口调试。

9) ISCS 已完成与列车接口调试。

10) 所有参与本次联调的单位及人员均已熟悉本次联调组织及实施方案，并已做好相关各项准备工作。

（2）调试内容及步骤

列车在区间隧道/车站隧道发生阻塞时联动调试的步骤和内容见表 18-6。

列车在区间隧道/车站隧道发生阻塞时联动调试   表 18-6

联动场景说明：	列车在区间/车站隧道发生阻塞时
联动触发条件	信号系统发来的阻塞信息
联动类型：	半自动

序号	联动步骤	联动动作内容
1	ISCS 提示电调、环调查看阻塞区间列车位置	调用行车位置画面
2	调用车载 CCTV 探头	调用车载 CCTV 画面
3	向发生阻塞区间的前一个车站和后一个车站下发阻塞模式命令,启动相关设备进行送风和排气	调用区间隧道通风模式汇总画面,手动下发模式控制指令
4	发送列车延误文本信息	调用车载 PIS 画面
5	车站进行列车阻塞广播	ISCS 手动向广播发送广播指令
6	在车站显示相关列车阻塞联动文字	ISCS 手动下发 PIS 显示信息
7	ISCS 提示电调查看阻塞区间供电分区的牵引供电	调用接触网画面
8	ISCS 提示中心行调扣车	

问题记录：
调试结论
供货商：   现场监理：   施工单位：
日期：

（3）管理与协调

1) CCTV 须支持实现该联动所需要的功能；

2) 广播须支持实现该联动所需要的功能；

3) PIS 须支持实现该联动所需要的功能；

4) 应将整个线路管理区域纳入集中、统一管理范畴；

5) 严格执行各项管理制度和工作程序，严肃工作纪律、作业流程和操作规程；

6) 在满足调试需要并达到试验目的的前提下，能少动车则少动车、能低速不高速、能范围小不范围大，把风险减到最小。

3. 折返能力测试

(1) 目的

验证折返站能否在设计最小的时间内进行 ATO 折返。

(2) 前提条件

1) 正线各牵引变电所全部设备已投入运行，所有功能已满足合同各项条款的要求，且工作状况良好。

2) 接触网设备全部投入运行，所有功能已满足合同各项条款的要求，且通过规定速度热滑试验。

3) 测试用城市轨道交通列车已实现最小密度运行状态，且已完成相应调试，具备正线行车能力。

4) 信号专业已完成列车 ATO 折返功能调试

(3) 调试内容与步骤

设置全线集中站区域在 CBTC 模式。列车列车折返能力测试的步骤见表 18-7。

列车在区间隧道/车站隧道发生阻塞时联动调试　　　　　　　　表 18-7

	×××1 站折返能力测试	
1	排 4 列车以 ATO 模式由×××站上行站台开往×××1 站下行×××1 站台，分配 ATS Line 001，运行模式为正常。×××1 站上行站台设置关闭	
2	列车 1 停在×××站上行站台，其他列车尽可能近得靠近×××站上行站台，列车方向均为 0 方向(往×××1 站方向)	
3	命令列车 1 在 T_{1a} 时间由×××站上行发车。 一旦列车 1 离开×××站，安排列车 2 进站并停在×××站上行站台	
4	命令列车 2 在 $T_{2a}=T_{1a}+120s$ 时间由×××站上行发车。 一旦列车 2 离开×××站，安排列车 3 进站并停在×××站上行站台	
5	命令列车 3 在 $T_{3a}=T_{2a}+120s$ 时间由×××站上行发车。 一旦列车 3 离开×××站，安排列车 4 进站并停在×××站上行站台	
6	命令列车 4 在 $T_{4a}=T_{3a}+120s$ 时间由×××站上行发车	
7	所有列车离开×××站上行均在 ATO 模式下运营。记录列车在每个车站的进站和出站时间	
8	×××1 站上行站台关闭，所有列车通过×××1 站下行站台折返，并开往下行线，所有列车从×××1 站下行站台发出后测试结束	

因为操作员在测试过程中需驾驶列车，测试数据可以通过 playback 记录，并通过数据评估系统性能。

(4) 管理与协调

1) 各专业需确保在联调测试过程中本专业成员的人身和设备安全。根据测试的内容和步骤对本专业设备可能造成的影响做好相应的预想和防范。

2) 联调测试过程中发生可能危及人身、设备安全情况时，现场测试人员须立即采取措施，如停机或断电等，并及时报告总调，以防造成更严重后果。

3) 所有参加测试的人员，在发现可能危及人身、设备安全等异常情况时，都有权终止测试，并及时报告总调。只有当参与测试人员都认为可以重新开始时，方可继续进行测试。

4) 参与测试所有人员应严格遵守相关安全规章及作业程序。

18.3 车站相关类设备系统联调（模式）

城市轨道交通设备系统依据各设备系统之间的关联程度与接口复杂程度，可将系统划分为行车相关类设备和车站相关类设备两部分。车站相关类设备包括自动售检票、电力监控、综合监控、FAS、BAS等系统。

1. 前置条件

（1）风机：风机应能在综合监控工作站正常启动，风机和控制抽屉均无杂音。特别是隧道风机，应能正常启动且平稳运行1min以上。隧道风机区域已出清垃圾和杂物。

（2）风阀：风阀应能按设计要求，在综合监控工作站实现正常开关阀，且电控风阀开关，风阀本体能准确到位。有半开状态的，风阀从开至半开、从关至半开和风阀从开至关，半开信号均应能保持0.5s以上。

（3）照明：机电单位的照明配电箱的无源信号结点的感应电压和BAS单位的BAS与配电箱的连接线，总感应电压应小于综合监控模块的允许值。BAS连接线要对照综合监控模块和机电配电箱（配电箱内要留一份本体图纸）相配套连接，勿出现交叉。

（4）冷水系统：冷水系统水质清澈，冷水主机已启动8h以上。冷水主机与综合监控，通信已联通且通信正常。

（5）温湿度、二氧化碳传感器：温湿度传感器通电正常，输入、输出的电压电流正常。

（6）二通阀：机电单位安装完成接线后，按图纸正确模拟电动二通阀开关，应能够正确动作。BAS连接线，要对照综合监控模块和机电配电箱相配套连接，勿出现交叉错位等。

（7）车站风道、风井干净整洁，不影响隧道系统风机运行。

（8）软件部署：综合监控HMI图像完成，HMI程序开发完成，且BSA系统逻辑程序完成。

（9）广播、PIS、ACS、AFC：消防联动接口调试完成。

2. 调试内容

（1）通风空调系统模式联调

因通风空调模式调试涉及的专业和设备比较多，每个模式需要动作的设备也很多，设备分布比较广。在模式切换时，设备动作又比较频繁，设备容易出现故障。因此更需要施工单位和设备供货商提供有力的支持，并做好安全防护工作。为提高现场调试效率及实现功能，各系统专业应在整体联动前具备相关条件。

1）前置条件

①风机、空调器、风阀实现远程监控，设备稳定运行，状态良好；

②风道、风管内干净无异物；

③综合监控HMI通风系统模式程序完成，BAS系统逻辑程序完成；

2）调试内容及步骤

BAS模式调试的内容见表18-8。

BAS 模式调试内容及人员安排

序号	调试步骤	测试内容	人员安排	所需的工具及资料	注意事项
1	照明导向系统调试	所有照明导向回路转到车控位，由 BAS 上位下载模式	厂方 1 人施工单位 3 人低压供货商 2 人	万用表,手提电脑,房间钥匙,对讲机,下位程序,上位画面,照明导向模式表,测试表格	需要施工单位低压及 BAS 专业配合,低压配电供货商配合
2		通过上位模式画面的设备状态与照明导向模式表与进行核对			
3	小系统调试	所有小系统风机风阀转到车控位,风机的就地控制箱转到环控,由 BAS 上位、FAS 接口和 IBP 盘下发模式	厂方 1~2 人施工单位 4 人各供货商分别 1 人	万用表,手提电脑,房间钥匙,对讲机,下位程序,上位画面,环控工艺,测试表格	需要施工单位 BAS、低压及环控专业配合,智能低压、风机、风阀、FAS 供货商配合
		通过上位模式画面的设备状态与环控模式表与进行核对			
4	大系统调试	所有大系统风机风阀转到车控位,风机的就地控制箱转到环控,由 BAS 上位、FAS 接口和 IBP 盘下发模式	厂方 1~2 人施工单位 4 人各供货商分别 1 人	万用表,手提电脑,房间钥匙,对讲机,下位程序,上位画面,环控工艺,测试表格	需要施工单位 BAS、低压及环控专业配合,智能低压、风机、风阀供货商配合
		通过上位模式画面的设备状态与环控模式表与进行核对			
5	隧道系统调试	所有隧道系统风机风阀转到车控位,风机的就地控制箱转到环控,由 BAS 上位和 IBP 盘下发模式	厂方 1~2 人施工单位 4 人各供货商分别 1 人	万用表,手提电脑,房间钥匙,对讲机,下位程序,上位画面,环控工艺,测试表格	需要施工单位 BAS、低压及环控专业配合,智能低压、风机、风阀供货商配合
		通过上位模式画面的设备状态与环控模式表与进行核对			
6	水系统调试	所有水系统设备转到车控位,水泵就地控制箱转到环控或主机控,由 BAS 上位下载模式	厂方 1~2 人施工单位 4 人各供货商分别 1 人	万用表,手提电脑,房间钥匙,对讲机,下位程序,上位画面,环控工艺,测试表格	需要施工单位 BAS、低压及环控专业配合,智能低压、水泵、冷机供货商配合
		通过上位模式画面的设备状态与环控模式表与进行核对			
7	各系统火灾模式联动测试	测试某一系统执行火灾模式时其他系统是否联动执行相应模式	厂方 1~2 人施工单位 4 人各供货商分别 1 人	万用表,手提电脑,房间钥匙,对讲机,下位程序,上位画面,环控工艺,测试表格	需要施工单位所有专业配合,所有供货商配合
8	各系统自动模式、PID 测试	按工艺要求在下位模拟环境参数,通过上位画面观察模式切换和执行情况。二通阀 PID 则需要开启冷机,通过分析温度变化的曲线对 P、I 值进行调整。水系统则根据环口协议的要求进行测试	厂方 1~2 人施工单位 4 人各供货商分别 1 人	万用表,手提电脑,房间钥匙,对讲机,下位程序,上位画面,环控工艺,测试表格	需要施工单位所有专业配合,所有供货商配合

（2）照明配电系统的模式控制

通过对照明配电系统的模式控制及反馈信号调试，来检测 BAS 接收照明配电系统相关信号情况，同时检测照明配电系统对 BAS 控制命令的响应情况。

1）前置条件

①所检测照明配电系统已上电并能正常运行，现场控制回路与开关动作一致；

②相应照明配电系统已处于"BAS"状态，BAS 对照明配电系统具备单控能力，并

能监视相应状态；

③综合监控 HMI 程序部署完成。

2）调试内容及步骤

照明配电系统配电模式调试的内容见表 18-9。

照明配电系统控制模式调试 表 18-9

序号	调试步骤	记录人	信息传递
1	由维修工作站将所有相关设备从工作站中设置命令点为手动状态	BAS 人员	BAS 人员、照配人员
2	由 BAS 人员从 BAS 工作站发出灾害模式指令	BAS 人员	BAS 人员
3	由 BAS 人员检查所设置的手动点是否被屏蔽（此步骤调试灾害模式是否能够屏蔽掉设备的"手动"锁定）	BAS 人员	BAS 人员
4	由 BAS 人员在工作站按照工艺要求对设备的动作情况进行核对，若出现模式不符或设备故障，通报照配室操作员及现场操作员，由照配室操作员及现场操作员处理	BAS 人员	BAS 人员、照配人员
5	在 BAS 操作站上，将选定的设备打为"手动"状态，然后对该设备发出开启/关闭指令（此步骤是调试"人工干预模式功能"是否能够实现）	BAS 人员	BAS 人员、照配人员
6	由 BAS 人员对设备的输出状态进行检查，并判断是否执行人工发出的命令	BAS 人员	BAS 人员、照配人员
7	将设备恢复"BAS"控制状态	BAS 人员	BAS 人员、照配人员
8	重复上述步骤，直至完成所有站内灾害模式的调试	—	—

（3）站厅火灾联动

1）前置条件

①ISCS 已完成中央级、车站级监控功能单体调试，并已投入正常运行。

②CCTV 已完成单体调试，设备稳定运行，并工作状况良好。

③广播系统已完成单体调试，设备投入运行，并工作状况良好。

④PIS 系统已完成单体调试，设备投入运行，并工作状况良好。

⑤BAS 系统已完成单体调试，设备投入运行，并工作状况良好。

⑥FAS 系统已完成单体调试，设备投入运行，并工作状况良好。

⑦ACS 系统已完成单体调试，设备投入运行，并工作状况良好。

⑧AFC 系统已完成单体调试，设备投入运行，并工作状况良好。

⑨EPS 系统已完成单体调试，设备投入运行，并工作状况良好。

⑩ISCS 已完成与 CCTV 接口调试。

⑪ISCS 已完成与广播接口调试。

⑫ISCS 已完成与 PIS 接口调试。

⑬ISCS 已完成与 BAS 接口调试。

⑭ISCS 已完成与 FAS 接口调试。

⑮ISCS 已完成与 ACS 接口调试。

⑯ISCS 已完成与 AFC 接口调试。

⑰ISCS 已完成与 EPS 接口调试。

⑱所有参与本次联调的单位及人员均已熟悉本次联调组织及实施方案，并已做好相关各项准备工作。

2）调试内容及步骤

站厅火灾联动调试的内容见表 18-10。

站厅火灾联动调试　　　　　　　　　　　　　表 18-10

联动场景说明：	站厅火灾联动	
联动触发条件	FAS 送过来的火灾报警联动信息	
联动类型：	自动触发，调度人员在 MMI 上执行该联动功能	

序号	联动步骤	联动动作内容
1	调用 CCTV 固定序列画面，显示在车站 CCTV 监视器上，按固定序列轮巡该车站情况，探测器烟感、手报，调用摄像头	ISCS 手动向 CCTV 发送固定序列调用命令
2	ISCS 弹出联动触发窗口	ISCS 自动弹出联动已触发信息窗口
3	BAS 根据 FAS 提供的模式号运行相应模式	BAS 执行火灾联动模式
4	如联动确认，本站进行消防广播	ISCS 自动向广播发送广播指令
5	如联动确认，在本车站显示相关消防联动文字	ISCS 自动下发 PIS 显示信息
6	如联动确认，ISCS 提示 FAS 和 AFC 联动触发，AFC 闸机全部释放（需要向 ISCS 提供 FAS 和 AFC 联动触发的信息点）	FAS 和 AFC 硬线联动（由 FAS 和 AFC 专业实现）
7	如联动确认，ISCS 提示 FAS 和 ACS 联动触发，ACS 全部通道门释放（需要向 ISCS 提供 FAS 和 ACS 联动触发的信息点）	FAS 和 ACS 硬线联动（由 FAS 和 ACS 专业实现）
8	如联动确认，ISCS 提示查看切非状态、EPS 应急照明、消防水泵等设备状态，起泵控制未响应超过 30s，ISCS 工作站发出报警	FAS 和非消防电源硬线联动（由 FAS 和非消防电源实现）
9	如联动确认，ISCS 提示 BAS 联动触发电梯到疏散层，触发后 1min 若未收到电梯到达疏散层的反馈，ISCS 工作站发出报警声	BAS 发出电梯到疏散层命令后 1min 若未收到电梯到达疏散层的反馈，ISCS 工作站发出报警声
10	如联动确认，ISCS 提示人工停止不参与疏散的扶梯	
问题记录：		
调试结论		
供货商：　　　　　现场监理：　　　　　施工单位：		
日期：		

注：自动推出发生火灾地点的 HMI 布局图，推至工作站右屏。

　　CCTV 须支持实现该联动所需要的功能。

　　广播须支持实现该联动所需要的功能。

（4）站台火灾联动

1）前置条件

①ISCS 已完成中央级、车站级监控功能单体调试，并已投入正常运行。

②CCTV 已完成单体调试，设备稳定运行，并工作状况良好。

③广播系统已完成单体调试，设备投入运行，并工作状况良好。

④PIS 系统已完成单体调试，设备投入运行，并工作状况良好。

⑤BAS 系统已完成单体调试，设备投入运行，并工作状况良好。

⑥FAS系统已完成单体调试，设备投入运行，并工作状况良好。

⑦ACS系统已完成单体调试，设备投入运行，并工作状况良好。

⑧AFC系统已完成单体调试，设备投入运行，并工作状况良好。

⑨EPS系统已完成单体调试，设备投入运行，并工作状况良好。

⑩IBP系统已完成单体调试，设备投入运行，并工作状况良好。

⑪ISCS已完成与CCTV接口调试。

⑫ISCS已完成与广播接口调试。

⑬ISCS已完成与PIS接口调试。

⑭ISCS已完成与BAS接口调试。

⑮ISCS已完成与FAS接口调试。

⑯ISCS已完成与ACS接口调试。

⑰ISCS已完成与AFC接口调试。

⑱ISCS已完成与EPS接口调试。

⑲ISCS已完成与IBP接口调试。

⑳所有参与本次联调的单位及人员均已熟悉本次联调组织及实施方案，并已做好相关各项准备工作。

2）调试内容及步骤

站台火灾联动调试的内容见表18-11。

站台火灾联动调试　　　　　　　　　　　　　　　　　表18-11

联动场景说明：	站台火灾联动	
联动触发条件	FAS送过来的火灾报警联动信息	
联动类型：	自动触发，车站值班人员在MMI上执行该联动功能	
序号	联动步骤	联动动作内容
1	调用CCTV固定序列画面，显示在车站CCTV监视器上，按固定序列轮巡该车站情况，探测器烟感、手报，调用摄像头	ISCS手动向CCTV发送固定序列调用命令
2	ISCS弹出联动触发窗口	ISCS自动弹出联动已触发信息窗口
3	BAS根据FAS提供的模式号运行相应模式	BAS执行火灾联动模式
4	如联动确认，本站进行消防广播	ISCS自动向广播发送广播指令
5	如联动确认，在本车站显示相关消防联动文字	ISCS自动下发PIS显示信息
6	如联动确认，ISCS提示FAS和AFC联动触发，AFC闸机全部释放（需要向ISCS提供FAS和AFC联动触发的信息点）	FAS和AFC硬线联动（由FAS和AFC专业实现）
7	如联动确认，ISCS提示FAS和ACS联动触发，ACS全部通道门释放（需要向ISCS提供FAS和ACS联动触发的信息点）	FAS和ACS硬线联动（由FAS和ACS专业实现）
8	如联动确认，ISCS提示查看切非状态、EPS应急照明、消防水泵等设备状态，起泵控制未响应超过30s，ISCS工作站发出报警	FAS和非消防电源硬线联动（由FAS和非消防电源实现）

序号	联动步骤	联动动作内容
9	如联动确认,ISCS 提示打开站台门	在 IBP 上人工打开站台门
10	如联动确认,ISCS 提示 BAS 联动触发电梯到疏散层,触发后 1min 若未收到电梯到达疏散层的反馈,ISCS 工作站发出报警声	BAS 发出电梯到疏散层命令后 1min 若未收到电梯到达疏散层的反馈,ISCS 工作站发出报警声
11	如联动确认,ISCS 提示人工停止不参与疏散的扶梯	
12	ISCS 提示中心行调扣车	

问题记录:

调试结论

供货商: 　　　　现场监理: 　　　　施工单位:

日期:

注: 自动推出发生火灾地点的 HMI 布局图,推至工作站右屏。

　　CCTV 须支持实现该联动所需的功能。

　　广播须支持实现该联动所需的功能。

（5）车站设备区火灾联动

1）前置条件

①ISCS 已完成中央级、车站级监控功能单体调试,并已投入正常运行。

②BAS 系统已完成单体调试,设备稳定运行,并工作状况良好。

③广播系统已完成单体调试,设备投入运行,并工作状况良好。

④PIS 系统已完成单体调试,设备投入运行,并工作状况良好。

⑤FAS 系统已完成单体调试,设备投入运行,并工作状况良好。

⑥ACS 系统已完成单体调试,设备投入运行,并工作状况良好。

⑦EPS 系统已完成单体调试,设备投入运行,并工作状况良好。

⑧ISCS 已完成与 BAS 接口调试。

⑨ISCS 已完成与广播接口调试。

⑩ISCS 已完成与 PIS 接口调试。

⑪ISCS 已完成与 ACS 接口调试。

⑫ISCS 已完成与 FAS 接口调试。

⑬ISCS 已完成与 EPS 接口调试。

⑭所有参与本次联调的单位及人员均已熟悉本次联调组织及实施方案,并已做好相关各项准备工作。

2）调试内容及步骤

车站设备区火灾联动调试的内容见表 18-12。

联动场景说明：	车站设备区火灾联动
联动触发条件	FAS 送过来的火灾报警联动信息
联动类型：	自动触发,车站值班人员在 MMI 上执行该联动功能

序号	联动步骤	联动动作内容
1	ISCS 弹出联动触发窗口	ISCS 自动弹出联动已触发信息窗口
2	BAS 根据 FAS 提供的模式号运行相应模式	BAS 执行火灾联动模式
3	如联动确认,设备区及公共区进行消防广播	ISCS 自动向广播发送广播指令(手自动运营可选)
4	如联动确认,在本车站显示相关消防联动文字	ISCS 自动下发 PIS 显示信息(手自动运营可选)
5	如联动确认,ISCS 提示车站值班人员查看 FAS 联动触发	FAS 硬线联动
6	如联动确认,ISCS 提示 FAS 和 ACS 联动触发,ACS 释放全部通道门(需要向 ISCS 提供 FAS 和 ACS 联动触发的信息点)	FAS 和 ACS 硬线联动(由 FAS 和 ACS 专业实现)
7	如联动确认,ISCS 提示查看切非状态、EPS 应急照明、消防水泵等设备状态,起泵控制未响应超过 30s,ISCS 工作站发出报警	FAS 和非消防电源硬线联动(由 FAS 和非消防电源实现)
8	如联动确认,ISCS 提示 BAS 联动触发电梯到疏散层,触发后 1min 若未收到电梯到达疏散层的反馈,ISCS 工作站发出报警声	BAS 发出电梯到疏散层命令后 1min 若未收到电梯到达疏散层的反馈,ISCS 工作站发出报警声
9	如联动确认,ISCS 提示人工停止不参与疏散的扶梯	

问题记录：
调试结论
供货商： 现场监理： 施工单位：
日期：

注：自动推出发生火灾地点的 HMI 布局图，推至工作站右屏。

　　CCTV 须支持实现该联动所需要的功能。

　　广播须支持实现该联动所需要的功能。

　　切非只能实现切除全站非消防电源。

（6）区间隧道发生火灾联动

1）前置条件

①ISCS 已完成中央级、车站级监控功能单体调试，并已投入正常运行。

②广播系统已完成单体调试，设备投入运行，并工作状况良好。

③PIS 系统已完成单体调试，设备投入运行，并工作状况良好。

④BAS 系统已完成单体调试，设备投入运行，并工作状况良好。

⑤ISCS 已完成与广播接口调试。

⑥ISCS 已完成与 PIS 接口调试。

⑦ISCS 已完成与 BAS 接口调试。

⑧所有参与本次联调的单位及人员均已熟悉本次联调组织及实施方案，并已做好相关各项准备工作。

2）调试内容及步骤

区间隧道火灾联动调试的内容见表 18-13。

区间隧道火灾联动调试 表 18-13

联动场景说明：	区间隧道发生火灾	
联动触发条件	FAS 送过来的区间手报按钮或列车火灾且不能行驶到车站情况下的人工电话报警	
联动类型：	半自动、手动，OCC 调度人员在 MMI 上执行该联动功能	
序号	联动步骤	联动动作内容
1	相邻站进行疏散广播	ISCS 自动向广播发送广播指令
2	相邻站 BAS 下发火灾模式（隧道火灾模式）	调用区间模式汇总图，手动控制指令下发
3	相邻站显示相关疏散联动文字	ISCS 自动下发 PIS 显示信息
4	BAS 启动区间照明	BAS 自动指令下发
5	ISCS 提示电调人工确认火灾区间供电分区内的列车位置	调用相应画面
6	ISCS 提示电调人工切断火灾区间供电分区的牵引供电	调用相应画面
7	ISCS 提示 BAS 联动触发电梯到疏散层，触发后 1min 若未收到电梯到达疏散层的反馈，ISCS 工作站发出报警声	BAS 发出电梯到疏散层命令后 1min 若未收到电梯到达疏散层的反馈，ISCS 工作站发出报警声
8	ISCS 提示人工停止不参与疏散的扶梯	
9	ISCS 提示中心行调扣车	
问题记录：		
调试结论		
供货商： 现场监理： 施工单位：		
日期：		

注：广播须支持实现该联动所需要的功能。

　　PIS 须支持实现该联动所需要的功能。

（7）车辆段发生火灾时联动（若有）

1）前置条件

①ISCS 已完成中央级、车站级监控功能单体调试，并已投入正常运行。

②CCTV 已完成单体调试，设备稳定运行，并工作状况良好。

③BAS 已完成单体调试，设备稳定运行，并工作状况良好。

④FAS 系统已完成单体调试，设备投入运行，并工作状况良好。

⑤ACS 系统已完成单体调试，设备投入运行，并工作状况良好。

⑥ISCS 已完成与 CCTV 接口调试。

⑦ISCS已完成与BAS接口调试。

⑧ISCS已完成与FAS接口调试。

⑨ISCS已完成与ACS接口调试。

⑩所有参与本次联调的单位及人员均已熟悉本次联调组织及实施方案，并已做好相关各项准备工作。

2）调试内容及步骤

车辆段火灾联动调试的内容见表18-14。

车辆段火灾联动调试

表18-14

联动场景说明：	车辆段发生火灾时联动	
联动触发条件	FAS送过来的火灾报警联动信息	
联动类型：	自动触发，调度人员在MMI上执行该联动功能	
序号	联动步骤	联动动作内容
1	调用CCTV固定序列画面，显示在车站CCTV监视器上，按固定序列轮巡该车站情况	ISCS手动向CCTV发送固定序列调用命令
2	ISCS弹出联动触发窗口	ISCS自动弹出联动已触发信息窗口
3	BAS根据FAS提供的模式号运行相应模式	BAS执行火灾联动模式
4	如联动确认，ISCS提示FAS和ACS联动触发，ACS全部通道门释放（需要向ISCS提供FAS和ACS联动触发的信息点）	FAS和ACS硬线联动（由FAS和ACS专业实现）
5	如联动确认，ISCS提示查看自动切除非消防电源（需要向ISCS提供非消防电源切除的信息点）	FAS和非消防电源硬线联动（由FAS和非消防电源实现）
6	如联动确认，ISCS提示FAS应控制电梯到疏散层，触发后1min若未收到电梯到达疏散层的反馈，ISCS工作站发出报警声	FAS发出电梯到疏散层命令后1min若未收到电梯到达疏散层的反馈，ISCS工作站发出报警声
7	如联动确认，ISCS提示人工停止不参与疏散的扶梯	
问题记录：		
调试结论		
供货商： 现场监理： 施工单位：		
日期：		

注：CCTV须支持实现该联动所需要的功能。

（8）主变电站火灾时联动

1）前置条件

①ISCS已完成中央级、车站级监控功能单体调试，并已投入正常运行。

②FAS系统已完成单体调试，设备投入运行，并工作状况良好。

③ISCS已完成与FAS接口调试。

④所有参与本次联调的单位及人员均已熟悉本次联调组织及实施方案，并已做好相关

各项准备工作。

2）调试内容及步骤

主变电站火灾联动调试的内容见表18-15。

主变电站火灾联动调试   表 18-15

联动场景说明：	主变电站火灾联动	
联动触发条件	FAS 送过来的火灾报警联动信息	
联动类型：	自动触发,调度人员在 MMI 上执行该联动功能	

序号	联动步骤	联动动作内容
1	自动推出发生火灾地点的 HMI 布局图（就近车站 HMI）	
2	ISCS 提示查看自动切除非消防电源（需要向 ISCS 提供非消防电源切除的信息点）	FAS 和非消防电源硬线联动（由 FAS 和非消防电源实现）
3	提示电调查看主变主接线图	调用相应画面
4	提示电调查看主变临近车站主接线图	调用相应画面

问题记录：		
调试结论		
供货商：	现场监理：	施工单位：
日期：		

（9）列车在车站隧道发生火灾联动

1）前置条件

①ISCS 已完成中央级、车站级监控功能单体调试，并已投入正常运行。

②CCTV 已完成单体调试，设备稳定运行，并工作状况良好。

③广播系统已完成单体调试，设备投入运行，并工作状况良好。

④PIS 系统已完成单体调试，设备投入运行，并工作状况良好。

⑤BAS 已完成单体调试，设备稳定运行，并工作状况良好。

⑥AFC 系统已完成单体调试，设备投入运行，并工作状况良好。

⑦ISCS 已完成与 CCTV 接口调试。

⑧ISCS 已完成与广播接口调试。

⑨ISCS 已完成与 PIS 接口调试。

⑩ISCS 已完成与 BAS 接口调试。

⑪ISCS 已完成与 AFC 接口调试。

⑫所有参与本次联调的单位及人员均已熟悉本次联调组织及实施方案，并已做好相关各项准备工作。

2）调试内容及步骤

车站隧道火灾（车站部分）联动调试的内容见表 18-16。

车站隧道火灾（车站部分）联动调试 表 18-16

联动场景说明：	车站隧道火灾（车站部分）
联动触发条件	人工报警
联动类型：	车站值班人员在 MMI 上执行该联动功能

序号	联动步骤	联动动作内容
1	调用 CCTV 固定序列画面，显示在车站 CCTV 监视器上，按固定序列轮巡该车站站台情况	ISCS 手动向 CCTV 发送固定序列调用命令
2	本站进行消防广播	ISCS 自动向广播发送广播指令
3	BAS 下发火灾模式（站台隧道火灾模式）	手动控制指令下发
4	在本车站显示相关消防联动文字	ISCS 自动下发 PIS 显示信息
5	提示车站值班员手动释放 AFC 闸机	调用相应画面
6	ISCS 提示手动释放通道门 门禁门锁	调用相应画面
7	ISCS 提示 BAS 应控制电梯到疏散层，触发后 1min 若未收到电梯到达疏散层的反馈，ISCS 工作站发出报警声	BAS 发出电梯到疏散层命令后 1min 若未收到电梯到达疏散层的反馈，ISCS 工作站发出报警声
8	ISCS 提示人工停止不参与疏散的扶梯	
9	ISCS 提示中心行调扣车	
问题记录：		
调试结论		
供货商：　　　　　现场监理：　　　　　施工单位：		
日期：		

车站隧道火灾（中心部分）联动调试的内容见表 18-17。

车站隧道火灾（中心部分）联动调试 表 18-17

联动场景说明：	车站隧道火灾（中心部分）
联动触发条件	人工报警
联动类型：	OCC 值班人员在 MMI 上执行该联动功能

序号	联动步骤	联动动作内容
1	调用 CCTV 固定序列画面，显示在车站 CCTV 监视器上，按固定序列轮巡该车站站台情况	ISCS 手动向 CCTV 发送固定序列调用命令
2	ISCS 提示电调人工确认火灾区间位置	
3	ISCS 提示电调人工切断火灾区间供电分区的牵引供电	
4	ISCS 提示环调监视该站 BAS 系统执行情况	
问题记录：		
调试结论		
供货商：　　　　　现场监理：　　　　　施工单位：		
日期：		

备注：CCTV 须支持实现该联动所需要的功能
　　　广播须支持实现该联动所需要的功能

（10）列车在区间隧道发生火灾联动

1）前置条件

①ISCS 已完成中央级、车站级监控功能单体调试，并已投入正常运行。

②CCTV 已完成单体调试，设备稳定运行，并工作状况良好。

③广播系统已完成单体调试，设备投入运行，并工作状况良好。

④PIS 系统已完成单体调试，设备投入运行，并工作状况良好。

⑤BAS 系统已完成单体调试，设备投入运行，并工作状况良好。

⑥AFC 系统已完成单体调试，设备投入运行，并工作状况良好。

⑦ISCS 已完成与 CCTV 接口调试。

⑧ISCS 已完成与广播接口调试。

⑨ISCS 已完成与 PIS 接口调试。

⑩ISCS 已完成与 BAS 接口调试。

⑪ISCS 已完成与 AFC 接口调试。

⑫所有参与本次联调的单位及人员均已熟悉本次联调组织及实施方案，并已做好相关各项准备工作。

2）调试内容及步骤

列车在区间隧道发生火灾联动调试的内容见表 18-18。

列车在区间隧道发生火灾联动调试　　　　　　　　　　表 18-18

联动场景说明：	列车在区间隧道发生火灾	
联动触发条件	车辆发送过来的车载探头报警或列车未停在区间情况下的人工报警	
联动类型：	半自动、手动,OCC 调度人员在 MMI 上执行该联动功能	
序号	联动步骤	联动动作内容
1	调用车载 CCTV	调用车载 CCTV
2	提示查看着火列车相关信息	调用车辆信息画面
3	BAS 下发火灾模式（隧道火灾模式）	ISCS 手动向 BAS 发送模式控制指令
4	ISCS 向车载 PIS 下发相关文本信息	调用车载 PIS 画面,ISCS 手动下发 PIS 显示信息
5	ISCS 向疏散车站下发相关文本信息	调用车站 PIS 画面,ISCS 手动下发 PIS 显示信息
6	ISCS 向疏散车站下发广播命令	调用车站广播画面,ISCS 手动下发广播控制命令
7	提示查看疏散车站的站台门状态	
8	ISCS 手动启动区间照明	调用照明画面
9	ISCS 提示电调人工确认着火列车所处供电分区内的牵引供电情况	调用电力接触网画面

序号	联动步骤	联动动作内容
10	疏散车站 ISCS 提示人工停止不参与疏散的扶梯	
11	疏散车站 ISCS 提示 BAS 应控制电梯到疏散层,触发后 1min 若未收到电梯到达疏散层的反馈,ISCS 工作站发出报警声	BAS 发出电梯到疏散层命令后 1min 若未收到电梯到达疏散层的反馈,ISCS 工作站发出报警声
12	疏散车站 ISCS 提示手动释放 AFC 检票机及门禁	
13	ISCS 提示中心行调扣车	
问题记录:		
调试结论		
供货商: 现场监理: 施工单位:		
日期:		

注：广播须支持实现该联动所需要的功能。
  PIS须支持实现该联动所需要的功能。

3. 管理与协调

系统联调主要为系统整体上的功能测试及指定模式的验证,要实现这一目的,在调试过程中应注意如下:

（1）涉及模式内容中的设备及单系统调试应全部完成；

（2）模式中的联动内容应符合设计要求；

（3）系统联调过程中应避免多系统互相交叉,确保系统联调设备的稳定运行；

（4）系统联调过程中应详细记录各项测试数据及联动内容,应形成实体文字资料；

（5）系统联调需在各设备厂商、施工、监理等单位共同见证下完成,确保联动调试的真实性、可靠性。

18.4 消防验收对系统功能的检验

城市轨道交通工程消防验收属于政府部门的一项专项验收,直接影响后期运营服务的安全保障水平和能力。同时,消防验收涉及城市轨道交通设备系统接口功能较多,启动各系统联动模式较多,综合体现了系统功能的整合水平。因此,本节以消防验收为主线,通过对消防设施产品检查、土建结构及人员疏散、防排烟及电器消防系统、水消防四大板块的内容进行检查,采用资料抽查、感官验证、功能测试等方式进行验收,系统地检验系统联调工作成果。

详细验收记录表格见表 18-19～表 18-23。

表 18-19

城市轨道交通消防验收检查记录表（建筑防火及人员疏散系统）

车站名称：

单项	子项	验收内容	验收等级	验收标准/设计要求	检查方法	检查部位	现场实测结果	子项判定	单项判定
总平面布置	防火间距	防火分区和防烟分区的划分应符合规范或地铁消防设计审核图纸要求	A	防火分区面积均不得大于1500m²	核对总平面图纸，防火分区与防烟分区的面积，检查分区位置	施工图			
	防烟分区面积		B	防烟分区面积控制在750m²内	置，防火墙设置和挡烟垂壁安装部位	施工图			
建筑耐火等级	燃烧性能、耐火极限		A		审查和核对国家法定消防产品检测机构出具的检验报告、国家消防产品认证机构颁发的产品型式认可证书，并现场核对材料	消防产品、材料的相关资料			
防火、防烟分隔	防火、防烟分区	防火分区、防烟分区设置符合规范或地铁消防设计审核图纸要求	B	防火分区面积不大于1500m²，防烟分区面积不大于750m²	核对总平面图纸，现场对防火分区与防烟分区的面积进行测量	施工图			
		防火墙、隔墙和楼板的设置应符合规范或地铁消防设计审核图纸要求	防火墙、隔墙和楼板为A类；隔墙和楼板为B类	1. 两个防火分区之间应采用耐火极限4h的防火墙和甲级防火门分隔。在防火墙设有观察窗和门时，应采用C类甲级防火玻璃。2. 重要设备房隔墙耐火极限不低于4h	1. 核对消防设计，现场检查墙体的材料和完整性。2. 被穿越墙体和楼板的封堵是否按设计要求施工以及封堵状况	防火分区防火墙；设备区防火隔墙；楼板；被穿越墙体和楼板的封堵			
	防火墙	对于有风管穿过的防火墙、隔墙或楼板，应设顶埋管或防护套管，其钢板厚度不应小于1.6mm	防火墙、隔墙和楼板为A类；隔墙和楼板为B类	对于有风管穿过的防火墙、隔墙或楼板，应设顶埋管或防护套管，其钢板厚度不应小于1.6mm	现场核查穿墙风管、水管及其他线管穿墙处是否有厚度不小于1.6mm的钢板套管	风管、水管以及其他线管穿墙位置；风管、水管及其他管线穿楼板的位置			
		电缆井、管道井和电梯井等的竖向防火分隔，应符合建筑设计《防火规范》GB 50016—2014第6.2节的要求	B	按《建筑设计防火规范》GB 50016—2014第6.2节标准执行		电缆井、管道井和电梯井			

车站名称：

单项	子项	验收内容	验收等级	验收标准/设计要求	检查方法	检查部位	现场实测结果	子项判定	单项判定
防火、防烟分隔	挡烟垂壁、吊顶	1. 防烟分区应采用挡烟垂壁、隔墙进行分隔。挡烟垂壁设置在吊顶下方时，下沿具吊顶高度不小于500mm 2. 站台与上层站厅（台）相连的楼梯口四周应设置挡烟垂壁作为防烟分隔。 3. 若采用卷帘式挡烟垂壁，卷帘式挡烟垂壁必须自动下降至挡烟垂壁的工作位置。 4. 挡烟垂壁应采用不低于A2级的不燃材料制作	B	参考《地铁设计规范》GB 50157—2013 第28.4节	现场测量挡烟垂壁的高度和检查挡烟垂壁的材质，抽检率不小于50%	站厅、站台层挡烟分隔体、楼梯四周挡烟垂壁			
		吊顶的高度、吊顶形式和孔隙率应符合合消防设计审核图纸要求	A	1. 吊顶距地面3.0m； 2. 对挡烟垂壁未设置在天花以下的吊顶，满足《地铁地下车站防火分区、烟气控制及人员疏散防系统设计导则》SZDB/Z00—2014第5节的要求，具体要求详见设计导则	抽查率不低于50%，核对消防设计审核图纸，必要时采用热烟测试观察吊顶的渗烟能力	吊顶			
	防火门、防火卷帘	防火门和防火卷帘的造型、数量、布置和耐火极限，应符合《建筑设计防火规范》GB 50016—2014第6.5节要求。应当提供国家法定消防产品检测机构出具的检验报告。国家消防产品认证机构颁发的产品型式认可证书	防火门为B类，防火卷帘为A类	1. 防火门为甲级防火门； 2. 防火卷帘耐火极限不低于3h 3. 防火门、防火卷帘设置按《建筑设计防火规范》GB50016—2014第6.5节执行	1. 核对消防设计审核图纸，检查防火门和防火卷帘的位置； 2. 按自动、手动及机械等方式逐项进行测试； 3. 对提供的国家法定消防产品检测机构出具的检验报告、国家消防产品认证机构颁发的产品的产品型式认可证书进行审查和核对，并进行一致性检查	各防火门；防火卷帘			

续表

车站名称：

单项	子项	验收内容	验收等级	验收标准/设计要求	检查方法	检查部位	现场实测结果	子项判定	单项判定
防火、防烟分隔	防火门、防火卷帘	地铁车站与相邻物业区之间的防火分隔宜采用固定防火分隔。当局部采用防火卷帘进行分隔时，防火卷帘的宽度应根据两个防火分区的分界线长度确定	A	1. 分界线长度40m以下的，防火卷帘宽度不应超过8m；2. 分界线长度40m以上的，防火卷帘宽度不应超过分界线长度20%，且不应超过24m	核对消防设计审核图纸，检查防火卷帘的位置及数量、设置情况	防火卷帘			
内部装修及材料	吊顶、墙面、地面等		A	地铁车站的站台、站厅、出入口楼梯、疏散通道、封闭楼梯间等乘客集散部位、各设备、管理用房，其墙、地面及顶面的装修材料，以及广告灯箱、座椅、电话亭和售、检票亭等所用材料，应采用不燃材料。同时，装修材料不得采用石棉、玻璃纤维制品	核对消防设计审核图纸，查验试验证明材料	消防产品、材料的相关资料			
安全疏散与消防电扶梯	站厅层疏散出口	1. 安全出口的位置、数量和宽度的设计应符合地铁消防设计审核图纸要求。2. 地铁站站疏散通道和安全出口的门厅，其顶棚、墙面和地面的装修材料应为A1或A2级	A	符合地铁消防设计审核图纸要求	1. 核对消防设计审核图纸，检查安全出口的位置，开启方向和疏散指示标志，开启方向和测量出口的宽度。2. 检查各材料是否满足要求				
	站台层疏散出口	同上	A	同上	同上				
	疏散楼梯间	1. 疏散楼梯间的数量、形式、墙体、净宽度、角度应符合消防设计审核图纸要求。2. 楼梯间的墙体、面积和防烟形式的设计应符合地铁消防设计审核图纸要求	A	疏散楼梯间的数量、形式、墙体、宽度、角度应符合规范或设计审核图纸要求	1. 核对消防设计审核图纸，根据设计的参数核算楼梯间净宽度以及设计楼梯间的位置，检查门的防烟处理，检查门的形式，测量楼梯净宽度，开启方向，检查门的开启方向、闭门设施。2. 核对消防设计，检查门的开启方向、闭门等、消火栓和应急照明等，测量面积和自然排烟时的开窗面积	1. 出入口楼梯；2. 站厅站台层楼梯；3. 设备房区楼梯			

车站名称：

单项	子项	验收内容	验收等级	验收标准/设计要求	检查方法	检查部位	现场实测结果	子项判定	单项判定
	疏散自动扶梯	自动扶梯的数量、形式、净宽度、角度应符合消防设计审核图纸要求。	A		自动扶梯的数量、形式、净宽度、角度应符合消防设计审核图纸要求	疏散自动扶梯			
		经人工确认火灾后，车站控制室在保证安全的前提下，可对自动扶梯发出控制信号，使下行自动扶梯停止运行，应保证下行自动扶梯在火灾确认后90s内完成反转上行过程，车站控制室内应能接收并显示其运行信号			按照远程与现场控制两种方式，检查自动扶梯的升降，运行时间及反馈信号				
安全疏散与消防电扶梯	应急照明、疏散指示标志	地铁内疏散指示标志的设置应符合规范或建筑工程消防设计审核图纸要求	B	1. 下列部位应设置疏散应急照明： (1)站厅、站台、自动扶梯、自动人行道及楼梯口； (2)疏散通道及安全出口； (3)区间隧道。 2. 下列部位应设置醒目的疏散指示标志： (1)站厅、站台、自动扶梯、自动人行道及楼梯口； (2)人行疏散通道拐弯等处、交叉口及安全出口，沿通道纵向每间隔不大于20m处； (3)疏散通道和疏散指示标志灯宜距地面小于1m，并设有玻璃或其他不燃烧材料制作的保护罩； (4)指示标志、疏散通道等人员密集部位的地面，宜设置连续的发光疏散指示标志； (5)站台、站厅、疏散通道等保持视觉连续的发光疏散指示标志	核对消防设计，检查安装位置和高度。注：应急照明可由供电专业组织，检查建筑组发光标识				

车站名称：

单项	子项	验收内容	验收等级	验收标准/设计要求	检查方法	检查部位	现场实测结果	子项判定	单项判定
安全疏散与消防电扶梯	疏散通道	1. 地铁站台和站厅内的疏散通道及疏散距离应设计审核图纸防设计要求。 2. 地铁站台和站厅内的疏散通道的坡度最大不应超过1:8，同时坡道的坡度最大应设置防滑措施。 3. 附设于设备及管理用房的门至最近安全出口的距离不得超过35m，位于袋形走道两侧或尽端的房间，其最大距离不得超过上述距离的1/2	A	1. 公共区出入口疏散通道宽度满足设计要求。 2. 地铁车站设备、管理用房区安全出口及楼梯为1.0m；单面布置房间及楼梯通道为1.2m；双面布置房间的疏散通道为1.5m。 3. 站台公共区任意一点，距疏散楼梯口或通道口距离不得超过50m。 4. 两条单向隧道区间，隧道长度大于600m时，联络通道两端设双向开启的甲级防火门	1. 核对消防设计审核图纸，测量疏散通道宽度，及地铁站厅内任意一点至安全出口的距离。 2. 现场测量室内坡道的坡度，检查是否具有防滑措施	各疏散通道			
其他检查项目									

城市轨道交通消防验收检查记录表（水消防系统）

表18-20

车站名称：

单项	子项	验收条款内容	验收等级	验收标准/设计标准	验收方法	检查部位	现场实测结果	子项判定	单项判定
消防给水	消防水池	消防供水设施符合地铁消防设计审核图纸要求；消防供水的补水管径应符合地铁消防设计审核图纸要求	消防供水设施为A类；消防供水的补水管为B类	按各站施工图消防水池或其他替代设施的要求填写（高架站才有）	1. 查验消防水池竣工图核对水池有效容积，根据设计图纸现场核对水管数量；对水管管径对比； 2. 依照设计图纸现场核对消防水池的水位是否符合设计要求	消防水池、水池供水管			

车站名称：

单项	子项	验收条款内容	验收等级	验收标准/设计标准	验收方法	检查部位	现场实测结果	子项判定	单项判定
消防给水	消防给水管	地下车站的消防给水应设计为环形管网；地下区间上下行线各设置一根消防给水管；在车站端部和车站环状管网连接。区间连通管处应设置手动电动阀门	B	1. 给水环网与市政两路供水连通；2. 站内成环；3. 阀门开启灵活；4. 电动阀门的控制能进行本地/远程的切换；5. 给水管不应穿过变电所、通信信号机房、控制室、配电室等房间	1. 根据消防设计审核图纸现场核对管网是否满足设计要求；2. 检查阀门	车站站厅、站台、区间消防水管			
	消防水泵	消防水泵（包括备用泵、稳压泵）的流量、扬程、配载功率应符合地铁消防设计审核图纸要求；消防供水设备应当提供国家法定消防产品检测机构出具的检测报告	消防水泵为A类；消防供水设备为B类	根据施工图要求填写设备参数	1. 核对消防供水设备铭牌，消防泵铭牌和阀门的设置是否符合设计图纸和产品型式检验检测报告的要求；2. 核对消防泵数量，吸水管的设置，出水管的设置是否符合地铁消防设计审核图纸要求；3. 依据供水设备的检测报告和产品型式认可证书，对供水设备进行一致性检查	消防泵组			
室外消火栓	设置点、数量	消火栓的设置应符合《消防给水及消火栓系统技术规范》GB 50974—2014中第7.3节的规定	A	1. 安装位置、数量符合地铁消防设计审核图纸要求；监理补充填写具体数量；2. 栓口开启灵活；3. 水压不小于0.1MP；4. 室外消防给水管道的直径不应小于DN100	核对室外消火栓设置位置、数量是否符合设计审核图纸要求	室外消火栓			
	接合器	接合器的设置应符合《消防给水及消火栓系统技术规范》GB 50974—2014中第5.4节的规定	A	安装位置、数量符合才开启灵活	现场检查	室外接合器			

车站名称：

单项	子项	验收条款内容	验收等级	验收标准/设计标准	验验方法	检查部位	现场实测结果	子项判定	单项判定
室内消火栓	消防水箱	消火栓的设置应符合《消防给水及消火栓系统技术规范》GB 50974—2014 中第 5.2 节的规定	A	安装位置、数量符合地铁消防设计审核图纸要求	现场核对	消防水箱			
	消火栓	8.2 消火栓的设置应符合《消防给水及消火栓系统技术规范》GB 50974—2014 中第 7.4 节的规定	A	1. 安装位置、数量符合地铁消防设计图纸要求； 2. 监理补充具体数量； 3. 消火栓口径 D65；多功能水枪 D19；水龙带长 25，安装锤子；栓口距地面高度为 1.1m； 4. 两支水枪充实水柱同时达到室内任何部位，水柱不小于 10m； 5. 单口单阀消火栓间距不超过 30m，双口双阀不超过 50m，区间（单洞）不超过 50m，人行通道不超过 30m； 6. 栓口静水压力不超过 0.8MPa，栓口处出水压力不超过 0.5MPa； 7. 起泵按钮能直接起泵； 8. 水带绑扎合格、开启灵活	1. 对照竣工图核对消火栓数量，位置及是否设置启泵按钮； 2. 连接水带水枪，并打开阀门，按下启泵按钮，现场测试消防泵能否正常启动； 3. 具备实际测试条件的，应进行实际测试，根据建筑室内消火栓利用水量在系统最不利点处测试充实水柱	室内设备区、公共区区间、消火栓			
灭火器器材	灭火器	检查灭火器的数量以及摆放位置是否符合《建筑灭火器配置设计规范》GB 50140—2005			对照竣工图核对消火栓数量、位置是否正确；抽样检查，检查灭火器是否完好可用	灭火器			
自动喷水、水喷雾灭火和水幕									
其他检查项目									

表 18-21

城市轨道交通消防验收记录表（应急照明和消防供电）

车站名称：

单项	子项	验收条款内容	验收等级	验收标准/设计标准	检查方法	检查部位	现场实测结果	子项判定	单项判定
安全疏散	应急照明、疏散指示标志	地铁内疏散指示标志的设置应符合规范或建筑工程消防图纸审核设计要求	B类	1. 下列部位应设置疏散应急照明： （1）站厅、站台、自动扶梯、自动人行道及楼梯口； （2）疏散通道及安全出口； （3）区间隧道； 2. 下列部位应设置醒目的疏散指示标志： （1）站厅、站台、自动扶梯、自动人行道及楼梯口； （2）人行疏散通道拐弯处、交叉口及安全出口、沿疏散通道纵向每隔不大于 20m 处； （3）疏散通道和疏散门处有玻璃或其他不燃烧材料制作的保护罩； （4）指示标志距地面小于 1m； （5）站台、站厅、疏散通道等人员密集部位的地面、宜设置保持视觉连续的发光疏散示标志	核对消防设计，检查安装位置和高度				
		地铁站事故状态下应急照明电源应满足 1h 供电需要	B类		对提供的国家法定消防产品检测机构出具的检验报告、国家消防产品认证机构颁发的产品型式认证证书进行审查和核对，并现场检查供电时间是否满足要求				
		应急照明和疏散指示灯应采用耐火型的低烟无卤电缆	B类		对提供的国家法定消防产品检测机构出具的检验报告、国家消防产品认证机构颁发的产品型式认证证书进行审查和核对，并抽样进行一致性检查	应急照明和疏散指示灯的电缆			

车站名称：

单项	子项	验收条款内容	验收等级	验收标准/设计标准	检查方法	检查部位	现场实测结果	子项判定	单项判定
消防供电	消防电源	地铁消防电源的设置应符合《高层民用建筑设计防火规范》GB 50045-95（2005年版）的规定	B类	1. 消防用电设备按一级负荷供电，并在末级配电箱处设置自动切换装置，当发生火灾切断生产、生活用电时，应能保证消防设备正常工作。2. 防灾用电设备的配电设备应有明显标志	1. 根据原设计的负荷等级查验建设单位提供的消防电源竣工资料或供电方案；2. 模拟交流电源断电，检验消防备用电源的切换入程序，并按设计程序实测自动投入或人为投入的时间；3. 核算消防设施的最大负载，核实主备电源容量是否满足负荷要求；4. 现场抽查电气线路的敷设是否符合设计及规范要求	低压配电室			
其他检查项目									

城市轨道交通消防验收记录表（防排烟系统）

表18-22

车站名称：

单项	子项	验收条款内容	验收等级	验收标准/设计标准	检查方法	检查部位	现场实测结果	子项判定	单项判定	整改单位/整改完成时间
防排烟	排烟量	地下车站火灾时的排烟量，应以一个防烟分区的建筑面积按1m³/(m²·min)计算，当排烟设备负担两个或两个以上防烟分区排烟时，应以最大防烟分区的建筑面积按2m³/(m²·min)计算，排烟口的风速不宜大于10m/s	A	系统与风口的风量平衡；实测风量与设计的偏差不应大于10%	抽查率不低于20%，抽查的排烟口数不得少于5个，检测通风空调设备的风量是否满足规定					
	楼梯口风速	站台层发生火灾时打开屏蔽门端部滑动门并启动隧道风机，排烟，测试楼梯口或扶梯口是否达到1.5m/s向下风速的要求	A	楼梯口的风速不宜大于1.5m/s向下风速	1. 开启起火层上层的送风和起火层的排烟，同时开启所有TVF风机和U/O风机，对每个扶梯口进行风速测试，测点详见规程。2. 必要时采用热烟测试观察防烟效果	站厅到站台的楼梯口或扶梯口				

车站名称：

单项	子项	验收条款内容	验收等级	验收标准/设计标准	检查方法	检查部位	现场实测结果	子项判定	单项判定	整改单位/整改完成时间
防排烟	挡烟垂壁（装修组建筑也有此项内容）	《地铁地下车站防火分区、烟气控制及人员疏散系统设计导则》SZDB/ZD0—2014 5.3.1、5.3.2、5.3.3条（具体条款详见验收规程）	A	1. 防烟分区应采用挡烟垂壁、隔墙等进行分隔；2. 站台与上层站厅（台）相连的楼梯口四周应设置挡烟垂壁作为防烟分隔；3. 挡烟垂壁设置在吊顶下方时，下沿具吊顶高度不小于500mm；4. 挡烟垂壁应采用不低于A2级的不燃材料制作	现场测量挡烟垂壁的高度和检查挡烟垂壁的材质，抽检率不小于50%	站厅、站台层挡烟分隔、楼梯四周挡烟垂壁				
		若地铁车站的机械排烟系统与通风空调系统合用，通风空调系统应具有可靠的防火措施，其运行模式宜在接到火灾模式指令后30s内从正常模式转变为火灾工况下的运行模式	A	1. 混合室设置快速关断阀，满足30s内完全关闭；2. 双速排烟风机30s内从低速转换为高速；当公共区的通风、空调系统的回风管与排烟管合用系统时，宜在排烟总管与最靠近排烟风机的排风口的排风管上安装高灵敏度火灾报警探测器	在消防控制中心检查通风空调系统的运行模式能否按规定进行转换					
	系统功能	地铁车站公共区应设置补风系统。站台层起火时，该层宜直接通过上、下相邻层实现机械补风；站厅层起火时，可采取下列方式补风：1. 通过直通室外的自然补风通道补风；2. 通过出入口自然补风和相邻的下层机械补风。当设置机械补风系统时，其补风量不宜小于排烟量的50%	A	排烟工况下，送风口实测风量与设计的偏差不应大于10%	抽查率不低于20%，抽查风口数不得少于3个，风量检测	相应系统送风口				

车站名称：

单项	子项	验收条款内容	验收等级	验收标准/设计标准	检查方法	检查部位	现场实测结果	子项判定	单项判定	整改单位/整改时间 完成时间
防排烟	系统功能	地铁车站公共区内的排烟口宜均匀设置,其中设置于楼梯口附近的排烟口距楼梯口挡烟垂壁的水平距离不应小于2m,设置于站台两端的排烟口距该端的屏蔽门端门不应大于5m	A		抽查率不低于20%,抽查的排烟口数不得少于5个,检测排烟口的设置形式是否满足规定					
	风管与风阀	排烟风管的主体、框架及固定材料,密封材料必须为不燃材料,其厚度应符合《通风与空调工程施工质量验收规范》GB 50243—2002第4.2节的规定,排烟管道应采取隔热防火措施	B		抽检比例不小于10%,件数不少于5件	抽检风管				
		送风与排烟系统的风管允许漏风量应符合《通风与空调工程施工质量验收规范》GB 50243—2002第4.2节的规定	B		测量风管安装高度,核对消防风管设计审核图纸	抽检风管				
		风管的安装高度和风管净高应符合消防设计图纸要求	B			抽检风管				
		防火阀的安装方向和位置应正确,并保证在30s内关闭	B		抽查率不低于20%,不得少于5件,尺量,观察和动作测试	防火阀及防火阀控制箱				

检查结论：

承包商：　　　　监理：　　　　设计：　　　　业主：

　　　　　　　　　　　　　　　时间：

整改复查意见：

承包商：　　　　监理：　　　　运营：　　　　运营：

　　　　　　　　　　　　　　　时间：

城市轨道交通消防联动测试表

表 18-23

车站名称			测试时间：		测试人员：
序号	联动设备/系统	目标状态	联动情况	单项判定	整改责任单位/时间
1	FAS 主机	火警信息收集正常、 火灾模式号下发正常			
2	BAS 系统	火灾模式号联动正常， 设备联动符合模式表中各目标状态			
3	ISCS 系统	各设备联动状态监控与模式表相符， FAS 主机监控设备状态与综合监控平台一致			
4	环控柜	各风机风阀联动正常			
5	风机	风机正反转、运行情况 符合模式表、设备与施工图实体位置符合			
6	风阀	风阀开关状态符合模式表、 设备与施工图实体位置符合			
7	FAS 与切非	400V 非消防电源全部切除，符合设计要求			
8	FAS 与应急照明	应急照明灯实现常亮			
9	FAS 与疏散指示	疏散指示灯实现常亮			
10	ISCS 与广播	火灾信号传至综合监控后能实现自动弹图， 综合监控直接联动广播能实现消防应急联动			
11	ISCS 与 PIS	火灾信号传至综合监控后能实现 PIS 屏弹出逃生信息			
12	FAS 与闸机	AFC 闸机实现自动释放，闸机门打开			
13	FAS 与门禁	车站门禁系统失电，门能实现自动打开			
14	消防泵	消火栓按钮报警后 FAS 主机能启动消防泵、 IBP 盘能启动消防泵			
15	BAS 与垂直电梯	BAS 收到火灾信号后能实现垂直 电梯自动迫降，到达逃生层			
16	FAS 与防火卷帘门	卷帘门收到火灾信号后能实现 自动迫降，实现防火分区隔离			
17	气体灭火与 FAS	各气体防护区报警及动作状态 FAS 主机能实现监视			
签字确认					

第19章 总结与评价

系统联调总结是改进和完善实施方案，加快整改的有效手段。在系统联调开展前，应安排有经验的人员全程参与系统联调工作，在实施过程中发现和记录问题，在例会上进行总结，并对存在的问题加紧进行整改，在发现的问题全部解决的基础上，对系统联调进行评价。

1. 联调总结

（1）本科目联调结束后，将统一收集联调记录并进行汇总，汇总后的联调记录表由联调操作人员进行签字确认。根据联调记录，整理并形成《联调缺陷整改表》。

（2）联调科目完成后两天内应召开联调总结会，由联调各方对联调记录和缺陷登记情况进行总结，形成本车站机电设备联调的整体意见，共同签署《车站机电设备联调总结表》和《联调缺陷整改表》。

（3）整改追踪：对联调总结会上发现的缺陷，除落实整改部门和整改完成期限外，还应明确后续整改追踪和确认的责任部门，限期未完成整改或整改完成并经检验通过后，均应提交补充报告给系统联调实施组。

2. 联调评价

（1）编制联调报告

调试过程中产生的调试记录、会议纪要、整改复验资料要及时收集和归档，所有联调项目调试完成后，应立即编制联调报告。

（2）联调报告的主要内容

例如：系统联调在××市轨道交通集团有限公司领导及各部门、联调单位、设计单位、监理单位、各家承包商/供货商共同协作下达到了系统联调的目的：

1）××线工程各项测试结果验证了与运行有关的线路、轨道、供电、信号、通信、综合监控等系统功能均可以满足车辆运行和设计要求，达到应有的功能，满足运营安全、可靠、可用的要求。

2）通过系统联调验证了信号、通信、综合监控等系统与供电、电扶梯、站台门、自动售检票、门禁、火灾报警系统、气体灭火、水消防、环控智能低压、人防门和风水电等各设备系统间的接口和通信协议的一致性均符合相关规范和设计要求。

3）通过系统联调验证了信号、通信、综合监控等系统与供电、电扶梯、站台门、自动售检票、门禁、火灾报警系统、气体灭火、水消防、环控智能低压、人防门和其他风水电等各设备系统间的联动关系同步，均能达到设计要求。

4）通过联调验证了信号、通信、综合监控等系统与供电、电扶梯、PSD、AFC、ACS、AFC、气体灭火、水消防、环控智能低压、人防门和其他风水电等各设备系统联动功能和使用功能均可以满足设计要求。

5）通过联调验证了信号、通信、综合监控、供电、电扶梯、PSD、AFC、ACS、

FAS、气体灭火、水消防、环控智能低压、人防门、防淹门和其他风水电等各设备系统结构、功能、操作方法等均可以满足设计规定的运营管理模式要求。

6）通过联调验证了各设备系统的可靠性、实时性、可维护性等性能指标均可以满足设计要求。

7）通过联调验证了各设备系统的完整性。各设备系统完整性评价如下：

①车辆

a. 车辆采用交流传动变压变频调速控制的 B 型车，6 辆编组列车、4 动 2 拖，车辆的电气与机械设备配置以及主要技术参数符合设计要求；

b. 车辆在制造厂内及工程现场，按照 IEC61133 标准进行了相关的试验及能力测试，性能和功能满足要求，并有符合要求的试验报告；

c. 列车已安装了车载信号设备、车载无线通信设备，且相关设备工作正常；

d. 车辆技术资料包括技术规格、操作手册、维修手册及图纸等齐全；车辆维修用的备品备件，特殊工具和仪器仪表具备。

②供电系统

a. 全线由 110kV 主变电所集中供电，采用二级供电方式。主变电所、牵引降压混合变电所、降压变电所、跟随式变电所、环网电缆、1500V 接触网系统、PSCADA 与电力监控系统所涉及的各类设备规格、型号符合设计要求；

b. 供电系统各类设备的检测、试验、继电保护的计算、整定、校验工作已经完成，资料齐全。已完成牵引直流系统大双边供电试验，35kV 馈电线路带负荷过电流保护动作试验，直流系统短路保护试验，接触网冷、热滑试验。供电系统投入运行 X 个多月，设备状态正常，系统运行稳定。

③通信系统

a. 通信系统包括专用通信系统、商用通信系统和警用通信系统，专用通信系统的各子系统，已完成工程实体验收；

b. 控制中心、定修段、停车场以及正线车站设备，对调度电话和无线列调通话清晰，通信系统测试、验收资料，资料齐全；

c. 通信系统设备运行稳定。

④信号系统

a. 信号系统采用基于无线通信的 CBTC 列车自动控制系统，同时具有 ATS 全线监督和自动进路、人工进路功能和时刻表、车载 ATP 功能、ATO 自动驾驶模式功能，以及站台门的联锁功能；

b. 信号系统已具备 CBTC-ATP 功能，并已实现与站台门系统、防淹门系统的联动功能；

c. 系统联调阶段列车最小追踪间隔为 120s，满足信号系统设计要求。

⑤自动售检票

自动售检票系统设备已完成各车站设备安装调试，经过车站 AFC 能力测试和清分能力测试，相关数据准确性和压力测试结果满足合同需求及试运营要求。

⑥环控系统

a. 地下车站采用站台门对车站和区间隔离方式，节约运行能耗；

b. 由建设单位牵头，监理单位会同设计、施工和供货商具体对全线风水电、环控智能低压进行了实体验收工作，现全线各工点风水电实体验收工作正在进行；

c. 消防检查单位完成各车站消防的初检和复验工作。

⑦消防

车站和区间采用消火栓，车站关键设备房采用气体自动灭火系统，所有车站均通过消防第三方检测及复核，通过消防部门验收。

⑧自动扶梯、垂梯

部分出入口扶梯和垂直电梯计划在开通试运营前完成安装和调试，并通过政府特种设备验收，编制了电扶梯的操作和维修规程，目前该项工作正在进行之中。

⑨站台门

a. 全线应急门、活动门和端门的安装机械部分和电气部分性能均满足设计要求，与信号、车辆的联动接口经测试合格，满足设计要求。

b. 站台及端门外区域绝缘层绝缘性能满足设计要求。

⑩综合监控

综合监控系统已基本完成OCC、车站级联调工作，各级设备监控与模式验证工作均已完成。

⑪垂梯和自动扶梯

垂梯专业宜加快安装调试和整改进度，满足综合监控系统的收尾工作要求。

综上所述，通过联调验证了××号线工程运营及服务设施、设备功能的完善性、联动协调性、模式联动可执行性，检验了××线工程设备状态，证实各系统设备已经具备了设备的单机功能、设备联动功能和各种工作模式的相应功能，符合设计要求。

8）通过系统联调也发现了一些设备安装过程中存在的不足之处，如关联系统间部分前期图纸与实际施工图不一致，点位不统一等情况。各设备承包商和供应商根据联调中发现的问题对设备进行了整改。

9）在联调过程中，由于涉及的各专业、各部门协作，需要各调试单位紧密配合，服从指挥，遵守各项管理制度。各相关单位在关联系统间系统联调阶段做到了严格执行××市轨道交通颁布的各种管理文件和规章制度，调试期间按照《××线联和调试大纲》进行联调，行车和供电调度指令清晰、明确，在各工点同时进行交叉施工和调试的情况下，调试进度平稳有序，未发生任何人身和设备安全事故。

10）通过本次联调，对于已制定的规章制度进行了检验，并根据设备的功能进一步深化和完善了有关的规章制度。

总之，通过系统联调发现的设备问题，得到整改；同时通过系统联调锻炼了队伍，完善了规章制度，为开通试运营准备了较好的条件。

（3）联调评价

在试运行开始前，由业主组织专家对联调工作进行审查，以评价联调承包商是否完成了合同规定的各种要求并具备了试运行条件，其主要工作内容为：

1）审核各种调试记录和联调总结报告。

2）现场查勘、试验。

3）做出评价。

附录：名 词 术 语

术语及相关定义

缩略词

1. 乘客信息系统 Passenger Information System（PIS）
2. 站台门 Platform Safe Door（PSD）
3. 自动售检票系统 Automatic Fare Collection（AFC）
4. 环境与设备监控系统 Building Automation System（BAS）
5. 火灾自动报警系统 Fire Alarm System（FAS）
6. 综合监控系统 Integrated Supervision and Control System（ISCS）
7. 电力监控系统 Power Supervisory Control And Dat Acquisition System（PSCADA）
8. 门禁系统 Access System（ACS）
9. 广播系统 Passenger Announcement（PA）
10. 闭路电视系统 Closed Circuit Television（CCTV）
11. 列车自动监控系统 Automatic Train Supervision System（ATS）
12. 时钟系统 Clock（时钟）
13. 自动售检票系统 Atuo Fare Collection（AFC）
14. 控制中心 Operating Control Center（OCC）
15. 列车自动保护系统 Automatic Train Protection（ATP）
16. 列车自动驾驶系统 Automatic Train Operation（ATO）
17. 综合后备盘 Integrated Backup Panel（IBP）
18. 基于无线通信的列车控制系统 Communication Based Train Control System（CBTC）
19. 就地控制盘 Publishers Studios and Labels（PSL）

相关定义

1. **系统联调**是指城市轨道交通新线建设过程中，为满足试运营需要而进行的行车相关类设备、车站相关类设备等各设备系统间的验证、调整及优化工作。

2. **接口调试**是指在单项设备系统安装、调试完成后，对具有接口联系的设备系统间的验证、调整及优化工作。接口调试内容包括相关设备的硬件接口和软件接口测试。

3. **"三权"**是指工程项目的指挥权、管理权、使用权。

4. **点对点测试**是指对于存在软件协议的接口，检查接口双方系统数据对应关系及配线正确性的测试。

5. **端对端测试**是以综合监控系统为中心，检查其人机界面与其互联的各系统的现场终端数据传送及配线正确性的测试。

6. **模式测试**是指在综合监控系统人机界面上触发预先定义的工作模式，检查其监控的关联系统前端设备的工作状态是否符合模式要求。

7. **单机调试**是指独立的设备本体安装结束后进行的调试。

8. **单系统调试**是指各系统在安装过程中或安装结束后进行的内部调试，包括设备系统的各子系统之间的调试，宜进行144h连续运行试验。

9. **验收**是指在施工单位自行质量检验评定的基础上，参与建设活动的有关单位共同对建设工程单位工程、分部、分项、检验批的质量进行抽样复验，根据相关标准以书面形式对工程质量合格与否做出确认。城市轨道交通建设工程验收分为单位工程验收、项目工程验收、竣工验收三个阶段。

10. **试运行**是指系统联调结束后，对设备、设施进行安全测试和调试的不载客的列车运行活动，对运营组织管理和设备系统的可用性、安全性和可靠性进行检验。

11. **试运营**是指轨道交通工程所有设备设施验收合格，整体系统可用性、安全性和可靠性经过试运行3个月检验合格后，在正式运营前所从事的载客运营活动。

12. **单位工程验收**是指在单位工程完工后，检查工程设计文件和合同约定内容的执行情况，评价单位工程是否符合有关法律法规和工程技术标准，符合设计文件及合同要求，对各参建单位的质量管理进行评价的验收。单位工程划分应符合国家、行业等现行有关规定和标准。

13. **项目工程验收**是指各项单位工程验收后、试运行之前，确认建设项目工程是否达到设计文件及标准要求，是否满足城市轨道交通试运行要求的验收。

14. **竣工验收**是指项目工程验收合格后、试运营之前，结合试运行效果，确认建设项目是否达到设计目标及标准要求的验收。

参考文献

[1] 中华人民共和国国家标准. 城市轨道交通建设项目管理规范 GB 50722—2011 [S]. 北京：中国建筑工业出版社，2012.

[2] 城市轨道交通工程质量安全检查指南 [S].

[3] 中华人民共和国国家标准. 城市轨道交通自动售检票系统工程质量验收规范 GB 50381—2010 [S]. 北京：中国计划出版社，2006.

[4] 中华人民共和国国家标准. 普通混凝土长期性能和耐久性能试验方法 GB/T50082—2009 [S]. 北京：中国建筑工业出版社，2009.

[5] 中华人民共和国国家标准. 建筑电气工程施工质量验收规范 GB 50303—2015 [S]. 北京：中国建筑工业出版社，2016.

[6] 中华人民共和国行业标准. 铁路电力牵引供电工程施工质量验收标准 TB 10421—2003 [S]. 北京：中国铁道出版社，2004.

[7] 中华人民共和国国家标准. 通风与空调工程施工质量验收规范 GB 50243—2002 [S]. 北京：中国计划出版社，2004.

[8] 中华人民共和国国家标准. 电能质量 供电电压偏差 GB/T 12325—2008 [S]. 北京：中国标准出版社，2009.

[9] 城市轨道交通建设工程验收管理暂行办法（建质〔2014〕42 号）[S].

[10] 中华人民共和国国家标准. 城市轨道交通试运营基本条件 GB/T 30013—2013 [S]. 北京：中国标准出版社，2014.

[11] 中华人民共和国国家标准. 地下铁道工程施工及验收规范 GB 50299—1999 [S]. 北京：中国计划出版社，1999.